国家社科基金
后期资助项目
GUOJIA SHEKE JIJIN HOUQI ZIZHU XIANGMU

U0660992

地方公共养老
保障体系发展研究

——基于财政可持续视角

裴　育　史梦昱　徐炜锋　著

南京大学出版社

图书在版编目(CIP)数据

地方公共养老保障体系发展研究：基于财政可持续
视角 / 裴育等著. —南京：南京大学出版社，2021.7
ISBN 978 - 7 - 305 - 24599 - 2

Ⅰ．①地… Ⅱ．①裴… Ⅲ．①养老—保障体系—研究
—中国 Ⅳ．①D669.6

中国版本图书馆 CIP 数据核字(2021)第 116578 号

出版发行 南京大学出版社
社　　址 南京市汉口路 22 号　　　　邮　　编 210093
出 版 人 金鑫荣

书　　名 地方公共养老保障体系发展研究——基于财政可持续视角
著　　者 裴　育　史梦昱　徐炜锋
责任编辑 武　坦　　　　　　　编辑热线 025 - 83592315

照　　排 南京开卷文化传媒有限公司
印　　刷 江苏凤凰数码印务有限公司
开　　本 718×1000　1/16　印张 19.25　字数 355 千
版　　次 2021 年 7 月第 1 版　2021 年 7 月第 1 次印刷
ISBN　978 - 7 - 305 - 24599 - 2
定　　价 98.00 元

网　　址：http://www.njupco.com
官方微博：http://weibo.com/njupco
官方微信号：njupress
销售咨询热线：025 - 83594756

前　言

　　伴随科技进步、经济发展和人类寿命增长,人口老龄化成为世界各国普遍现象,老年人口绝对数和相对数的增长使得国家社会化养老压力不断加大,现行养老制度安排在不断变化的人口结构下其弊端日益显现。我国是世界人口大国,但对养老保障体系建设的探索较许多国家起步晚,发展也较不健全,我国现行养老保障体系建设中存在的诸多发展问题也开始不断暴露。在近年来老龄化趋势不断加大,“四二一”家庭结构普遍形成情况下,社会化养老保障需求不断扩大,地方政府在社会化养老保障建设初期承担的支出责任也相应加大,加之我国由来已久的地区经济发展差异以及各地养老保障政策具体实施措施的多样化,使得我国地方养老保障发展问题更加尖锐,各地养老保障负担畸轻畸重。就养老保险而言,近年来,我国不断地有地方出现当期养老金收不抵支,需要依靠政府财政补贴来实现当地养老金按时发放,但同时全国有近2/3的养老金结余集中在东部少数发达省市,地区间发展极为不均,并且这一差距在不断扩大。同时,社会化养老模式作为多数学者认同的、解决未来各国养老问题最为有效的模式之一,该模式所依托的养老服务体系建设在我国起步较晚,该体系的建设与完善所需的巨大投资需求也对政府财政支出提出了一定要求。因此,本书从地方公共养老保障发展入手,对我国以及地方现行整体养老保障体系的建设问题进行研究,以期对我国养老保障发展过程中存在的不足进行改善,实现地方养老保障发展与地方自身财政可持续的平衡。本书进一步选取我国第四人口大省、养老保险基金累计结余大省,同时地方养老保障发展相对较好、养老服务建设走在全国前列的地区——江苏省为典型,对其养老保障建设进行深入研究,江苏省内苏南、苏中、苏北地区的分布与全国东、中、西区域划分极为相似,典型区域的研究不仅能起到养老保障建设示范作用,也更利于研究成果应用和相应政策措施借鉴。

　　本书基于实证分析方法对我国现行较为完整的养老保障体系,即由城镇职工养老保险与农村养老保险构成的养老保险体系以及养老服务体系两部分分别进行研究,并在此基础上对典型地区江苏做深入分析,具体内容包括基于财政可持续视角的养老保障体系发展研究、城镇职工养老保险发展问题研究、农村养老保险发展问题研究、地方公共养老服务体系发展研究、财政可持续视角下地方公共养老保障体系研究——以江苏为例,以及地方公共养老保障体系发展对策研究。

　　基于财政可持续视角的养老保障体系发展研究部分:首先,在对我国包括养老保险和养老服务在内的养老保障体系进行影响因素和财政可持续视角下适度养老保障水平研究后认为,我国现行养老保障体系中各个部分发展不均衡,如我国城镇职工养老保险部分发展相对完善,但是在未来人口老龄化加剧情况下,存在不可持续风险,且由于其"双轨制"的历史遗留问题,使得企业职工养老保险与机关事业单位养老保险的缴费替代率存在较大差异,不利于城镇职工养老保险良好发展,而农村养老保险部分由于参保人口的收入水平、经济状况以及传统养老观念等,存在较大的参保积极性不足、参保水平偏低等问题,该部分养老保险制度运行很大程度上是在依靠政府财政支撑,从而使得养老保险水平难以获得有效提升,无法提升未参保人口的参保积极性,难以形成良性循环,由此也导致与城镇职工养老保险制度的替代率以及保险水平存在较大差异。城乡养老保险发展差距由我国城乡二元体制、各地经济发展水平历史差异等多种因素造成,长期存在,这也是我国要促进养老保险制度良好发展必须要解决的难题之一。此外,我国城乡养老服务部分由于起步晚,整体建设水平偏低,仅少数经济发展水平较高、整体实力较强的部分地区对养老服务体系的建设提上议程,但发展过程中也存在不少问题,难以真正发挥该体系的社会养老保障功能,后期养老服务体系发展建设过程中对政府的财政、政策支持存在较大需求。基于上述我国养老保障体系各个部分存在的发展问题,本研究进一步对我国养老保障体系建设影响因素进行研究,利用 FGLS 模型对影响我国各地养老保障体系建设综合发展的因素进行实证分析,研究结果发现中央专项拨款、财政分权度、消费率以及社会保障和就业支出等均会对地方养老保障体系建设综合评价产生影响,并且针对该结论认为在以下几个方面进行改善会有助于我国各地整体养老保障体系的建设和发展:适度提高消费率,转变老年群体消费观念;地方充分发挥政府作用,承担体系建设财权事权支出责任;提高财政资金利用率,吸引社会资本,提高资源利用率以及对地方养老保障体系进行全面建设,促进体系全方位发展。其次,从政府财政可持续视角入手,对我国未来人口增长下,养老保障体系中城镇职工养老保险基金的缴付、农村养老保险的运行和持续以及养老服务体系的建设与发展分别进行研究,测度了在人口老龄化趋势下,政府财政可持续与整体养老保障体系建设之间的平衡,认为我国未来存在养老保障体系发展的不可持续问题,并计算了在维持政府财政可持续状况不变情况下,我国未来养老保障支出的最大水平。也因此,认为对我国养老保障体系建设与财政可持续发展之间如何实现平衡的问题进行研究十分必要。

具体到养老保险体系中的城镇职工养老保险而言,该制度由于其庞大的保险覆盖范围以及较多的参保人口,基本上历年均可以依靠自身制度内养老金收入实现基金平衡,对政府的财政补贴需求相对较小,城镇职工养老保险发展问题主要是由偏低的省级统筹层次造成的地区发展不均。因此,本研究继而对国务院最新颁布的养老保险统筹层次由省级向全国过渡的实施方案——中央调剂金制度进行分析,利用空间杜宾模型证实养老金调剂对其他地区存在正的空间溢出效应,就微观层面对地方养老保障发展存在改善;同时对调剂金制度实施前后地方整体的养老保障发展指标进行因子和聚类分析后发现,调剂金制度的落实能够较为明显地改善地方养老保障发展状况。历史数据的实证检验证实了中央调剂金存在的地理空间效应,但在未来人口结构变动下该政策具体的实施效果还需进一步观察。因此,考虑到人口结构等因素对中央调剂金制度实施做进一步政策模拟分析,具体测算各省市未来的调剂金上解、拨付额度,以及进行因子、聚类处理后得出结论:一个地方经济基础决定一个地区养老金整体运行状况的优劣程度,一个地区养老金整体运行情况由于受地方原有经济影响,其养老金水平并不会因为中央调剂金制度的实施而获得明显的改善。但实证表明:中央调剂金制度的实施能够促使多数地区养老金支撑能力获得较为显著的提升,而且能够有效地缩小地区间养老金运行的制度差异,但是地方养老金整体运行状况的改善还是受制于其原有经济发展基础。据此提出包括建立差别化的基础养老金中央调剂制度等能够进一步缩小地区间养老金发展差异的调剂金制度实施相关建议。

对我国农村养老保险发展问题进行研究:不同于城镇职工养老保险,农村养老保险由于制度运行机制问题,其基金收入很大程度上依赖于政府财政补贴,难以依靠自身体制实现保险基金收支平衡。因此,不同于城镇职工养老保险的地区发展不均问题,农村养老保险发展的主要问题在于制度运行和延续对政府财政造成的压力。本研究以 PVAR 模型为基础,对现行农村养老保险与地方财政可持续的关系进行实证分析,认为:在当前农保保障水平下,地方政府的农保财政负担较轻,不会影响地方财政可持续性;同时,认为农保参保群体年龄结构的变化对地方财政可持续性存在负面影响。但现实情况是,不论从老年群体基本的生活保障需求角度,还是从与城镇职工养老保障水平的差距来看,我国农村养老保障水平普遍偏低,难以满足基本生活保障需求,也违背了"养老保障"一词所含的保障老年人基本生活需求的初衷。因此,本研究进一步以能够满足参保人基本消费支出需求的合意保障水平为基础,以适应性预期原则对未来农村养老保障财政负担水平进行政策仿真预测,同时确定合理的财政负担分摊比例,并提出逐步提高农保保障水平,发挥农保保障功能等相关政策建议。

就我国地方公共养老服务体系发展的研究而言,养老服务在发达国家的应用有相对较长的历史,而我国的养老服务发展起步晚,体系建设不完善。总体上而言,我国养老服务体系还处于建设初期,"四二一"结构下的家庭养老功能弱化、社会化养老需求的扩大才使得养老服务成规模的兴起,并且就其现阶段的现实发展情况来看,养老服务还主要依靠地方政府部门在财力、物力上的扶持才得以发展,地方政府财力也往往决定当地养老服务发展状况,因此理论上不论是其所保障的老年人口数增加还是养老服务本身的优化均会对地方财政造成一定影响。但不可忽视的是其所发挥的养老保障功能,多数学者认为养老服务体系中的社区养老是能够有效解决未来世界各国养老问题中最为有效的模式之一,能够有效保障老年群体的养老生活。也因此,我国现行全面的养老保障体系理应包含养老服务部分。具体研究如下:首先利用熵值法对我国地方养老服务体系建设进行评价,在此基础上以面板 GLS 模型对地方养老服务建设的影响因素进行分析,认为地方土地成交价格越高、纳入城乡最低保障范围内人数越多、老年抚养比越高等,越不利于地方养老服务体系建设;中央专项拨款、福利彩票公益金提取越多,则越有益于地方政府对养老服务体系的建设,并据此提出包括稳定地价、制定土地优惠政策以及进行前期建设补贴在内的相关建议。进一步对我国公共养老服务体系与财政可持续间的关系进行研究,在对我国整体养老服务发展问题进行分析的基础上,深入研究农村养老服务发展问题,关注养老服务城乡差异及其与财政可持续间的关系,认为以下措施能够有助于养老服务体系发展:建立省级养老金制度,实现初步统筹;探索互助养老模式,满足"在地养老"需求。

上述内容分别就我国城镇职工养老保险发展中的地区不均衡问题与农村养老保险发展下的地方财政可持续问题进行了研究,也单独就我国养老服务建设问题及其与财政可持续间的关系做了相关探讨。但就地方由城镇职工养老保险与农村养老保险构成的完整的养老保险体系运行与其财政可持续发展间的关系而言还需进一步深入,由于各地具体养老保险运行实施细则与财政补贴标准存在较大差异,全国数据的相关测算就显得较为粗糙,有些指标只能假定各地标准相同以进行测算。因此,基于我国养老保险现实发展情况以及本书的研究目的,最终选取江苏省为典型地区进行深入分析,得出具体研究结论:在财政可持续视角下对江苏省的养老保险水平进行研究,认为在基准情形下,江苏省养老保险基金的收支状况在 2022 年左右存在拐点,2022 年开始出现基金收支缺口,此后基金累积结余不断减少,2030 年累积结余消耗殆尽,此后处于负债状态。建立包含政府债务(1.16%)与不含政府债务(2.36%)的财政可持续值对政府在养老保险支出增长情况下维持原有财政状况的能力进行衡量,并得出相应测度下江苏省养老保险的适度支出水平分别为当年 GDP 的 5.55% 和 7.20%。进一步对江苏省的养老保险运行状况进行政策模拟分析,分别测算提高 GDP 增长率,实施高低速延退政策、提高养老金领取年龄,降低养老金替代率,提高养老金投资收益率这四项调整政策对养老保险基金收支状况的影响。认为四项政策中,延迟退休、提高养老金领取年龄的政策效果最为明显。只要在养老保险基金累计结余减少初期实施延退政策,不论是高速还是低速改革,江苏省基于原有大量累计基金结余,即便后期人口老龄化下养老保险支出不断增长也均不会出现基金收支缺口,相反会分别在高速和低速改革方案下实现 25.07% 和 8.43%(占 GDP)的累计基金结余,并且江苏省的财政状况也不会恶化,反而有所改善。其次,养老金替代率降低政策下,虽然江苏省还是会出现养老金收支缺口,但较基准情形下首次出现负债的 2030 年,延缓了 4 年时间,于 2034 年首次出现养老保险基金累计赤字,而分别以含政府债务因素与不含政府债务因素的可持续值对该政策下的政府财政状况进行衡量,则分别较基准情形延缓了 4 年和 5 年时间,财政状况分别于 2032年和 2042 年开始恶化。提高收益率政策也起到了一定作用,6% 和 9% 的投资收益率设定使得养老保险收支出现缺口的时间较基准情形分别推迟 1 年和 3 年。此外,GDP 增长率提高的政策实施效果甚小,基本等同于基准情形。最后提出包括实施延退政策等在内的四项改善江苏省养老保险制度运行状况的措施和建议。

　　同样,再次选取养老保障体系建设经验较为丰富的江苏地区,就养老服务体系建设与财政可持续间的关系进行深入研究,基于江苏省的历史数据预测江苏各市老年人口数及按《江苏省"十三五"养老服务业发展规划》指标实现养老服务改善后各市在公共养老服务领域的财政支出情况。用 DEA模型分别对江苏各市未来的公共养老服务财政支出效率进行测算,以此衡量养老服务改善对政府财政可持续性产生的影响,研究发现苏中、苏北城市需相对扩大养老服务建设规模，并且政府在整体财政投入过程中需要注重优化该区域的养老服务资金支出结构，提高管理水平和资金使用效率，促进财政可持续健康发展；而苏南城市在改善过程中，由于财政投入规模过大，可能对财政可持续性造成不利影响。因此，进一步就苏南地区的养老资源利用率情况进行分析，建立以养老床位入住率为现有公共养老资源利用率的衡量指标，以 GLS 模型为基础对其影响因素进行研究，得出结论：经济发展水平越高的地区，老年人入住养老机构人数越少，空置率越高；地区净离婚率越高，养老机构床位入住率越低；老龄化程度和纳入政府保障范围内的低保人数与机构床位入住率呈正相关关系。同时，结合苏南地区现实情况，分析其城市床位资源利用率偏低的原因，并提出针对性建议以提高现有养老服务资源利用率。

最后，就我国包括养老保障在内的公共服务发展问题进行研究，认为我国基本公共服务推进过程中存在地区间以及城乡发展不均衡问题，地方经济发展水平、财政收入以及地方原有财力格局等均会进一步加剧该不均衡。在我国这种很大程度上由历史原因导致的基本公共服务长期发展不均衡情况下，结合上述诸多研究结论，以政府财政可持续为视角，对我国养老保险体系与养老服务分别进行发展对策研究，针对性地解决我国养老保障体系各个部分的发展弊端以及城乡不均问题。

目　录

图表目录

第一章 绪 论

1.1 选题背景及研究意义

伴随科技进步、经济发展和人类寿命增长,人口老龄化成为世界各国普遍现象,不少国家(地区)养老保险金大多开始出现支付困难或危机,日益增长的养老保险支出使得政府在社会成员养老保险方面的财政支付压力越来越大。我国于 2000 年进入老龄化社会,随着老年人口数量增长以及"四二一"家庭结构的普遍形成,传统家庭养老功能弱化,政府部门所面临的社会养老财政支出压力不断加大。养老保险制度作为我国社会保障体系的重要制度安排之一,该制度由于其覆盖人口范围不断扩大以及基金收支规模增长,逐步成为我国社会保障体系的支柱性制度安排。但据 2017 年数据显示,我国养老金当期收不抵支的省份达 6 个,分别为辽宁(－343.828 4 亿元)、黑龙江(－293.646 2 亿元)、湖北(－70.629 亿元)、山东(－69.381 9 亿元)、青海(－7.913 5 亿元)和吉林(－2.829 3 亿元),其中黑龙江省不仅仅是当期养老金收不抵支,其累计基金结余也消耗殆尽,当年累积结余为－486.212 2 亿元,养老金支付存在较大缺口①。虽然中央政府没有明确规定替地方政府偿还养老支出债务,但是,中央政府一直也没有停止过对地方养老保险的补贴,养老金收支缺口一直以来持续依靠中央和地方政府的财政资金来弥补,从而避免了因养老金欠发而引发的一系列社会问题。从1998 年至 2001 年,中央与地方财政对基本养老保险补贴支出累计达到 839亿元,2005 年为 651 亿元,到 2006 年增至 971 亿元(王利军,2008),而据人社部近期统计数据显示,2017 年全国各级养老保险基金财政补贴达 8 004 亿元,较 2016 年的 6 511 亿元增长 22.9%,2016 年财政补贴额度与 10 年前(2006

---

① 根据国家统计局相关数据计算所得。

年)相比,增长近 6.7 倍,涨幅较大①。近年来,不断有地方政府出现养老金收不抵支局面,养老支出年年攀升,基金缺口呈不断扩大态势,财政支付压力也逐年增加,而养老问题作为社会稳定的基石之一,为避免后期养老金出现欠发局面,做好长期的养老保险制度安排十分必要。此外,社会化养老模式作为未来老龄化社会的必然发展趋势,针对养老服务体系建设的巨大投资需求,财政支持也将必不可少。养老保障支出过少无法达到基本的社会保障需求,而支出过多随之而来的是不断加大的财政支出压力,因而寻求一个适度的养老保障水平以实现基本社会保障需求与政府财政支出间的平衡尤为重要。

养老保险制度作为我国整体养老保障体系的重要组成部分,虽然就全国范围而言,历年养老保险基金收支总额均能实现结余。但在人口老龄化和经济增长趋势下,其养老金领取人数的增长以及由生活水平提高导致的养老金支出水平上升必然会使得养老保险支出实现较大增长,历史累计的基金结余是否能够长久维持不断增长的养老保险支出也未可知。并且不少学者在对我国的养老保险收支情况进行测算后得出了基本相似结论,认为我国现行养老保险制度存在巨大隐性债务。具体而言,我国养老保险收支状况在 2022 年左右存在拐点,2022 年前后养老保险基金开始出现收支缺口,并于此后呈现不断扩大态势,基金结余不断减少,2030 年左右结余消耗殆尽,此后处于负债状态(刘学良,2014;贾彦东和刘斌,2015)。进一步,具体到我国各个地区而言,不少省市已经出现了养老保险的收不抵支,如山东省,作为 2016 年全国 9 个养老保险基金累计结余过千亿元的省份之一,却于 2017 年出现了当期保险基金收不抵支②,同时各地间养老保险收支差异也愈发明显。此外,养老服务同样作为老年人口的重要保障之一,我国对该体系建设起步较晚,养老服务机构、养老服务设施、护理员培训等均存在巨大的投资建设需求,即使在该体系以社会资本为主的建设目标下同样需要大量的财政资金安排,以实现养老服务体系的有效构建。养老保障关系民生,一旦存在偿付危机会引发一系列社会问题,因而提前做好养老保障制度安排无可厚非。因此,虽然就目前而言,我国整体上不存在养老金支付问题,但养老保险支出金额逐年攀升也不得不引起我们的重视,养老服务体系的建设任务在老年群体不断扩大形势下也迫在眉睫,因而,寻求一个既能实

---

① 根据《2017 年度人力资源和社会保障事业发展统计公报》数据计算所得。

② 根据《2016 年度人力资源和社会保障事业发展统计公报》《2017 年度人力资源和社会保障事业发展统计公报》相关数据所得。

现养老保障社会目标又能促进政府财政健康、可持续发展的养老保障适度水平具有十分重要的理论和现实意义。

1.2 文献综述

1.2.1 国外文献综述

养老保险是世界各国社会保障体系的重要组成部分,其在解决人口老龄化纵深发展趋势下引发的严峻养老问题上具有较好的积极性。西方发达国家较早地建立起社会保障制度,较我国而言,其发展水平相对较高,体系也较为完善。

(一) 养老保障与财政可持续性

养老保障体系的运行离不开财政资金的支持,老龄化发展下的养老保险制度运行让许多国家面临愈发沉重的财政支付压力,不少学者对其进行了研究。Posel 和 Casale(2003)、Jensen(2003)在对养老金进行研究后指出,政府财政补贴和企业支付是目前世界上多数国家养老金支付的资金来源,这种负担比例会使得政府承担更多的支出责任,加大政府财政支出压力。Eskesen(2002)指出,人口老龄化严重危害澳大利亚社会福利制度和财政可持续性,需对现有养老保险制度进行改革,以解决人口老龄化带来的财政问题;Puhakka(2005)通过实证发现,人口增长率下降将在养老保险现收现付制模式下影响政府最大可持续性财政赤字水平;Holzmann(2005)对美国养老保险体制进行研究,提出在现有体制下,其养老金累积结余将于2030 年消耗殆尽,从而引发巨额支付危机。Ewijk et al.(2006)研究发现,荷兰人口老龄化严重损害了政府的财政可持续性;同样,Blanchet(2005)也指出,法国必须对其养老金制度进行改革,否则在日益严重的老龄化下将会出现养老金收不抵支现象。Kakwani(2005)在对 15 个非洲国家进行调查后发现,由于国家经济发展水平普遍较低,其财政难以承担普惠性社会养老金。Calvo 和 Williamson(2008)在对我国养老保险制度研究后指出,我国养老保险制度改革过程中产生的大量转制成本将会在长期对我国养老保险体系产生较大的财政负担。此外,在具体研究方法上,Ehrentraut et al.(2005)、Lee 和 Yamagata(2003)以及 Sambt 和 Cok(2008)用代际核算、养老金长期平衡构建模型以及队列模型分别对德国养老金年的未来可持续性、美国社保的发展趋势以及斯洛文尼亚的养老金进行了测算,发现随着老年人口不断上升,公共养老金压力将增大。上述学者的研究均直接或间接表明人口老龄化下的养老保障支出增长将加大政府财政压力,从而对政府财政可持续造成不利影响。

(二)养老保障水平研究

老龄化下政府的财政支出压力不断加大,而西方发达国家由于实行全方位的高福利社会保障制度,使得财政负担更加沉重(Marton,1983)。过低的社会保障水平无法满足老年人的基本生活需求,而过高的社会保障水平又会对政府财政造成不利影响,甚至会制约经济发展(Adron,1996)。Johansson 1991 年的研究显示,过高的社会保障水平已经导致不少西方工业化国家的社会保障财政危机。Albert 和 Robert(1994)认为过高的社会福利会带来企业竞争力下降,产品成本、税收成本增加等社会问题;因而,自 20 世纪 80 年代以来,不少国家开始对原有的高福利社会保障制度进行改革,寻求社会保障的适度支出水平。马文·奥拉斯基(2004)认为社会福利过高问题的解决需要将资金援助和就业机会供给相结合从而给予救助者适度的社会保障水平。皮埃尔·拉罗克等(1989)认为社会保障支出的增长应与社会福利计划的发挥程度呈正比;哥斯塔·艾斯平·安德森(2003)指出经济发展和人口老龄化是导致社会福利支出增长的原因,但是社会福利制度不能废除,只有通过循序渐进的福利制度改革以解决福利成本过高问题(弗兰克·克萨韦尔·考夫曼,2004)。就养老保障水平而言,国外学者关于养老保障水平的研究主要从最优化视角入手,如 Martin(1985)在对比三类不同的人口结构后认为,相对稳定的人口增长率和生产率等因素有利于促使养老保险达到最优水平;Bernard 和 Perdo(2001)在 Martin(1985)研究的基础上利用柯布-道格拉斯函数对其进行完善和修正,进一步验证了上述结论。

1.2.2　国内文献综述

国外关于养老保障水平的具体研究文献较国内而言相对较少,本书主要针对江苏省的养老保障水平进行研究,因而主要对国内相关文献进行分析。

（一）养老保障体系

关于近年来多层次养老保障体系构建的研究,成欢(2014)指出随着我国养老保险制度改革的深化,养老保险制度设计应作为养老保险财政可持续发展突破改革瓶颈的关键,职业年金、基础养老金全国统筹以及个人延税型养老保险试点改革均需在多层次的养老保险架构中获得完善和发展;李曼(2015)通过对"以房养老"与"土地换社保"的比较分析发现城乡间存在的显著差异以及由这些显著差异所导致的"次生城乡二元差异"问题,从而提出城乡多层次养老保险体系的构建应致力于均衡养老资源的分配、养老保障水平的提高以可持续发展。

（二）养老保障与财政可持续性

在养老保障与财政可持续关系上,不少学者的研究也证实了养老保障水平提升对政府财政的不利影响。曾毅(2005)基于我国人口老龄化的主要特征进行分析,指出农村养老保障支出存在严重资金缺口,从而提出建立储备积累式养老保险制度的必要性;杨胜利和高向东(2012)认为,人口老龄化将增加财政负担系数,提出要建设社会保障预算制度和公共服务体系。郑秉文和孙永勇(2012)对中国城镇职工基本养老保险制度研究后发现,在剔除财政补贴后,全国有一半左右的省份存在基本养老保险收不抵支情况,而可以从根本上解决这个问题的途径是实现全国统筹,但是统筹实施存在普遍逆向选择和道德风险问题,因而,半数省份的收不抵支只能依靠政府财政转移。马广博和赵丽江(2015)利用我国 31 个省区市 2001—2011 年的面板数据建立个体随机效应模型进行定量分析,发现缴费率增长、养老金领取人数增加等对城镇企业职工基本养老保险的可持续存在较为不利的影响。赵建国等(2016)也认为人口老龄化带来的需求压力使得社会保障财政负担显著增加,凸显出我国人口老龄化进程不断加快的现实背景下有效提高社会保障财政支付能力的紧迫性。

（三）养老保障水平研究

国内学者对于我国社会保障水平进行了深入研究,大致可以从社会保障水平的统计口径、社会保障水平适度性、社会保障适度性的测度方式以及社会保障水平与经济增长之间的关系这四个方面进行划分。而本书主要就其中的养老保障适度水平从研究方法和研究内容两个角度入手进行文献分析。

1. 养老保障水平研究方法

首先关于养老保障水平的研究有养老保障发展水平与养老保障适度水平研究之分，其中关于发展水平研究主要采用因子分析法和主成分分析法，如朱庆芳(1995)用因子分析法处理了大量的宏观社会保障统计数据，对社会保障覆盖面、社会保障总支出等进行了测算，王立剑和刘佳(2008)选择评价横向相对水平的主成分分析法，对于被评企业职工基本养老保险综合发展水平的四类指标进行统计，分析我国省市的企业职工基本养老保险发展水平；刘宁和陶小刚(2014)运用主成分分析法将广东省 21 个地级市分为三个层次，对其企业职工养老保险综合评价指标体系进行分析，寻找地区间的差异以及原因。而本书所指的养老保障水平以适度水平为主，该水平的研究方法主要以穆怀中(1997)引入柯布-道格拉斯生产函数所建立的社会保障支出占国内生产总值之比适度社会保障水平模型为分析典范。孙健夫和郭林(2008)则根据穆怀中(1997)的社会保障适度水平测定模型建立了人均社会保障适度结构水平测定模型；徐红芬(2005)利用社会保障适度水平测定模型对我国的社会保障总水平、城乡和地区水平进行了适度情况分析，结果发现前几年社会保障总水平与适度水平下限仍存在一定差距，陈曼曼等(2011)运用时间预测模型对我国 2001—2009 年的社会保障适度水平进行测度，认为我国社会保障适度水平上下限呈缩小趋势。陈程和李正龙(2011)则构建以柯布-道格拉斯为基础的养老保障适度支出水平计量模型，并对上海市养老保险适度水平进行了分析，得出上海市实际养老保险支出水平低于适度水平的结论，并从其现实情况入手在户籍制度等方面提出了政策建议。

2. 养老保障适度水平研究内容

随着研究深入，学者们的研究内容也开始细化，逐渐由最初的涵盖养老、医疗、就业等项目的社会保障大类转向专门的养老保障水平方面。郑成功(2005)认为：养老保险替代率 50％左右可以作为我国未来基本养老保险保障水平目标。贾洪波和李国柱(2005)则通过国民收入构成和不同年龄段人口消费关系分析建立了一个简单的消费占总需求比例经济模型进行分析，进而确定了养老金的适度水平大约是 19％；金忠帅(2010)从社会保障需求角度出发，对社会保障中养老、医疗以及失业等各个项目建立起适度水平测度模型，继而运用相应模型分别对具体适度水平进行测度，并进一步分析了农村养老保险适度水平和农村最低生活保障适度水平；张瑞书和王云峰(2011)分别将新型农村社会养老保险制度与城乡最低生活保障制度、农村养老保险待遇水平和农村生活消费水平等进行衔接后构建新型农村社会养老保险适度水平的理论和测度模型,并对河北省情况进行测算分析;张海川和郑军(2011)建立了农村养老保障适度水平精算模型,运用我国2001—2009年数据对农村养老保障实际水平和适度水平进行比较分析,并基于"新农保"政策进行评析;胡妍妍(2013)也对农村养老保障适度水平进行了类似研究。穆怀中等(2014)在完善农民基础养老金制度过程中将养老需求和养老供给相结合,建立起农民基础养老金给付适度水平模型,分别依据养老保险替代率、生产要素分配系数、恩格尔系数和合意替代率建立了一系列宏微观适度标准,并进一步对各地基础养老、基础养老金与土地养老、子女养老等联合给付的适度性进行了检验。陈晓晨(2011)依据已有社会保障水平评估模型分别从养老保障、医疗和最低生活保障等角度对石家庄市的城镇社会保障水平进行分析,并建立社会保障水平评估指标体系,从单项指标、内部结构以及总体保障三个层面对其适度水平进行测度和评价。也有学者对未来的养老保险适度水平进行了测算,如王振军(2015)基于历史数据对我国2014—2040年社会养老保险适度支出水平进行了预测,并与当前实际养老保险支出水平进行对比,认为当前我国社会养老保险的总体实际支出水平低于适度支出水平。高安妮(2017)从合意替代率的角度出发,对经典的社会保障适度水平理论基础进行参数调整和改进,构建起适合我国国情的城镇职工养老金支出适度水平模型,并对1995至2015过去近20年以及2016年至2025年未来近十年的养老金支出适度水平进行测算。

1.2.3 文献评述

纵观国内外文献可以发现:① 国内外学者的研究普遍证实了人口老龄化下,不论社会福利制度高低,由经济增长和支出需求扩大带来的养老保障水平提升会加大政府财政支出压力,对政府财政可持续产生不利影响。② 现有文献对社会保障水平研究较为丰富,其中,国外学者对社会保障水平的研究主要从最优化角度入手,和国内的最优水平研究较为相似,但总体而言研究文献较少,学者更多关注社会福利制度改革以及社会基金管理和财务制度变更。国内学者对社会保障水平研究较为深入,研究文献也较为丰富,但单就养老保障水平研究而言,还是存在较大的进一步研究空间,现有文献研究主要是以穆怀中(1997)的社会保障适度性水平模型为分析典范,着重研究适度水平与经济增长之间的关系,或对城镇企业职工养老保障适度水平进行研究,或对农村养老保障进行研究,也有进行适度水平未来预测研究的。

艾慧等(2012)总结了过去研究中存在的一些问题,除此之外,还有一些方面可以改进:① 多数学者认可养老保障水平提升对财政可持续性的不利影响,但是多数研究依旧将关注重点放在养老保障水平与经济增长之间的关系上;② 多数养老保障水平研究的相关支出数据较为宏观,未进行精算,研究范围也仅对城镇职工养老保障或农村养老保障进行研究,不够全面。③ 针对研究结果提出政策建议,但缺乏进一步政策效果分析。

1.3 研究内容与研究框架

1.3.1 研究内容

本书基于政府财政可持续视角对我国的养老保障支出水平进行研究,综合运用定性和定量分析方法,在对国内外相关领域的研究成果进行回顾,对养老保障与政府财政可持续之间的关系、养老保障适度水平研究方法以及研究内容等相关文献进行梳理的基础上,首先,对我国整体的养老保障发展体系(包括以城镇职工养老保险与城乡居民养老保险构成的养老保险体系和养老服务体系两部分内容)进行影响因素分析。其次,基于财政可持续视角,在对我国各类人口进行预测的基础上,对我国未来的养老保险支出水平、养老服务财政补贴等进行预测,并得出在地方财政可持续约束下我国整体的适度养老保障支出水平。再次,就我国养老保障发展体系与财政可持续关系进行研究,结合我国城镇职工养老保险与城乡居民养老保险发展的现实情况,分别针对城镇职工养老保险的地区间发展不均衡问题以及城乡居民养老保险的财政负担问题进行研究,并进一步分别对均衡地区基金收支差异的中央调剂金制度与农村适度养老保障支出水平进行政策模拟,以观测针对性措施实施的具体效果。第四,就养老服务体系建设部分单独进行研究,同样在对地方养老服务体系建设影响因素的研究基础上,进一步明确养老服务体系建设与地方财政可持续间的关系。第五,由于各地养老保险收支差异与养老服务体系建设水平不一,本书选取人口大省、养老保险基金累计结余大省、养老服务建设起步较早、发展相对完善的江苏地区为典型区域,对当地养老保险、养老服务与地方财政可持续间的关系进行细化研究。具体而言,就养老保险部分,本书在现行养老保险制度下对江苏省

2017—2050 年的养老保障支出水平建立精算模型进行预测,并利用构建的财政可持续指标对江苏省未来财政可持续状况进行衡量。其次,以上述现行养老保险制度下的养老保障支出水平为基准情形,对江苏省养老保障运行进行政策模拟分析,并测算政策变化下不同养老保障水平所引致的财政可持续衡量值,通过对比财政可持续衡量指标较基准情形的变化从而界定适度的养老保障水平以及适宜的养老保障发展政策。最后,在上述研究内容基础上,基于财政可持续视角对我国整体养老保障体系建设进行发展对策研究,以期在各类养老支出不断增长情况下实现我国养老保障水平提升与地方财政可持续间的平衡。

1.3.2 研究框架

本书共有七章内容,其结构安排如下:

第一章:绪论。提出本研究的选题背景、研究意义、文献综述、研究内容和结构、研究方法和技术路线以及创新之处五个部分。其中,文献综述部分从养老保障与财政可持续关系、养老保障水平研究两个方面对国外文献进行分析;从养老保障体系、养老保障与财政可持续关系、养老保障水平等三个方面对国内文献进行梳理,其中对于社会保障水平领域具有较丰富研究成果的国内文献,特别在其研究方法和具体研究内容上又做了进一步探讨。

第二章:基于财政可持续视角的养老保障体系发展研究。本章从全国视角,首先,对我国由养老保险体系与养老服务体系构成的养老保障体系进行影响因素研究;其次,基于财政可持续视角,在对我国城镇人口、农村人口、城镇职工养老保险参保人口、离退休人口等数据预测的基础上,建立养老保险精算模型,并进一步对我国养老服务体系投资建设需求下的财政支出需求进行测算,衡量我国未来养老保险支出,乃至养老保障支出对政府财政可持续状况的影响,由此得出为维持政府财政可持续状况不变情况下最大的养老保障支出水平。

第三章:财政可持续视角下城镇职工养老保险体系发展研究。基于城镇职工养老保险部分运行状况良好,可持续性较强,但地区间养老保险负担畸轻畸重、收支差异明显等现实情况,认为城镇职工养老保险问题主要为地区发展差异。因此,在对旨在均衡地区发展差异的中央调剂金制度的实施,以及该制度对我国城镇职工养老保险发展状况的影响进行实证分析的基础上,进一步对中央调剂金制度进行政策模拟分析,以观测制度实施的具体效果。

第四章：财政可持续视角下农村养老保险体系发展研究。不同于上述城镇职工养老保险发展情况，农村养老保险由于参保人口数量少，参保人口经济状况较差等原因，该保险制度的运行很大程度上需依靠政府财政扶持。因此，本章首先就农村养老保险水平与政府财政可持续间的关系进行实证分析，进一步对财政可持续视角下的农村养老保险支出水平进行政策模拟分析，以观测在不同保障目标下，养老保险支出水平对地方财政可持续性的影响。

第五章：财政可持续视角下地方公共养老服务体系发展研究。养老服务体系同样是我国养老保障体系的重要组成部分。在人口老龄化大趋势下，家庭养老功能的弱化使得社会化养老模式成为未来养老的必然趋势。我国养老服务体系建设起步晚，社区居家养老服务机构等各类设施建设的前期投入，养老护理员培训、机构运营等后期维护成本都存在巨大的投资需求，即使我国旨在构建以社会资本为主的养老服务体系，但政府部门的基本财政支出和引导、政府扶持等对该体系的建设而言必不可少。因此，同样以养老服务体系为对象，在对养老服务体系建设影响因素进行研究的基础上，进一步对其与地方财政可持续间的关系进行分析。

第六章：财政可持续视角下地方公共养老保障体系的整体研究——以江苏为例。选取江苏省为典型区域进行研究，主要分为养老保险与养老服务体系两部分。就养老保险体系部分，首先对养老保障水平与财政可持续间的关系进行实证分析，其次对江苏省养老保障水平建立精算模型，实现人口预测的基础上，在现行养老保险制度下对包括城镇职工养老保险以及城乡居民养老保险在内的江苏省养老保障总支出进行预测，并对江苏省未来财政可持续状况进行衡量。最后，以现行养老保险制度下的保障水平为基准情形，对包括实施延退、提高养老金领取年龄，降低养老金替代率等在内的四项政策进行模拟分析，对比不同政策下养老保障水平及财政可持续状况较基准情形的变化从而界定养老保障适度支出水平。就养老服务体系部分，在对江苏省养老服务体系建设发展现状进行分析的基础上，对养老服务体系改善与财政可持续关系进行研究后，进一步针对现有养老服务资源利用率偏低现象，选取省内养老服务建设较好的苏南地区，对其养老资源利用率进行深入研究，并提出针对性建议，以期在对养老服务各类设施进行建设的同时，提高养老服务资源利用率。

第七章：我国地方公共养老保障体系发展对策研究。首先就我国各地包括养老保障体系在内的基本公共服务发展不均问题进行研究，深入分析导致我国长期以来各地公共服务发展差异、城乡发展不均的缘由。以此为背景,基于财政可持续视角,在对我国整体养老保障体系建设,具体的养老保险发展、养老服务建设等状况进行分析,对一系列问题进行实证检验,并对相关制度、措施等进行政策模拟的基础上,对我国后期养老保障体系建设和发展进行专门的对策研究。

1.4 研究方法和技术路线

1.4.1 文献分析法

通过查阅和研读养老保障体系发展研究的相关国内外文献资料,进行全面和系统性分析整理,梳理已有文献研究优缺点,查漏补缺。结合我国现实国情和养老保障发展现状,参考大量最新和权威统计数据,对我国现行养老保险发展问题、路径和未来方向进行研究。在此基础上,依照本书具体研究框架,对现有文献做进一步梳理总结,并基于文献进行逻辑推理论证,也是本书的主要研究方法之一。

1.4.2 计量分析法

用灰色 GM(1,1)模型、GLS 模型、空间杜宾模型、养老保障收支精算模型以及政策模拟分析等,对城乡人口数据预测、养老保障财政补贴额度测算、养老保障体系建设影响因素以及养老保障支出水平与财政可持续的关系等进行实证分析,从而得出政府财政可持续发展下的养老保障支出适度规模,实现养老保障支出增长下地方政府财政的可持续发展。

1.4.3 统计分析方法

利用 Excel、Stata、MATLAB 软件,通过对我国江苏省城乡分性别年龄人口数据、政府在养老保险制度上的财政支出项目、未来"财政缺口"等有关数据的提取整合,对地方财政可持续发展下的养老保障支出适度水平进行科学分析。

1.4.4 技术路线图

本研究具体技术路线图如图 1.1 所示。

```
┌─────────────────────────────────────────────────────────────┐
│        地方公共养老保障体系发展研究——基于财政可持续视角          │
└─────────────────────────────────────────────────────────────┘
        ┌──────────────────────┐      ┌──────────────────────┐
        │  地方政府养老保障体系    │      │  基于财政可持续视角的   │
        │  建设影响因素研究       │      │  养老保障水平研究      │
        └──────────────────────┘      └──────────────────────┘
             养老保险体系                        养老服务体系
  ┌──────────────┬──────────────┐      ┌─────────────────────┐
  │ 财政可持续视角下 │ 财政可持续视角下 │      │  地方公共养老服      │
  │ 城镇职工养老保险 │ 农村养老保险体系 │      │  务体系建设影响      │
  │ 体系发展研究    │ 发展研究      │      │  因素研究           │
  ├──────────────┼──────────────┤      │                     │
  │ 中央调剂金制度对 │ 农村养老保险对地 │      │                     │
  │ 城镇职工养老保险 │ 方财政可持续影响 │      │                     │
  │ 发展影响研究    │ 研究         │      ├─────────────────────┤
  ├──────────────┼──────────────┤      │  财政可持续视角下    │
  │ 中央调剂金制   │ 农村养老保险   │      │  地方公共养老服务    │
  │ 度实施模拟    │ 政策实施模拟   │      │  体系发展研究       │
  └──────────────┴──────────────┘      └─────────────────────┘
  ┌─────────────────────────────────────────────────────────┐
  │   财政可持续视角下地方公共养老保障体系发展研究——以江苏为例    │
  └─────────────────────────────────────────────────────────┘
        ┌──────────────┐      ┌──────────────────────────┐
        │ 基于财政可持   │      │  江苏省公共养老服务改善与   │
        │ 续视角的江苏   │      │  财政可持续发展研究        │
        │ 省养老保险水   │      ├──────────────────────────┤
        │ 平研究        │      │  地区公共养老服务资源利用   │
        └──────────────┘      │  率研究——以苏南地区为例    │
                              └──────────────────────────┘
  ┌─────────────────────────────────────────────────────────┐
  │   财政可持续视角下地方公共养老保障体系发展对策研究           │
  └─────────────────────────────────────────────────────────┘
```

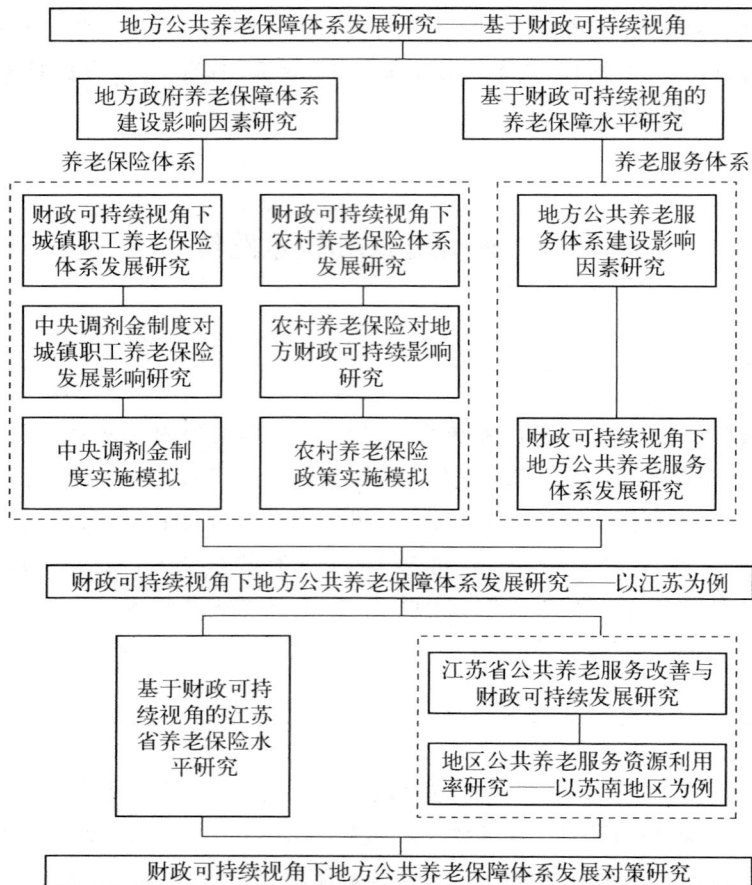

图 1.1　技术路线图

1.5　创新之处

1.5.1　研究内容

首先,本书对养老保障水平的测算范围不仅是覆盖至城镇职工养老保险,或单独研究农村养老保障情况,而是对包含城镇职工养老保险及城乡居民养老保险在内的养老总支出进行测算。进一步,本书将养老服务体系建设也纳入其中,考虑该养老模式下政府的财政支出需求。其次,不同于目前多数文献研究养老保障水平与经济增长间的关系,本书关注在养老保障上承担兜底责任的政府角色及其财政支出状况,研究养老保障水平与政府财政可持续间的关系,并进一步确定养老保障支出的适度水平。

1.5.2　分析方法

现有文献研究社会保障水平或养老保障水平多数使用宏观数据,仅在统计口径大小上有所不同,本研究对社会保障水平测度的实现是在人口预测的基础上,对城镇职工养老保险以及城乡居民养老保险分别建立收支精算模型进行预测,并以此数据为基础做进一步分析;其次,本书对相关养老保障改善政策分别进行了情景模拟分析,直观地展示了不同养老保障改善政策(如针对城镇职工养老保险的中央调剂金制度、农村适度养老保险支出水平等措施)的具体实施效果,从而使政策建议的提出更为有力和适用。

第二章　基于财政可持续视角的养老保障体系发展研究

2.1　地方政府养老保障体系建设影响因素研究

2.1.1　背景

随着老年人口增长、人口红利消失,日益发展的老龄化趋势对我国的经济、社会均产生了重大影响。人口红利丧失导致的经济增长后劲不足,老年人口增长带来的社会保障压力,均在我国经济下行的现实情况下,对地方政府建设完善的养老保障体系发起挑战。一方面,地方养老保障体系建设作为财政支出项目,相比于交通运输、市政建设等项目而言,对经济增长的拉动作用微乎其微;另一方面,社会保障体系是对社会前期建设者老年生活的保障,是维护社会稳定的基础需求。在多次实行税制改革和财政分权背景下,政府如何在财力有限的情况下实现二者的平衡,建设和完善地方养老保障体系有着极为重要的意义。因此,首先就地方养老保障体系建设的影响因素进行研究也就十分必要。

2.1.2　我国养老保障体系发展现状

我国于 20 世纪 80 年代将"计划生育政策"定为基本国策,此后我国出生率得到有效控制,但也为当前出现相对严重的老龄化现象埋下根源,虽然我国现在重现开放"二胎政策",但随着多年生育观念的转变,以及生育周期等原因,我国的出生率并未得到大幅提升,老龄化现象短期内也无法逆转。近年来,我国老年人口数量不断增长,如表 2.1 所示,2011 年至 2019 年间,我国老年人口,即 65 岁以上人口增长 43.1%,达 17 600.34 万人,总量呈现绝对增长模式。各省市老年人口数量除个别年份较本省市上年度数据稍有减少外,普遍呈现较为明显的增长趋势。

表 2.1　2011—2019 年全国各地老年人口数

单位:万人

年　份	2011	2012	2013	2014	2015	2016	2017	2018	2019
总　　计	12 299.06	12 720.22	13 170.19	13 801.46	14 869.77	15 011.00	15 714.21	16 463.28	17 600.34
北京	178.94	178.7	182.24	185.12	238.5	254.34	268.13	239.61	244.74
天津	133.06	148.38	169.34	178.29	164.27	177.1	173.71	168.3	187.34
河北	594.47	665.34	674.82	692.93	783.78	817.79	882.71	946.29	995.73
山西	280.47	288.81	290.51	312.93	348.83	321.17	330.87	379.21	408.96
内蒙古	171.88	196.87	214.36	235.24	248.59	238.33	272.27	246.58	258.10
辽宁	474.59	437.91	450.24	537.44	583.97	579.34	609.95	644.92	690.03
吉林	240.47	213.72	266.79	281.71	311.79	297.52	329.47	330.5	356.73
黑龙江	308	340.19	344.28	362.32	428.26	454.63	457.01	455.38	515.44
上海	185.76	215.4	258.03	236.34	319.57	312.7	340.66	358.08	391.73
江苏	858.82	914.2	976.89	966.46	1 047.57	1 081.03	1 109.58	1 136.75	1 211.11
浙江	470.47	481.11	507.79	533.41	645.7	650.97	700.3	735.85	817.15
安徽	628.47	620.34	637.59	637.93	712.63	713.14	808.77	824.1	887.54
福建	286.82	323.35	309.37	290.61	357.96	386.01	369.81	369.27	395.67
江西	343.88	365.82	408.76	422.44	429.25	442.27	448.56	446.62	472.62
山东	1 041.65	1 022.38	1 073.24	1 130.12	1 189.81	1 161.94	1 285.81	1 505.44	1 589.98
河南	830.24	833.09	843.67	831.83	969.43	964.73	1 032.16	1 047.95	1 116.83
湖北	585.18	624.43	576.76	600.24	680.97	682.96	717.48	729.95	772.52
湖南	694.82	740.31	710.1	737.2	790.23	814.13	830.68	850.22	907.45
广东	692.24	742.72	774.21	892.93	826.43	846.58	857.95	926.11	983.54
广西	445.41	438.51	440.39	456.22	486.27	471.06	474.18	487.44	503.83
海南	60.71	64.74	73.24	69.63	79.69	75.85	75.41	75.73	87.79
重庆	364.35	381.59	395.01	425.24	415.21	426.53	435.9	443.12	477.62
四川	973.76	958	1 038.44	1 146.1	1 101.82	1 136.58	1 151.47	1 234.18	1 316.18
贵州	317.41	320.34	326.28	325.61	347.66	343.94	354.2	402.91	419.31
云南	357.76	362.82	377.01	413.78	413.92	401.72	401.91	456.67	479.92
西藏	14.71	16.73	16.18	17.56	19.27	16.57	19.47	19.32	21.15
陕西	319.41	349.58	371.41	403.17	406.63	410.89	423.1	426.07	465.71
甘肃	229.53	239.11	230.54	232.93	252.75	261.2	270.26	294.69	304.71
青海	33.88	40.31	41.48	41.71	43.35	43.03	47.01	45.24	51.73
宁夏	35.18	43.08	46.47	45.12	50.95	52.7	57.35	61.07	65.85
新疆	146.71	152.35	144.77	158.9	174.71	174.24	177.37	175.72	203.34

数据来源:中国国家统计局。

老年人口数量的绝对增长,以及家庭规模的普遍缩小,必然会使得上有老、下有小的中青年一代承担的养老负担有所上升。如表 2.2 所示,我国 2011—2019 年各省区市的老年抚养比系数除部分年份稍有波动外,基本呈现增长趋势。其中,老年抚养比增幅最大的为上海市 2015 年,较上年度增长 4.4%,意味着上海市每位劳动年龄人口较上年度需多承担 4.4 名老年人口的养老负担;降幅最大的为天津市 2015 年,较 2014 年减少 2.12%。家庭规模的不断缩小,以及劳动年龄人口养老负担的加大,必然会使得我国传统的家庭养老功能不断弱化,养老趋于社会化,这也意味着政府承担的养老保障体系建设责任不断加重。

表 2.2　2011—2019 年全国各地老年抚养比

单位:%

年　份	2011	2012	2013	2014	2015	2016	2017	2018	2019
北京	10.7	10.48	10.53	10.52	13.45	15.17	16.32	14.38	14.66
天津	12.27	13.44	14.81	15.06	12.94	14.62	14.57	13.85	15.56
河北	11	12.46	12.55	12.94	14.21	15.44	16.8	18.43	19.32
山西	10.21	10.44	10.45	11.12	12.13	11.45	11.92	13.94	14.93
内蒙古	8.67	10.06	11	12.1	12.35	12.14	14.33	12.81	13.28
辽宁	13.84	12.47	12.87	15.68	16.81	17.37	18.57	20	21.55
吉林	11.07	9.67	12.29	13.1	14.16	14.19	16.18	16.42	17.73
黑龙江	9.96	11.18	11.31	11.89	13.79	15.3	15.58	15.82	18.07
上海	9.39	10.92	13.3	12.07	16.47	16.76	18.82	19.88	22.07
江苏	14.2	15.26	16.47	16.26	17.21	18.56	19.19	19.86	21.2
浙江	10.87	11.09	11.66	12.28	14.86	15.43	16.56	17.71	19.25
安徽	14.65	14.42	14.83	14.53	15.74	16.15	19.14	19.35	20.73
福建	10.02	11.5	10.89	10.14	12.27	13.87	13.23	12.86	13.67
江西	10.75	11.49	12.63	13.2	13.04	13.87	14.21	13.91	14.57
山东	14.59	14.33	14.93	15.77	16.2	16.32	18.64	22.69	23.82
河南	12.49	12.49	12.7	12.46	14.24	14.57	15.88	16.34	17.23
湖北	13.38	14.32	13.18	13.9	15.27	15.87	17	17.31	18.32
湖南	14.63	15.81	14.85	15.35	15.95	17.01	17.53	18.36	19.66
广东	8.6	9.11	9.52	10.99	9.62	10.18	10.27	11.04	11.37
广西	13.93	13.7	13.42	13.91	14.44	14.06	14.33	14.72	14.95
海南	9.4	9.89	11.15	10.45	11.77	11.45	11.38	11.3	13.09
重庆	17.36	18.26	18.62	20	18.69	19.79	20.6	21.09	22.61
四川	16.77	16.42	18.05	20.04	18.18	19.47	19.83	21.83	23.2
贵州	13.64	13.49	13.52	13.43	13.92	14.13	14.47	17.08	17.5
云南	10.56	10.67	11.13	12.06	11.6	11.62	11.56	13.24	13.71
西藏	6.71	7.5	7.23	7.86	8.07	7.01	8.22	8.04	8.86

年　份	2011	2012	2013	2014	2015	2016	2017	2018	2019
陕西	11.1	12.1	13.09	14.25	13.87	14.43	15.14	14.99	16.41
甘肃	12	12.45	11.98	11.96	12.73	13.62	14.32	15.92	16.13
青海	8.06	9.69	9.81	9.52	9.74	9.89	10.96	10.42	11.85
宁夏	7.44	9.2	9.72	9.22	10.15	10.65	11.56	12.67	13.62
新疆	9	9.34	8.75	9.54	10.03	10.3	10.43	10.19	11.9

数据来源：中国国家统计局。

我国现行的养老保障体系大致可分为两部分，一是由城镇职工养老保险和城乡居民养老保险构成的养老保险体系，二是养老服务体系。前者可以视为是个体在处于劳动年龄阶段对其退休后养老资金的提前储蓄，后者则是针对老年人口的养老生活保障，完整全面的养老保障体系理应由此二者构成，缺一不可（胡宏伟等，2011）。其中，养老保险体系中的城镇职工养老保险是我国现行养老保险体系，乃至养老保障体系的主体，主要面向城镇职工，由职工所在企业缴纳 20％，职工个人承担 8％，缴费满 15 年即可在达到退休年龄后领取养老金，该部分建设相对完善；城乡居民养老保险面向未参加城镇职工养老保险的城镇人口和农村居民，该部分保险无固定缴费比例，由参保人自行选取缴费档次，政府给予一定补助，该部分由于受农村经济发展水平、参保群体收入水平以及参保意识限制，自行缴费部分较少，基本由政府承担；而养老服务体系则是针对老年群体的养老生活保障，大体可以由公办、民办养老机构提供的机构养老服务；社区服务中心、日间照料中心提供的社区养老服务，以及老年大学、老年艺术文化中心等老年精神文化活动等构成。该部分保障由于我国建设起步较晚，主体基本可以由机构养老服务和社区养老服务等收养性服务构成，涉及精神文化类的服务还相对较少。

因此，就我国现阶段整体的养老保障体系建设情况，可以由养老保险参保人口、养老保险基金累计结余、养老保险缴费率、养老保险替代率等四项养老保险类指标，以及养老服务机构床位数、养老服务机构职工人数、社会服务机构在院总人天数等三项养老服务类指标共同反映，表 2.3 为上述 7 项指标经熵值法处理后各地养老保障体系建设综合评价得分情况，其中历年综合得分均在 0.6 以上的为江苏和广东，广东省是我国历年养老保险基金累计结余最多的省份，而江苏省在历年养老保险基金均实现结余的基础上，在养老服务体系建设上也颇有建树，走在全国前列。综合得分相对较低的省市，如天津、内蒙古、甘肃、宁夏、广西等，普遍为经济发展相对落后或是人口流出较多的地区。

表 2.3 2007—2017 年地方养老保障体系建设评价指标

年 份	2007	2008	2009	2010	2011	2012	2013	2014	2015	2016	2017
北京	0.296 1	0.326	0.337 4	0.353 7	0.375 3	0.364 7	0.381 7	0.382 7	0.386 7	0.405 9	0.393 5
天津	0.179	0.193 8	0.222 9	0.232 9	0.226 6	0.205 2	0.218 2	0.208 3	0.188 2	0.240 8	0.211 1
河北	0.454 7	0.497 5	0.493 8	0.476 4	0.469 9	0.476 7	0.525 3	0.510 7	0.447	0.428 7	0.402 9
山西	0.281 7	0.292 8	0.313 3	0.322 6	0.304 9	0.284 6	0.302 2	0.311 1	0.318 7	0.317 4	0.267 6
内蒙古	0.257	0.260 1	0.262 7	0.276	0.243 4	0.242 8	0.243 6	0.278 1	0.221 2	0.264 9	0.211 3
辽宁	0.412 9	0.425 5	0.448 4	0.438 6	0.423 7	0.423 5	0.433 3	0.412 7	0.396	0.402 2	0.367 8
吉林	0.244 6	0.279 6	0.282 7	0.273 3	0.255	0.245 2	0.248 4	0.233 1	0.202 9	0.307 8	0.286 3
黑龙江	0.285 8	0.299 5	0.285 9	0.316 4	0.314 2	0.287 6	0.299 7	0.303 7	0.284	0.333 5	0.303 7
上海	0.362 3	0.387 6	0.380 5	0.380 4	0.392 3	0.369 2	0.366 3	0.361 2	0.363 3	0.399 7	0.392
江苏	0.604 2	0.652 4	0.650 2	0.633	0.624 5	0.657 1	0.681 9	0.661 6	0.662 5	0.670 9	0.662 4
浙江	0.519 3	0.575 2	0.592 6	0.571 8	0.557 4	0.540 7	0.557 8	0.551 8	0.468 3	0.492 3	0.489 1
安徽	0.321 1	0.368 9	0.418 7	0.439 1	0.415 8	0.424 5	0.420 3	0.342	0.294 4	0.345 1	0.336 4
福建	0.326 3	0.338 5	0.347 9	0.333 1	0.336 4	0.332 8	0.360 1	0.329 2	0.322	0.311	0.302 7
江西	0.512 8	0.521 7	0.477 1	0.386 1	0.352 1	0.317 9	0.333 8	0.332 5	0.289 4	0.337 8	0.306 6
山东	0.689	0.762 2	0.789	0.798 3	0.761 9	0.744 3	0.754 2	0.729 1	0.666 5	0.631 2	0.581
河南	0.545 8	0.589	0.596 7	0.564 4	0.548 4	0.523 2	0.544	0.521 5	0.424 9	0.402 1	0.396 2
湖北	0.498 7	0.512 4	0.514 9	0.489 4	0.441 9	0.435 9	0.433 9	0.426 5	0.411 9	0.444 5	0.432 3
湖南	0.366 1	0.385 7	0.409 2	0.407 2	0.391 7	0.386	0.384 2	0.349 6	0.335 2	0.386 2	0.343
广东	0.677 9	0.711 9	0.735	0.708 1	0.712 2	0.702 9	0.708 1	0.724 1	0.735 4	0.696 9	0.688 6
广西	0.230 7	0.236 6	0.228 5	0.251 1	0.282 9	0.268	0.302 6	0.279 5	0.225 1	0.293 9	0.240 9
海南	0.197 3	0.187 3	0.211 8	0.245 6	0.232 2	0.239	0.219 8	0.210 9	0.180 7	0.181 9	0.161 7
重庆	0.228 1	0.241 8	0.23 7	0.284 5	0.267 3	0.249 4	0.269 3	0.250 8	0.196	0.262 7	0.254 3
四川	0.397	0.44	0.448 3	0.507 4	0.497 8	0.507 9	0.506 9	0.519 9	0.476 5	0.568 6	0.491 8
贵州	0.205 9	0.203 4	0.219 2	0.251	0.240 6	0.226 6	0.247 4	0.235 8	0.213 9	0.267 7	0.270 4
云南	0.201 4	0.208 8	0.229 8	0.244 4	0.192 8	0.211 2	0.233 2	0.230 6	0.197 1	0.238 8	0.262 1
西藏	0.155 3	0.137 5	0.155 1	0.089 6	0.182 9	0.182 1	0.182 1	0.182 3	0.136 6	0.187 9	0.192 4
陕西	0.253 4	0.264 3	0.286 3	0.318	0.328 7	0.293 4	0.302 1	0.312	0.312 9	0.316 2	0.311 4
甘肃	0.173 4	0.205 7	0.222 6	0.246	0.186	0.202 6	0.214 6	0.189 7	0.175 1	0.206 8	0.175 8
青海	0.169 8	0.179 8	0.210 7	0.239 3	0.156 7	0.191 4	0.208 2	0.200 3	0.211 9	0.232 3	0.19
宁夏	0.183 2	0.205 5	0.236 4	0.134 6	0.125 8	0.185 3	0.195 4	0.198 4	0.169 9	0.190 7	0.176 4
新疆	0.184 7	0.202	0.253 3	0.262 5	0.253 8	0.240 6	0.241 2	0.235 3	0.190 5	0.290 8	0.242 2

2.1.3 养老保障体系建设影响因素实证分析

基于地方政府与养老保障体系建设的基本关系,本节以全国 31 个省区市数据为基础,选取相应指标对地方政府养老保障体系建设的影响因素进行分析。

（一）指标选取

世界上多数国家均会选择政府补贴和企业支付作为养老金的主要来源（Posel 和 Casale，2003；Jensen，2003），我国现行养老保险体系中城镇职工养老保险建设相对完善，但其中城乡居民养老保险多数仍需依靠政府财政补贴（吴承平，2004；吴连霞，2010；刘颖，2010），此外，政府作用在各项体系建设中不可或缺，就养老服务体系建设而言，同样需要政府在各方面进行支持。首先，新的制度、政策体系推行必须要依靠政府力量（段家喜，2005；寇铁军，2011；林义，2015）；其次，在社会资本参与不足时，政府财政补助一方面有助于体系建设（周志凯，2015；王雯 2017），另一方面政府资金会对社会资本形成引导，有助于社会资本参与其中（裴育和史梦昱，2018）。由此可见，政府部门对养老保障体系建设等相关项目的财政支出、资金扶持必然会对地方养老保障建设产生影响。因此，本书选取地方财政一般预算收入、社会保障和就业支出、民政事业建设福利彩票公益金等与政府财政收支类相关的指标，研究其对地方养老保障体系建设的影响。

自我国实行分税制改革以来，地方财权不断上移，事权不断下移。地方养老保障体系建设责任主要归于政府部门，因而地方政府的财力大小与事权支出责任变化也会对养老保障体系建设产生影响。财政分权是指中央政府赋予地方政府一定的税收权利和财政支出范围，以达到区域经济均衡发展的目的，财政分权度指标主要对中央与地方政府的财权、事权划分进行衡量。此外，选取中央专项拨款指标，衡量中央政府对地方政府养老保障体系建设工作的财政支持。

多数学者在对我国养老保障体系进行研究后认为，地方经济发展水平很大程度上决定了当地养老保障发展状况（白维军和童星 2011；朱梅和张文君 2017；邹鑫和罗宝林 2017；邹丽丽等，2017）。此外，本书选取消费率指标进行影响因素研究，此处消费率为居民整体消费率，根据多数发达国家经济发展经验，消费率变化与一国经济发展所处阶段相关，在经济发展初期，消费率偏低，投资、出口为经济增长主要动力，而在经济实现快速发展的后期，消费率会成为拉动经济增长的主动力（Bendapudi，2003）。我国经济发展进入新常态，经济下行压力大，增长模式由高速转向高质量发展，在该阶段消费率必然会对我国经济增长产生影响，并通过该路径传导影响地方养老保障体系建设。

基于以上内容，本书最终选取经由熵值法计算所得的地方养老保障体系建设综合得分（odsys）为被解释变量，选取消费率（conr）、一般预算收入

(budrev)、社会保障和就业支出(saespend)、财政分权度(degfd)、中央专项拨款(cenear)、民政事业建设福利彩票公益金(fc)以及人均 GDP(pergdp)等共 7 项指标为解释变量,各变量具体定义如表 2.4 所示,其中对于地方一般预算收入、社会保障和就业支出、中央专项拨款以及人均 GDP 等较大数值均进行对数化处理。

表 2.4 变量定义表

变量类型	变量名称	变量符号	变量定义
被解释变量	地方养老保障体系建设综合得分	odsys	由各地养老保险体系下的保险参保人数、养老保险基金累计结余、缴费率、替代率、养老床位数、养老服务人员等指标通过熵值法计算而来,衡量地方养老保障体系建设水平
解释变量	消费率	conr	反映各地居民消费情况
	一般预算收入	budrev	衡量各地政府部门的财政收入状况
	社会保障和就业支出	saespend	反映各地政府对养老等社会保障项目的财政支出
	财政分权度	degfd	反映地方与中央的财权与事权支出责任划分
	中央专项拨款	cenear	反映中央对地方政府养老保障的资金支持
	民政事业建设福利彩票公益金	fc	反映民政事业基本建设中福利彩票公益金使用
	人均 GDP	pergdp	衡量各地经济发展水平

(二)模型设定

由上述选取指标对地方养老保障体系建设影响因素进行分析,具体模型设定如下:

$$odsys_{i,t} = \beta_0 + \beta_1 conr_{i,t} + \beta_2 \ln budrev_{i,t} + \beta_3 \ln saespend_{i,t} +$$
$$\beta_4 \ln cenear_{i,t} + \beta_5 degfd + \beta_6 \ln pergdp_{i,t} + \beta_7 \ln fc_{i,t} + \gamma_{i,t}$$
$$(2.1)$$

(三)样本及数据来源

本书选取全国 31 个省区市(港澳台除外)2007—2017 年的面板数据进

行养老保障体系建设影响因素分析,进行地方养老保障体系建设综合得分熵值法计算的基础指标中,养老保险参保人数、养老保险基金累计结余数据来源于中国国家统计局,养老保险缴费率、养老保险替代率数据由养老保险参保人口、养老金领取人口以及社会平均工资等计算而来,养老服务机构床位数、养老服务机构职工人数、社会服务机构在院总人天数等数据来源于中国民政部,计算财政分权度指标数据来源于中国财政部与中国国家税务总局。本节实证部分采用 Stata 14.0 软件完成。

2.1.4　养老保障体系建设影响因素实证结果分析

(一) 描述性统计

表 2.5 为本节对实证变量的描述性统计结果。由表 2.5 可以看出,中央对各地进行的专项拨款指标在各省市间的差距较小,专项拨款分配较为均衡,地方人均 GDP 与消费率指标的地区差异也相对其他指标而言较小,二者的相对同步也佐证了消费率与地方经济发展所处阶段间的关系。而诸如地方养老保障体系综合得分、地方一般预算收入、社会保障和就业支出、财政分权度等受地方财政收入水平以及地方政府政策行为、建设力度等影响较大的指标在省市间的差距较为明显,就地方政府养老保障体系建设综合得分而言,最大值 0.798 3 为山东省 2010 年数据,最小值 0.089 6 为同年西藏数据,前者是后者的近 9 倍,二者差距显著。

表 2.5　所有变量描述性统计分析

变量名	样本数量	均　值	标准差	最小值	最大值
养老保障体系综合得分	341	0.353 020 5	0.154 912 8	0.089 6	0.798 3
消费率	341	3.911 976	0.159 249 8	3.529 297	4.380 683
一般预算收入	341	7.087 083	1.092 995	3.002 768	9.334 357
社会保障和就业支出	341	5.776 695	0.789 378 2	2.850 822	7.314 117
财政分权度	341	0.182 562 3	0.097 126 9	0.025 816 3	0.568 406 8
中央专项拨款	341	12.914 1	0.904 865 1	10.149 33	15.213 7
民政事业建设福利彩票公益金	341	8.953 415	1.368 414	4.215 086	12.258 34
人均 GDP	341	10.492 77	0.558 413 5	8.841 448	11.767 52

（二）相关性分析

本节对模型中的所有变量进行 Pearson 相关性分析，结果如表 2.6 所示。其中，消费率与地方养老保障体系建设综合得分指标在 1% 的水平上显著负相关，初步说明消费率越高，政府养老保障体系建设综合评价越低。一般预算收入、社会保障和就业支出、财政分权度、中央专项拨款、民政事业建设福利彩票公益金以及人均 GDP 等指标均与地方政府养老保障体系建设综合评价指标在不同的相关性水平上呈正相关关系。

表 2.6　各变量间相关性分析

	养老保障体系	消费率	一般预算收入	社会保障和就业支出	财政分权度	中央专项拨款	民政事业建设福利彩票公益金	人均GDP
养老保障体系	1							
消费率	−0.378 3***	1						
一般预算收入	0.658 8*	−0.369 9**	1					
社会保障和就业支出	0.497 5**	−0.193 8*	0.851 4**	1				
财政分权度	0.837 7**	−0.269 4***	0.840 1***	0.732*	1			
中央专项拨款	0.247 2***	−0.061 8	0.503 2**	0.782 6*	0.447 5*	1		
民政事业建设福利彩票公益金	0.276 5*	−0.139 3**	0.391 9**	0.448 2**	0.407 2**	0.497 3***	1	
人均 GDP	0.284 2***	−0.295 8*	0.692 6**	0.530 5*	0.471 5***	0.088 7	0.238 1**	1

此外，由上表相关性分析中可知，部分数据如社会保障和就业与地方一般预算收入的相关关系高达 0.851 4，财政分权度与一般预算收入相关关系达 0.840 1，中央专项拨款与社会保障就业间为 0.782 6，均大于 0.5，因此，需对模型进行多重共线性检验。检验结果如表 2.7 所示，异方差膨胀因子 VIF 值为 5.13，小于 10，不存在多重共线性。

表 2.7　多重共线性检验

变量名	VIF	1/VIF
消费率	1.25	0.799 853
一般预算收入	9.68	0.103 307
社会保障和就业支出	11.16	0.089 579
财政分权度	3.97	0.251 858
中央专项拨款	5.35	0.187 078
民政事业建设福利彩票公益金	1.5	0.665 477
人均 GDP	2.98	0.335 934
Mean VIF	5.13	

（三）回归分析

对模型进行异方差和序列相关检验，发现存在异方差和序列相关，通过序列相关检验，检验结果为AR(1)，最终选取FGLS同时处理模型的异方差和序列相关问题。表2.8显示了OLS最小二乘、FE固定效应、RE随机效应以及FGLS可行的广义最小二乘回归结果，对比发现FGLS回归结果误差较小，回归结果更为合适。由表可见：消费率、社会保障和就业支出、财政分权度以及人均GDP与地方养老保障体系建设综合评价在1%的水平上显著正相关，中央专项拨款与地方养老保障体系建设综合评价在1%的水平上呈显著负相关关系。

表 2.8 OLS、FE、RE 和 FGLS 回归结果

变量代码	ols	fe	re	fgls
消费率	0.177***	0.094 6***	0.117***	0.096 6***
	(0.028 1)	(0.031 0)	(0.032 1)	(0.034 6)
一般预算收入	0.014 2	−0.030 8	0.047 8***	0.009 29
	(0.011 4)	(0.021 2)	(0.017 5)	(0.011 5)
社会保障和就业支出	−0.001 4	0.012 3	0.018 4	0.035 0***
	(0.016 9)	(0.015 9)	(0.016 6)	(0.010 7)
财政分权度	1.460***	−0.051 1	0.330***	0.993***
	(0.082 0)	(0.102)	(0.106)	(0.124)
中央专项拨款	−0.033 6***	0.022 0**	−0.013 8	−0.016 1***
	(0.010 2)	(0.009 97)	(0.009 88)	(0.006 06)
民政事业建设福利彩票公益金	−0.000 091	0.000 069 8	−0.000 816	−0.001 06
	(0.003 58)	(0.002 07)	(0.002 35)	(0.001 38)
人均GDP	0.069 2***	0.004 8	0.098 2***	0.056 8***
	(0.012 3)	(0.029 3)	(0.019 8)	(0.013 4)
_cons	1.846***	0.645***	1.523***	1.086***
	(0.197)	(0.247)	(0.208)	(0.207)
N	341	341	341	341
R−sq	0.779	0.064		

注：* 表示 $p < 0.1$，** 表示 $p < 0.05$，*** 表示 $p < 0.01$。

2.1.5 结论与政策建议

（一）结论

（1）消费率与地方养老保障体系建设综合评价指标在1%的水平上呈

显著正相关关系,说明社会整体消费水平提高有利于地方政府养老保障体系建设。首先,如上文所述,一国或地区的消费水平与当地的经济发展所处阶段相关,社会消费水平的提高会通过对当地经济增长的拉动作用,继而对地方养老保障体系建设产生正面效应;其次,勤俭节约的消费观虽是我国的传统美德,但是同家庭养老观念一样,在新的时代背景和现实情况下要有新的转变,人口老龄化趋势下,中国"四二一"家庭结构的普遍形成使得传统家庭养老功能弱化,因而机构养老、社区养老的社会化养老模式应运而生。多数学者均认为社区养老是在老年群体不断增长情况下,解决未来老年群体养老问题最为有效的方案之一,而社会化养老模式也必然是未来养老模式的主体,消费观念的转变、消费水平的提升有助于增加老年群体对养老服务产品的购买,提高政府养老服务资源利用率,同时有利于养老服务产业的形成,提高养老服务供给水平和质量,进而有利于吸引更多的老年人接受社会化养老模式,从而形成养老服务体系构建与养老服务产业发展的良性循环。

(2)财政分权度与地方养老保障体系建设综合评价指标在1%的水平上显著正相关,说明财政分权度越高,地方养老保障体系建设综合评价越高。同样,首先,本书财政分权度指标参考张宴和龚六堂(2005)观点,认为财政支出更能反映中央与地方政府的实际分权度,因而,该指标是由地方省或市本级预算内财政支出与中央本级财政支出之比计算而得。对各省市而言,中央本级财政支出固定。由此,财政分权度越高,说明当年度地方政府预算内财政支出越多。由上文分析可知,我们可以将养老保障体系视为一项公共产品,地方政府对养老保障体系的建设和财政支出,无论是从政府本身的财政支出责任,还是出于社会道义,从维护社会稳定角度而言都责无旁贷,地方财政支持必然会促进当地养老保障体系建设。其次,财政分权度越高还意味着中央给予地方的税收权力和支出责任范围越大,事权下移的好处是基层政府对本辖区内养老保险与养老服务发展的现实状况了解更为全面,对地方传统养老观念、生活习性了解更为深入,相比于中央政府的统筹管理更易于建立起群众满意度更高的养老保障体系。并且,在我国地方政府间的竞争已经由最初的政治竞标赛(周业安,2004)和财政收支竞争(傅勇和张晏,2007)转变为对地方经济、社会、文化、环境治理等指标的综合评价,事权的相对下移对地方政府而言,更有权限也更有激励对当地养老保障体系进行建设。

(3)中央专项拨款与地方养老保障体建设综合评价指标在1%的水平上显著负相关,说明中央专项拨款越多,地方养老保障体系建设综合评价越低。该结论初看似乎有些不合常理,可能的原因是,如上述财政分权度中观点所述,就养老保障该项公共服务而言,中央事权下移有利于地方养老保障体系建设,虽然中央专项拨款对体系建设有益,但养老保障体系建设并非仅仅依靠资金支出就可以发展,特别是其中的养老服务体系部分,多地都曾出现政府耗费大量人力、物力、财力建设养老院等养老服务机构,但其中床位空置率极高,造成资源浪费等现象,并且中央专项拨款多为专款专用,对情况发展各异的省市区养老建设缺乏一定的针对性。

此外,社会保障和就业支出、人均 GDP 与地方养老保障体系建设综合评价在 1% 的水平上显著正相关,说明社会保障和就业支出越多以及地方经济发展水平越高,越有助于地方养老保障体系建设。

(二) 政策建议

根据上述地方养老保障体系建设影响因素分析,为提高各省市养老保障体系建设水平,促进养老保险体系完善和养老服务体系发展,我们提出如下针对性建议:

(1) 适度提高消费率,转变老年群体消费观念。

区域消费率的适度提高有利于促进地方经济发展,提升养老服务产品购买水平,进而促进养老服务产业形成,从而有利于养老保障体系建设。其中,养老服务产业的良好发展对其与养老保障体系建设形成相互促进的良性循环尤为关键。因此,对养老服务产业制定中长期发展规划十分必要。首先,日益增长的老年人口作为养老服务产品的消费主体,必然是规划制定的重要考虑因素,在对当地老年群体与经济发展状况进行充分调研的基础上,针对不同年龄、性别、生活习性老年群体的异质性养老需求进行科学分析,并据此探索制定差异化养老服务产业发展结构,切实提升养老服务水平,同时,考虑将其纳入地方经济社会发展的近期、中期、长期总规划。其次,新的产业形成必须要有完备的法律法规为其保驾护航,根据中国老年人及当前养老服务产业发展现实状况,制定相关法律法规和部门规章,可细化至"养老补贴""养老服务质量""养老服务机构管理"等多方位的法律保障。合理分布各地基层法律援助网点,如在社区等地设立养老服务咨询网点等,形成合理全面的法律援助结构,为老年人提供完善的法律服务。

(2) 充分发挥地方政府作用,承担体系建设事权支出责任。

加大政策调节力度,充分发挥政府作用。一是针对养老服务等民政类事业制定实施特殊的土地供给政策,由中央政府在对各类建设用地指标进行计划单列后,进一步将计划指标下放地方,地方政府应严格以规划为准则,根据养老社区整体规划及其公益性满足程度综合确定具体用地规划,并对现有老旧小区进行养老服务机构的结构改建和地区扩建。二是在机构管理运营方面给予减税降费优惠,对社区养老服务相关中心和机构免征、减征增值税、城镇土地使用税、房产税和企业所得税。三是实现政府与市场的合理分工。重点对位于城乡接合部的大型养老综合体配套基础设施进行建设,由于大型养老社区主体为公益性和准公益性产品,社会资本投资和参与激励不足,因此,项目建设过程中,应该实现由政府牵头、社会非营利组织宣传鼓励、私人个体积极参与的三方合理分工与合作机制,正确处理老龄产业盈利与公益性的关系,兼顾社会效益和经济效益,从源头上降低养老社区收费水平,避免养老社区建成后变为少数人的产品。

(3)提高财政资金利用率,吸引社会资本,提高资源利用率。

提高政府财政资金利用率旨在针对不同的养老保障发展问题采取差异化的措施与政策。在地方政府财力有限情况下引入社会资本参与养老服务体系建设不失为良策,并且我国生育率存在长期走低风险,未来老年人口养老负担完全由政府承担不切实际。虽然包括江苏在内的许多省市都会在引入社会资本时采取优惠政策,却常常在政策制定时包含隐性条件,普遍对社会资本吸引力不够。首先,政府要引入社会资本就要做到真正的市场开放,对公办、民办养老机构一视同仁,而不是一边开放一边设限。明确社会资本参与养老机构设施建设享受与公办经营同等补贴待遇,就不再设有诸如社会资本必须投资如护理型等特定类型的设施项目时才能实际落实同等优惠补贴待遇的门槛。优惠政策的相关细节在发布文件中具体规定和细化,公开透明,做到不设"陷",不设"限"。其次,政府在制定诸如土地优惠政策时,要考虑城乡经济发展的现实差距,优惠政策可适当地向农村地区倾斜。例如,农村与城市相比其用地成本相对较低,政府可加大农村养老服务用地优惠力度,此外考虑到农村基础设施落后,居民收入水平低,农村养老服务机构经营利润有限,政府可允许机构经营利润在扣除成本、预留发展基金以及其他相关费用,经审计合规后,将较大比例的结余资金反馈奖励投资人,以激励社会资本积极参与到养老服务体系建设中来。

(4)对地方养老保障体系进行全面建设,促进体系全方位发展。

完整全面的养老保障体系理应包含养老保险体系与养老服务体系,其中,对于发展相对较好、对政府财政资金依赖性较低的城镇职工养老保险部分,应该重点关注区域发展差异与个体分配不均问题,虽然仅除个别地区存在城镇职工养老保险收不抵支问题外,各地就目前而言养老保险基金结余资金相对充裕,但是地区间养老保险基金累计结余总额与缴费率,即缴费负担间的差异也十分显著,特别是人口流入地与流出地之间的差距,因此,对于城镇职工养老保险后期建设应更多关注其区域发展不均问题。而对于城乡居民养老保险体系,由于其参保对象经济状况相对较差,且参保意识不强,需要政府部门的财政支持与政策宣传、引导。养老服务体系则是政府部门所能提供的最后一道社会化养老保障,在诸多社会化养老模式中,不论是公办养老机构还是民办养老机构,其前期建设成本较高,需专门的机构建设用地、建筑资金、机构经营管理成本,此外,其收养能力有限,不如社区养老模式具有的各方优势。因此,需加大对社区养老服务设施相关建设,提升配套功能设施服务水平,在提供基本的日常生活和饮食起居等服务外,进一步关注老年群体更高层次需求,完善精神慰藉、文娱活动、家庭护理、康复治疗等精神层面和健康护理需求方面服务。养老机构真正对老年人入住具有吸引力的是其所能提供的专业护理康复服务,以及具备的专业养老护理人员,机构硬件设施条件对老年人的入住选择并无显著影响。所以对于一些医疗护理服务等"软实力"不强的养老机构,很多老年人宁愿选择出钱请保姆、看护上门服务,而健康状况较差的老年人甚至选择在医院长住也不愿入住养老机构。因此,政府部门需要加强对专业护理人员的培训工作,进而提升老年人对养老机构的入住欲望。政府部门可考虑推行医养结合,解决养老机构医护人员不足的现状,而"医养结合"政策也是十九大提出构建养老、孝老、敬老政策体系和社会环境,以积极应对人口老龄化的方式之一。此外,还需建立完善的监督管理和事后追责体系,尽快形成细化、可操作的养老社区服务规范,明确养老服务项目建设和机构建设业务流程与技术标准,对验收项目落实终身责任制,同时引入第三方评估机构,对硬件设施以及软件服务的质量实施监督、定期评价,以形成更为客观、公正和专业的评估体系。

2.2　基于财政可持续视角的养老保障水平研究

2.2.1　背景

在老龄化趋势不断加剧以及人民生活水平提高情况下,领取养老金人口数量的增加和老年人口养老保障需求水平的提高必然会导致我国养老保障支出水平有较大幅度增长。虽然,就目前而言,我国养老保险基金收支状况较好,历年均能实现较大结余,但各地间养老保险基金收不抵支状况也越发频繁,并且不少学者在对我国的养老保险收支情况进行测算后得出了基本相似的结论,认为我国现行养老保障制度存在巨大隐性债务。具体而言,多数学者认为我国养老保险收支状况在 2022 年左右存在拐点,2022 年前后养老保险基金开始出现收支缺口,并于此后呈现不断扩大态势,基金结余不断减少,2030 年左右结余消耗殆尽,此后处于负债状态(刘学良,2014;贾彦东和刘斌,2015)。但在相关测算中,部分学者仅对养老保险体系中的城镇职工养老保险部分进行了测算,而忽略了农村养老保险部分,而同为整体养老保障体系的重要组成部分,即养老服务体系建设,更少有学者将其纳入,从而考虑整体养老保障体系发展下的可持续性以及相关的政府财政负担问题。因此,本章节将对全国包括城镇职工和城乡居民在内的养老保险收支建立精算模型,同时考虑养老服务体系建设部分,并对现行养老保障制度下的政府财政可持续状况进行衡量。

2.2.2 我国养老保障发展现状分析

目前,我国整体养老保障体系由基本养老保险体系与养老服务体系构成,其中,基本养老保险制度由城镇职工养老和城乡居民养老保险制度两部分共同构成。具体而言,就养老保险部分,我国养老保险制度运行状况相对良好,但人口老龄化加速发展,养老保障支出也逐年攀升,而养老服务体系建设整体而言发展相对落后,该部分建设投入需求较大。

(一)老龄化状况

我国作为人口大国,近年来老龄化不断向纵深发展。据统计,2017 年年末,我国总人口达 13.9 亿人,其 65 岁及以上人口达 15 831 万人,占总人口的 11.4%,与 2016 年的 10.8%相比,增加了 0.6%,65 岁及以上老年人口增加 828 万,老年人口数量呈较大增长(见表 2.9)。观察历年老年人口占比数据发现,2006—2017 年这 12 年间,老年人口占比由最初的 7.9%增长至11.4%,年均增长 0.29%。此外,就老年抚养比来看,劳动年龄人口的养老负担相对严峻,就 2019 年数据,意味着我国每 100 名劳动年龄人口需要负担 17.8 名老年人的养老问题,存在较大养老压力。

表 2.9　全国 2006—2019 老年人口及其占比、老年抚养比情况表

年　份	老年人口数(万人)	老年人口占比(%)	老年抚养比(%)
2006	10 419	7.9	11.0
2007	10 636	8.1	11.1
2008	10 956	8.3	11.3

年　份	老年人口数(万人)	老年人口占比(%)	老年抚养比(%)
2009	11 307	8.5	11.6
2010	11 894	8.9	11.9
2011	12 288	9.1	12.3
2012	12 714	9.4	12.7
2013	13 161	9.7	13.1
2014	13 755	10.1	13.7
2015	14 386	10.5	14.3
2016	15 003	10.8	15.0
2017	15 831	11.4	15.9
2018	16 658	11.9	16.8
2019	17 603	12.6	17.8

数据来源:中国国家统计局。

(二) 养老保险运行状况分析

1. 养老保险参保情况

近年来,随着经济水平的提高和养老保险制度的发展,我国养老保险参保情况总体而言相对较好。就参保人口数量来看,首先,城镇职工养老保险参保总人口实现大幅增长,从 2005 年的 17 487.90 万人增长至 2017 年的 40 293.30 万人,增长 1.3 倍,且养老保险参保率也呈逐年增长趋势,从 2005 年 31.11% 的参保率逐年增长至 2017 年 49.53% 的参保率,实现城镇职工养老保险参保人口占比 18.42% 的增长(见表 2.10)。其次,城乡居民养老保险也实现参保总人口的逐年增长,同时其参保率自 2010 年的 15.31% 增长至 2017 年的 88.89%,城乡居民养老保险参保率增长十分迅速,一部分原因是由城镇化发展下,农村人口规模缩小导致。从参保率来看,城镇养老保险参保率呈现逐年增长,较为稳定,农村养老保险参保率增幅较大,对比城镇和农村参保率发现,虽然农村养老保险起步晚,但其发展十分迅速。

表 2.10　全国 2005—2017 年城镇职工养老保险、城乡居民养老保险参保情况表

年　份	城镇人口数(万人)	乡村人口数(万人)	城镇职工养老保险参保人口(万人)	城镇职工养老保险参保率(%)	城乡居民养老保险参保人口(万人)	城乡居民养老保险参保率(%)
2005	56 212	74 544	17 487.90	31.11	—	—
2006	58 288	73 160	18 766.30	32.20	—	—
2007	60 633	71 496	20 136.90	33.21	—	—
2008	62 403	70 399	21 891.10	35.08	—	—
2009	64 512	68 938	23 549.89	36.50	—	—

年　份	城镇人口数（万人）	乡村人口数（万人）	城镇职工养老保险参保人口（万人）	城镇职工养老保险参保率（%）	城乡居民养老保险参保人口（万人）	城乡居民养老保险参保率（%）
2010	66 978	67 113	25 707.30	38.38	10 276.80	15.31
2011	69 079	65 656	28 391.27	41.10	33 182.04	50.54
2012	71 182	64 222	30 426.80	42.75	48 369.54	75.32
2013	73 111	62 961	32 218.38	44.07	49 750.07	79.02
2014	74 916	61 866	34 124.38	45.55	50 107.48	80.99
2015	77 116	60 346	35 361.17	45.85	50 472.19	83.64
2016	79 298	58 973	37 929.71	47.83	50 847.10	86.22
2017	81 347	57 661	40 293.30	49.53	51 254.98	88.89

数据来源：中国国家统计局、中国人力资源和社会保障资源。

2. 养老保险基金收支状况

虽然自 2014 年起，为实现社会公平和城乡一体化发展，城镇企业职工养老保险和机关事业单位养老保险制度实行并轨，但由于长久以来企业职工和机关事业单位在养老保障上存在的实际缴费率和替代率存在较大差距，对企业职工养老保险与机关事业单位分别进行考虑有助于实现对城镇职工养老保险更为清晰的认识和了解。表 2.11 显示了全国 2005—2017 年城镇职工养老保险基金收支情况，可以看出，企业职工养老保险基金收支规模远大于机关事业单位，并构成了城镇职工养老保险制度的主体，其中当年度企业职工养老保险基金收支差额由 2005 年逐年增长至 2012 年，达最高值 4 354.5 亿元，此后呈逐年大幅下降趋势。因此，虽然就目前保险基金累计结余总量上看还呈逐年增长趋势，但收支差额的减少使得累计结余在不断消耗，说明我国未来企业职工养老保险收支隐含较大的不可持续性。相比于企业职工养老保险收支，机关事业单位养老保险基金累计结余也在逐年增长，历年基金收支差额也均实现结余，但在数值间较企业职工养老保险存在较大波动。

表 2.12 显示了全国 2010—2017 年城乡居民养老保险基金收支情况。由表可见，虽然城乡居民养老保险较城镇职工养老保险基金收支规模小，但历年均能够实现基金结余。此外，需要注意的是，虽然城乡居民养老保险与城镇职工养老保险制度缴费模式类似，即实行基础养老金账户加个人账户，但其中又有区别，即城乡居民养老保险的基础养老金，其最低标准部分需由政府承担，就实际运行状况来看，政府也几乎承担了基础养老金的全部支出。此外，各地政府还需依地方经济状况和财力大小对个人账户进行补贴，补贴力度较大。因此，对于城乡居民养老保障，既要看到其保险基金实现历年结余，又要看到基金结余背后的财政补贴。

表 2.11　全国 2005—2017 年城镇职工基本养老保险收支情况

单位:亿元

	年　份	2005	2006	2007	2008	2009	2010	2011	2012	2013	2014	2015	2016	2017
企业	基金收入	4 491.7	5 632.5	7 010.6	8 800.1	10 420.6	12 218.4	15 484.81	18 363.03	20 848.7	23 305.4	26 613.17	28 692.6	32 929.83
	基金支出	3 495.3	4 287.3	5 153.6	6 507.6	7 886.6	9 409.93	11 425.67	14 008.51	16 741.46	19 847.2	23 140.91	25 865.07	30 747.98
	基金收入－基金支出	996.4	1 345.2	1 857.0	2 292.5	2 534.0	2 808.5	4 059.1	4 354.5	4 107.2	3 458.2	3 472.3	2 827.5	2 181.9
	累计结余	3 506.7	4 869.1	6 758.2	9 241.0	11 774.3	14 547.2	18 608.1	22 968.0	27 192.3	30 626.3	34 115.2	36 970.3	39 152.1
机关事业单位	基金收入	601.6	677.2	823.6	940.1	1 070.3	1 201.1	1 409.9	1 638.0	1 831.7	2 004.2	2 727.9	6 364.9	10 379.7
	基金支出	545.0	609.4	811.3	882.0	1 007.8	1 145.0	1 339.3	1 553.3	1 729.0	1 907.4	2 671.8	5 988.7	9 675.8
	基金收入－基金支出	56.6	67.8	12.3	58.1	62.4	56.1	70.6	84.7	102.7	96.8	55.9	376.2	704.0
	累计结余	534.3	619.8	633.2	690	751.8	818.1	888.5	973.3	1 076.9	1 173.7	1 229.6	1 609.8	2 313.7

数据来源:中国国家统计局,中国人力资源和社会保障部。

表 2.12　全国 2010—2017 年城乡居民养老保险基金收支情况

单位:亿元

年　份	2010	2011	2012	2013	2014	2015	2016	2017
基金收入	453.37	1 110.06	1 829.24	2 052.27	2 310.22	2 854.62	2 933.29	3 304.23
基金支出	200.4	598.26	1 149.74	1 348.28	1 571.15	2 116.7	2 150.48	2 372.22
基金收入－基金支出	252.97	511.8	679.51	703.99	739.06	737.92	782.81	932.01

数据来源:中国国家统计局,中国人力资源和社会保障部。

3. 养老保险水平分析

我国现在城镇职工养老保险对象主要是机关事业单位员工和城镇企业职工,城乡居民养老保险对象是未纳入城镇职工养老保险制度的城镇人口以及农村人口。但由于城镇职工养老保险和城乡居民养老保险的保障对象分别以城镇人口和农村人口为主,因此,仅将城镇职工养老保险与城乡居民养老保险水平差异作为城乡养老保险情况的对比。首先,就养老保险支出占 GDP 比重来看。由表 2.13 可知,其中,城镇职工养老保险与城乡居民养老保险支出占 GDP 比重总体上均呈逐年增长趋势;而就城乡居民养老保险支出占 GDP 比重而言,显著低于城镇占比,至 2017 年,城乡居民养老保险支出占比仅为城镇占比的 8.1%,二者差距明显。

表 2.13 全国 2010—2017 年城镇职工养老保险与城乡居民养老保险支出占 GDP 比重情况对比

单位:亿元

年 份	2010	2011	2012	2013	2014	2015	2016	2017
城镇职工养老保险支出占比	2.60	2.95	3.42	3.77	4.13	4.07	4.64	5.17
城乡居民养老保险支出占比	0.11	0.25	0.37	0.39	0.41	0.42	0.40	0.42

数据来源:中国国家统计局、中国人力资源和社会保障部。

其次,就人均养老保险水平而言,城乡居民养老保险相对不稳定,2011 年城乡居民人均养老保险水平仅 670.56 元/年,根本无法达到基本生活保障的目的,而在 2010 至 2017 年间,城乡居民人均养老保险水平最高达 1 520.86 元/年,是 2011 年的 2.3 倍,年度间保险水平波动较大(见表 2.14);反观城镇职工养老保险,依旧是实现逐年稳步增长。并且从二者人均水平对比来看,差距也十分明显。城乡居民养老保险水平最高占城镇养老保险水平的 4.68%,最低仅占 3.42%。因此,就这点来看,城乡居民养老保险水平还是偏低,也反映出依靠政府财政资金维持养老保险制度运行的机制不够稳定,可持续性相对较差。

表 2.14 全国 2010—2017 年城镇职工人均养老保险水平与城乡居民养老保险水平对比

单位:元/年

年 份	2010	2011	2012	2013	2014	2015	2016	2017
城镇职工养老保险	17 058.5	19 576.29	22 444.59	24 646.92	27 143.85	30 550.93	33 656.2	36 663.26
城乡居民养老保险	700.06	670.56	859.15	954.72	1 065.79	1 430.17	1 408.27	1 520.86

数据来源:中国国家统计局、中国人力资源和社会保障部。

最后,就养老保险制度赡养率来看,城镇职工养老保障制度赡养率由 2010 年的 24.53% 增长至 2017 年的 27.36%(见表 2.15)。所谓制度赡养率,是指某种养老保险制度下离退休参保人口或养老金领取年龄人口占参保人口的比重,能够衡量养老保险制度的养老金支付能力。城镇职工养老保险制度赡养率的变化一定程度上反映出老龄化发展下养老保障支出压力的增长。而城乡居民养老保险制度赡养率较城镇水平更高,基本维持在城镇职工赡养率的1倍以上。因此,城乡居民养老保险制度的支付问题还是值得关注。

表 2.15　全国 2010—2017 年城镇职工养老保险与城乡居民养老保险制度赡养率对比

单位:%

年　份	2010	2011	2012	2013	2014	2015	2016	2017
城镇职工养老保险	24.53	24.04	24.47	24.96	25.18	25.85	26.64	27.36
城乡居民养老保险	27.85	27.33	27.67	28.39	29.42	29.32	30.03	30.43

数据来源:中国国家统计局、中国人力资源和社会保障部。

(三) 养老服务建设情况分析

我国养老服务体系建设起步较晚,发展也相对滞后,整体养老服务水平不算高,目前社区服务设施和各类养老机构中的养老床位两类硬件设施建设是养老服务体系建设的主体,而养老护理员培训与基本养老服务补贴建设较为落后,各地发展水平也参差不齐,难以做出可靠统计。表 2.16 和表 2.17 分别显示了我国养老床位与社区服务设施建设情况。由表 2.16 可以看出,自 2010 年起,我国养老床位数持续增长,至 2017 年,我国拥有各类养老床位数达 744.8 万张,但就增长率来看,在 2013 年达到最高增长率18.5%后,呈持续下降趋势,至 2017 年,当年增长率仅为 2%,且每千人养老床位数仅达 30.9 张,远低于国际规定的"每百名老人 5 张床位"的最低标准。可见,一方面,我国养老床位供给存在较大缺口,一方面,近年来养老床位增长率却逐年降低,这很大程度上是由于我国养老机构服务水平普遍不高导致,也正是现如今出现少数服务水平较高的公办养老机构一床难求,与多数民办养老机构床位空置率达六成,这两种矛盾现象共存的诱因。

表 2.16　全国 2010—2017 年养老床位情况

年　份	2010	2011	2012	2013	2014	2015	2016	2017
床位数(万张)	314.9	353.2	416.5	493.7	577.8	672.7	730.2	744.8
增长率(%)	9.0	12.2	17.9	18.5	17.0	16.4	8.5	2.0
每千人床位数(张)	17.8	19.09	21.5	24.4	27.2	30.3	31.6	30.9

数据来源:2009—2017 年社会服务发展统计公报。

表 2.17 显示了我国 2010—2015 年社区服务设施覆盖率情况,由表可见,2015 年我国社区服务设施覆盖率达 53%,虽然较 2010 年的 22.4%增长一倍多,但整体建设水平还是偏低,国内经济发展水平较高的地区,如北京、上海、广东、江苏等地,在 2015 年均已实现全覆盖。而且就全国覆盖率数值的年度间增长率来看,数值波动较大,发展较为不稳定。社区养老服务模式是国内外学者普遍认同的解决未来养老问题最为有效的模式之一,因此,对社区服务设施等建设提供长期、稳定的财政与政策支持十分必要。

表 2.17　全国 2010—2015 年社区服务设施覆盖率情况

单位:%

年　份	2010	2011	2012	2013	2014	2015
覆盖率	22.4	23.61	29.5	36.9	36.9	53
增长率	—	1.21	5.89	7.4	0	16.1

数据来源:2010—2015 年社会服务发展统计公报。

2.2.3　基于财政可持续视角的养老保障水平测度[①]

近年来,我国多地出现养老金支付危机,如基金累计结余过千亿的山东省,于 2017 年出现了当期养老保险基金的收不抵支,并且由上述分析可知,自 2012 年起,不论是城镇职工养老保险还是城乡居民养老保险,其当年度基金收支差额,即当年结余,均在逐年缩小。由此,我们不免对未来的养老保险制度乃至整体养老保障体系运行存在隐忧。我国是否能够在现行养老保障制度下实现养老金收支平衡,维持制度运行良好;未来不断增长的养老保障支出是否会对政府财政可持续产生不利影响。因此,本章将从现行养老保障制度入手,在全国分城乡性别年龄人口数据预测的基础上,对我国未来的养老金收支以及养老服务财政补贴规模进行测算,从而对政府未来财政可持续状况进行衡量,同时对财政可持续发展下的养老保障适度水平进行界定。

(一)养老保险水平精算模型预测

本节将对养老保险制度下的现收现付模式进行养老保险基金收支总额测算,虽然国家一直以来推行养老保险的统账结合模式,但养老保险基金长期以来以现收现付制运行,何时能够真正实现模式转换还未可知,因此,本节仅对现收现付制建立精算模型进行预测(刘学良,2014)。首先利用灰色

---

① 裴育,史梦昱.养老保障支出增长与财政可持续——以江苏为例[J].地方财政研究,2019(06):4−12＋53.

GM(1,1)模型对我国 2017 至 2050 年间历年的城乡分性别年龄人口进行测算,并在此基础上建立养老保险收支精算模型。

1. 全国人口预测

养老保险账户收支模型的预测建立在城镇人口、农村人口、城镇职工参保人口、参保退休人口等有关历史人口数据可得的基础上,因而首先利用 GM(1,1)预测模型对相关城乡分性别年龄人口数据进行预测。

本节首先对我国城乡总人口以及劳动年龄人口数据进行预测,进而测算城镇职工参保人口和离退休参保人口数。目前,我国城镇职工法定退休年龄为男性 60 岁,女干部 55 岁,女性职工 50 岁,文中基准情形测算的退休年龄按此设定,并且考虑经济发展状况以及普遍受教育程度的提高,设定劳动年龄自 20 岁起。本节人口测算以我国第五次人口普查(2000)、第六次人口普查(2010)中分性别年龄段人口数据为基础,假定 2000—2009 年以及 2010—2050 年的人口年龄结构分别与五普、六普相同,以 2000 年和 2010 年的人口年龄结构对全国 2000—2016 年的分年龄段人口数据进行细分,并在此基础上用 GM(1,1)模型对 2017—2050 年的城乡分性别年龄段人口数据进行预测。

表 2.18 显示了我国 2017—2050 年的总人口预测值。据国务院发布的国家《人口发展规划(2016—2030 年)》数据显示,至 2020 年,我国人口预计达 14.2 亿。本节测算 2020 年人口数达 142 205 万人,预测结果较好。

表 2.18　全国 2017—2050 年总人口预测值

单位:万人

年　份	总人口	年　份	总人口
2017	139 008	2034	172 483
2018	139 538	2035	175 680
2019	140 951	2036	179 035
2020	142 205	2037	182 554
2021	143 569	2038	186 240
2022	145 046	2039	190 100
2023	146 636	2040	194 138
2024	148 343	2041	198 361
2025	150 170	2042	202 773
2026	152 118	2043	207 381
2027	154 192	2044	212 191
2028	156 394	2045	217 211
2029	158 727	2046	222 447
2030	161 194	2047	227 905
2031	163 800	2048	233 595
2032	166 547	2049	239 522
2033	169 440	2050	245 697

数据来源:笔者根据相关统计数据测算而得。

我国城镇人口预测的原始数据来源于中国国家统计局网站,对全国 31 个省区市的城镇人口分别进行 GM(1,1)模型预测,其中,各省市的预测精度均在 99％以上,预测结果较好。全国最终城镇总人口数据由各省市城镇预测人口加总。全国 2020 年城镇人口预测值为 88 846 万人,与《全国城镇体系规划(2006—2020 年)》公布的"2020 年全国总人口约为 14.5 亿,城镇化水平为 56％～58％,城镇人口达到 8.1～8.4 亿人"数据基本吻合(见表 2.19)。

表 2.19　全国 2017—2050 年城镇人口预测值

单位:万人

年　份	总人口	年　份	总人口
2017	81 347	2034	132 660
2018	83 137	2035	136 654
2019	86 430	2036	140 787
2020	88 846	2037	145 063
2021	91 342	2038	149 489
2022	93 922	2039	154 069
2023	96 590	2040	158 810
2024	99 347	2041	163 717
2025	102 198	2042	168 797
2026	105 145	2043	174 056
2027	108 193	2044	179 502
2028	111 345	2045	185 140
2029	114 604	2046	190 978
2030	117 975	2047	197 025
2031	121 462	2048	203 287
2032	125 069	2049	209 773
2033	128 800	2050	216 492

数据来源:笔者根据相关统计数据测算而得。

本节同样给出了我国 2017—2050 年乡村人口预测值(见表 2.20),可以发现农村人口在城镇化发展下呈不断减少趋势。城镇化发展至 2050 年,全国农村人口仅为 2017 年乡村人口的 1/2 左右。

表 2.20　全国 2017—2050 年农村人口预测值

单位:万人

年　份	总人口	年　份	总人口
2017	57 661	2021	52 227
2018	56 401	2022	51 123
2019	54 520	2023	50 046
2020	53 360	2024	48 996

年　份	总人口	年　份	总人口
2025	47 972	2038	36 752
2026	46 973	2039	36 031
2027	45 999	2040	35 329
2028	45 049	2041	34 643
2029	44 123	2042	33 976
2030	43 219	2043	33 325
2031	42 338	2044	32 690
2032	41 478	2045	32 071
2033	40 640	2046	31 468
2034	39 823	2047	30 880
2035	39 026	2048	30 307
2036	38 249	2049	29 749
2037	37 491	2050	29 205

数据来源：笔者根据相关统计数据测算而得。

我国现行的养老保险是一个多轨并行的体系，其中城镇职工养老保险由机关事业单位和企业职工养老保险构成，根据参保人的工作时间和退休时间又有老、中、新人之分，分别是 2005 年年底前已经退休、1997 年之前参加工作到 2005 年后退休，以及 1997 年后参加工作的人口。以上述人口数据为基础，进一步对江苏省 2017—2050 年城镇职工参保人口、离退休参保人口、城乡居民养老保险受益人口进行测算。

设 $Z_t^{g,k}$ 为 t 年新增的 g 性别城镇职工养老保险中退休参保人口（也就是新退休人口）：

$$Z_t^{g,k} = U_t^{g,k} s_t^g \tag{2.2}$$

其中，k 表示参保职工退休年龄，也是养老金领取年龄。$Z_t^{g,k}$ 表示 t 年新增的城镇职工养老保险退休参保人口，等于进入养老保险参保人口比例 s_t^g 与当年达到退休年龄的总城镇人口 $U_t^{g,k}$ 的乘积。而在职工养老保险人口中，又有老、中、新以及机关事业单位人员之分，令 $Z = Lao, Zh, Xin, Jiguan$ 分别为参保人口按相应工作和退休时间划分的老、中、新人以及机关事业单位参保人口。

设 $Z_t^{g,n}$ 表示 t 年城镇职工养老保险退休参保人口中 n 岁 g 性别人数（也就是已退休人口，其中 $n \geq k$），t 年养老保险参保的总退休人人数为大于相应退休年龄且参加养老保险人口总数，研究设定年龄最大为 100 岁。具体公式如下：

$$Z_t^{g,all} = \sum_{n=k}^{100} Z_t^{g,n} \tag{2.3}$$

在基准情形下,城乡居民养老保险参与人口养老金领取年龄为 60 岁,其中,假定 l 表示参保人口养老金领取年龄,令 $H_t^{g,l}$ 为 t 年新增城乡居民养老保险总受益人口。则城镇 t 年 l 岁总人口 $U_t^{g,l}$ 减去城镇职工养老保险 l 岁的老、中、新人和机关事业单位人口,再加上农村养老金领取年龄人口,就是所有未纳入城镇职工养老保险总人口,也是所有可能参与城乡居民养老保险总人数,再乘以进入该类保险的人口占比 d_t^U,即可得最终城乡居民养老保险参保人口数。具体公式如下:

$$J_t^{g,l} = (U_t^{g,l} - Lao_t^{g,l} - ZH_t^{g,l} - Xin_t^{g,l} - Jiguan_t^{g,l} + H_t^{g,l})d_t^U \tag{2.4}$$

进一步,以 ru_t^g 表示 t 年度城乡居民养老保险受益总人口,即为不同年龄层次受益人口之和。

$$ru_t^{g,all} = \sum_{n=l}^{100} J_t^{g,n} \tag{2.5}$$

设 P_t 为养老保险缴费人口的估计值,等于从开始工作年龄 20 岁到 $(k-1)$ 岁的城镇劳动年龄人口乘以城镇人口纳入养老保险参保人口的比例 c_t。计算公式为:

$$P_t = \sum_{n=20}^{k-1} U_t^n c_t \tag{2.6}$$

其中,部分参数和变量测算参考马俊(2012)、刘学良(2014)、李扬等(2013)的研究,具体设定如下:

假定企业职工和机关事业单位人员的年龄结构与其相应年龄段城镇总人口年龄结构相同。利用历年《中国统计年鉴》数据,以在岗职工参保人口除以相应年龄段城镇总人口,可得企业职工参保人口中男性、女性 2005—2010 年在岗职工养老保险参保人口占城镇相应年龄段人口的比例分别为 43.45% 和 41.94%。假定 2010 年后,该占比逐年增长 1%,分别增长 20% 后保持不变。同样,据 2010 年城镇机关事业单位参保人口数据,男性参保人口占城镇相应年龄段人口比重为 4.09%,女性占比 4.21%,假定该占比数值保持不变。

以同样方法对城镇职工养老保险离退休参保人口中的相关比例进行设定,据江苏省历年统计数据计算,发现 2010 年江苏省企业男性、女性职工占其相应城镇退休年龄段人口之比分别为 73.73% 和 63.13%,设定该比例分别逐年增长 1%,增长 7% 后保持不变;2010 年,机关事业单位男性、女性职工占相应退休年龄段人口比例分别为 6.02% 和 4.48%,假定该数值保持不变。

我国城乡居民养老保险基础受益人群由未纳入城镇职工养老保险的城镇人口和全部农村人口构成,相当于所有未纳入城镇职工养老保险人口。近年来,城乡居民养老保险推广十分迅速,目前基本已实现全覆盖。据统计,2012 年我国城乡居民养老保险覆盖率已达 92%,假定该比例此后逐年增长至 98% 后保持不变。

根据以上设定,可得我国 2017—2050 年城镇职工参保人口(见表 2.21)、城镇职工离退休参保人口(见表 2.22)以及城乡居民养老保险参保人口预测值(见表 2.23)。其中,关于城镇职工参保人口数据,本节测算 2017 年总参保人口达 39 998.41 万人,2018 年参保人口为 42 292.81 万人,与《2017 年度人力资源和社会保障事业发展统计公报》《2018 年度人力资源和社会保障事业发展统计公报》(以下简称《公报》)的实际数据(即 2017 与 2018 年城镇职工养老保险参保人口分别为 40 293.3 万、41 901.63 万人),数据差距较小,基本吻合。

表 2.21　全国 2017—2050 年城镇职工参保人口预测

单位:万人

年　份	总人口	年　份	总人口
2017	39 998.41	2034	103 240.14
2018	42 292.81	2035	109 162.25
2019	44 437.67	2036	115 424.06
2020	46 897.38	2037	122 045.07
2021	49 996.34	2038	129 045.87
2022	52 864.25	2039	136 448.25
2023	55 896.67	2040	144 275.26
2024	59 103.04	2041	152 551.24
2025	62 493.34	2042	161 301.95
2026	66 078.11	2043	170 554.62
2027	69 868.51	2044	180 338.05
2028	73 876.33	2045	190 682.68
2029	78 114.06	2046	201 620.70
2030	825 94.87	2047	213 186.16
2031	873 32.72	2048	225 415.04
2032	923 42.33	2049	238 345.39
2033	97 639.31	2050	252 017.46

数据来源:笔者根据相关统计数据测算而得。

将城镇职工离退休参保人口数据预测值与《公报》公布的实际值进行对,2017 年城镇职工养老保险离退休参保总人口为 11 025.68 万人,2018 年离退休参保人口为 11 797.68 万人。本节预测 2017 年离退休参保总人口为 10 797.29 万人,2018 年为 11 647.71 万人(见表 2.22)。总体而言,数据基本吻合,可以认为预测结果较好。对比上述参保人口数据发现,2017 年离退休人口仅占当年参保人口的 27%,到 2050 年离退休参保人口占当年参保人口的 52.3%,可见后期的养老金支付压力。

表 2.22　全国 2017—2050 年城镇职工参保退休人口预测

单位:万人

年　份	总人口	年　份	总人口
2017	10 797.29	2034	39 178.95
2018	11 647.71	2035	42 264.77
2019	12 565.11	2036	45 593.64
2020	13 554.77	2037	49 184.70
2021	14 622.38	2038	53 058.60
2022	15 774.07	2039	57 237.62
2023	17 016.47	2040	61 745.78
2024	18 356.73	2041	66 609.02
2025	19 802.54	2042	71 855.30
2026	21 362.24	2043	77 514.79
2027	23 044.78	2044	83 620.03
2028	24 859.83	2045	90 206.13
2029	26 817.85	2046	97 310.97
2030	28 930.09	2047	104 975.41
2031	31 208.69	2048	113 243.51
2032	33 666.75	2049	122 162.83
2033	36 318.42	2050	131 784.65

数据来源:笔者根据相关统计数据测算而得。

同样,《公报》统计数据显示,2017、2018 年,全国城乡居民养老保险参保人数分别为 51 254.98 和 52 391.66 万人,而本节预测数据分别为 51 939.26 与 52 648.53 万人(见表 2.23),数值误差较小,预测相对较准。根据表中数据,发现在城镇化进程不断推进,农村未来人口规模不断缩减趋势下,相应的居民养老保险参保人口规模也会呈规模不断缩小现象,到 2050 年,全国城乡居民养老保险参保人口为 28 785.98 万人,占 2017 年参保人口的 55.4%。

表 2.23　全国 2017—2050 年城乡居民养老保险参保人口预测

单位:万人

年　份	总人口	年　份	总人口
2017	51 939.26	2034	44 266.99
2018	52 648.53	2035	43 132.06
2019	52 483.26	2036	42 020.50
2020	52 918.18	2037	40 932.13
2021	54 571.11	2038	39 866.76
2022	53 676.06	2039	38 824.18
2023	54 301.54	2040	37 804.15
2024	51 165.41	2041	36 806.44
2025	52 739.69	2042	35 830.79
2026	52 548.46	2043	34 876.94
2027	52 335.93	2044	33 944.61
2028	52 102.57	2045	33 033.51
2029	50 296.64	2046	32 143.35
2030	49 043.06	2047	31 273.83
2031	47 813.38	2048	30 424.63
2032	46 607.52	2049	29 595.46
2033	45 425.43	2050	28 785.98

数据来源:笔者根据相关统计数据测算而得。

2. 养老保险收支预测模型

在实现对我国城镇职工参保人口、离退休参保人口以及城乡居民参保人口预测的基础上,分别对全国 2017—2050 年间的城镇职工养老保险和城乡居民养老保险基金收支规模进行测算。

构建养老保险收支预测精算模型:

城镇职工养老保险收入方程为:

$$inc_t = P_t \times wage(t) \times pay + GDP_t \times pfr \times s \qquad (2.7)$$

inc_t 表示 t 期城镇职工养老保险基金总收入,其中, P_t 为缴费人口, $wage(t)$ 为当年度社平工资, pay 为城镇职工养老保险参保人口缴费率, $P_t \times wage(t) \times pay$ 表示每年城镇职工养老保险的征缴收入部分。另外,养老保险补贴收入部分由 $GDP_t \times pfr \times s$ 表示, GDP_t 为第 t 期 GDP, pfr 为政府财政支出占 GDP 比重, s 表示养老金财政补贴占当年财政支出比例,三者相乘即可得每年财政对城镇职工养老保险的补贴收入额。

而城镇职工养老保险支出部分为老、中、新以及机关事业单位的养老金人口数乘以社会平均工资水平,再乘以养老保险替代率水平 $rep(t)$,即:

$$exp_t = \left[Lao(t)\, rep_{Lao}(t) + Zh(t)\, rep_{Zh}(t) + Xin(t)\, rep_{Xin}(t) + \right.$$
$$\left. Jiguan(t)\, rep_{Jiguan}(t)\right] wage(t) \tag{2.8}$$

令 $balance_t$ 为 t 期养老保险的累积结余(或赤字),$rate_{t-1}$ 为利息率,则职工养老保险收支动态方程为:

$$balance_{t+1} = balance_t(1 + rate_t) + inc_t - exp_{t+1} \tag{2.9}$$

为上年度职工养老保险基金累积结余,假定该结余存在利息收入,加上本期保险收入,再扣除本期养老金支出数额,即得本期养老保险累积结余。注意本节对基准情形下职工养老保险收支动态方程中所涉及利息率的设定根据基金累积结余大于 0 或者小于 0 而所有不同,后期政策模拟分析中文章进一步设定了不同的收益率进行对比分析。

居民养老保险的基础养老金支出方程为:

$$exp_{rest} = ru_t^{g,all} \times level_t \tag{2.10}$$

其中,$level_t$ 是人均保障水平,$ru_t^{g,all}$ 代表城乡居民养老保险受益人口。城镇职工养老保险和居民养老保险的养老总支出方程为:

$$exp_{all} = exp_t + exp_{rest} \tag{2.11}$$

即职工养老保险基金支出加上居民养老保险基金支出部分。

进一步可得城镇职工养老保险与城乡居民养老保险的财政总补贴支出方程为:

$$govexp_t = GDP_t \times pfr \times s + exp_{rest} \tag{2.12}$$

其中,$govexp_t$ 表示政府在养老保险上的财政补贴总额,由政府对城镇职工养老保险和城乡居民养老保险上的财政补贴共同构成,反映政府总体负担水平。进一步将政府各期财政补贴额折现,即可得政府在养老保险上面临的隐性债务总体规模。

同样,参考王晓军和任文东(2013)、马俊等(2012)、刘学良(2014)、李扬等(2013),则可以对模型参数作如下设定:

(1)经济增长率:假定自 2012 年开始,GDP 实际增长率逐年降低 0.125 个百分点,此设定符合当期国家为实现经济稳步增长目标而实行经济增速放缓的宏观调控政策现实情况,同时假定未来价格指数,即 GDP 平减指数为 2.3%,保持不变。依照上述设定,基于生产总值历史数据对全国 2017—2050 年的名义 GDP 进行预测,将《中国统计年鉴 2018》中全国 2017 年的 GDP 实现值与预测值(见表 2.24,表中仅显示 2017—2050 年数据)进行对比,以观察模型预测准确度,发现实际值 847 140.095 9 亿元与预测值 832 038.96 亿元差距不大,说明上述有关 GDP 增长率的设定较为合理。

表 2.24 全国 2017—2050 年地区生产总值预测值

单位:万元

年 份	总 值	年 份	总 值
2017	832 038.96	2034	2 079 161.44
2018	886 429.89	2035	2 170 885.10
2019	943 268.09	2036	2 263 940.99
2020	1 002 571.42	2037	2 358 155.17
2021	1 064 349.64	2038	2 453 341.72
2022	1 128 603.88	2039	2 549 303.06
2023	1 195 326.02	2040	2 645 830.52
2024	1 264 498.22	2041	2 742 704.87
2025	1 336 092.35	2042	2 839 697.00
2026	1 410 069.54	2043	2 936 568.68
2027	1 486 379.72	2044	3 033 073.43
2028	1 564 961.25	2045	3 128 957.40
2029	1 645 740.55	2046	3 223 960.44
2030	1 728 631.81	2047	4 191 980.13
2031	1 813 536.79	2048	5 450 655.20
2032	1 900 344.58	2049	7 087 257.10
2033	1 988 931.58	2050	9 215 261.70

数据来源:笔者根据相关统计数据测算而得。

(2) 工资增长率:假定未来社会平均工资增长率等于名义 GDP 增长率。表 2.25 显示了全国 2002—2019 年社会平均工资情况。社平工资水平是影响养老保险收支的一项重要因素,一方面影响城镇职工养老保险征缴收入规模,另一方面又决定着职工养老保障支出水平的高低。

表 2.25 全国 2002—2019 年社会平均工资水平

单位:元/年

年 份	社会平均工资	年 份	社会平均工资
2002	12 422	2011	42 452
2003	14 040	2012	47 593
2004	16 024	2013	52 388
2005	18 364	2014	57 361
2006	21 001	2015	63 241
2007	24 932	2016	68 993
2008	29 229	2017	76 121
2009	32 736	2018	84 744
2010	37 147	2019	93 383

数据来源:中国国家统计局。

（3）养老保险财政补贴占比：2012 年各级财政补贴占国家财政支出的 2.1%，因此，取 2012 年占比数值且假定此后保持不变。

（4）养老金缴费率：我国目前法定养老金缴费率为 28%，但以养老金领取待遇占社会平均工资比例计算所得的实际缴费率还是偏低。假定后期实际养老保险缴费率保持 2012 年 15.49% 的比例保持不变。

（5）财政支出占 GDP 比重：2012 年我国财政支出占 GDP 的比重为 24.27%，假定该占比后期保持不变。

（6）养老金替代率：自 20 世纪 90 年代开始，养老保险的养老金替代率就不断下降。假定后期企业替代率与机关事业单位替代率均降至 40% 后保持不变，该设定符合城乡一体化发展及养老保险制度实行并轨的政策目标。

（7）投资收益率、负债利息率：基准情形设定下，以中国目前 1 年期固定存款利息收益为基础，参考马俊等（2012），设定投资收益率为 3%，若发生亏空，养老金支付需借债完成支付，假定负债利息率为 5%。

（8）城乡居民养老保险补贴标准：2018 年《人力资源社会保障部　财政部关于建立城乡居民基本养老保险待遇确定和基础养老金正常调整机制的指导意见》（人社部发〔2018〕21 号）规定城乡居民养老保险的基础养老金最低标准提高至每人每月 88 元。地方对城乡居民养老保险的基础养老金最低标准补贴是由各地政府视地区经济状况和财力大小而定，本节对该补贴做最低标准的保守预测，假定各地补贴标准均为每月 88 元/人。

根据上述收支模型以及相关参数设定，对全国 2017—2050 年的城镇职工养老保险基金收支、城乡居民养老保险支出规模进行测算。其中，表 2.26、表 2.27 分别显示了全国城镇职工养老保险基金总收入和征缴收入情况，由表可知，2017 年全国城镇职工养老保险基金总收入为 42 578.38 亿元，征缴收入为 32 926.67 亿元，而《公报》实际值为总收入达 43 309.57 亿元，征缴收入为 33 403 亿元，数据测算较为吻合，此外，《公报》数据显示 2018 年城镇职工养老保险基金总收入为 51 167.56 亿元，与本书 51 039.27 亿元的测算值误差也较小。

表 2.26　全国 2017—2050 年城镇职工养老保险基金总收入情况表

单位：亿元

年　份	基金总收入	年　份	基金总收入
2017	42 578.38	2021	86 680.70
2018	51 039.27	2022	102 931.51
2019	60 654.08	2023	121 940.76
2020	72 228.17	2024	144 119.55

年份	基金总收入	年份	基金总收入
2025	169 929.61	2038	1 164 882.11
2026	199 887.78	2039	1 328 341.78
2027	234 570.38	2040	1 511 093.44
2028	274 617.78	2041	1 714 846.21
2029	320 738.76	2042	1 941 378.17
2030	373 714.82	2043	2 192 526.95
2031	434 404.23	2044	2 470 178.32
2032	503 745.76	2045	2 776 252.50
2033	582 761.88	2046	3 932 804.93
2034	672 561.50	2047	7 030 485.05
2035	774 341.93	2048	12 568 056.91
2036	889 389.90	2049	22 467 303.59
2037	1 019 081.72	2050	30 889 031.51

数据来源:笔者根据相关统计数据测算而得。

就较为稳定的征缴收入部分,2017 年基金征缴收入为 32 926.67 亿元,至 2023 年,仅 6 年时间几乎实现收入值翻番,达 65 639.45 亿元。到 2050 年,全国城镇职工养老保险基金征缴收入达 2 156 746.26 亿元,是 2017 年的近 65 倍,收入规模增长较快。此外,对比基金总收入的增长,发现养老保险补贴收入(基金收入－征缴收入)规模也不断扩大。文中上述对养老保险补贴收入的测算,即 $GDP_t \times pfr \times s$,式中设定财政支出占 GDP 比重以及养老保险补贴占财政支出比重均为定值,因而,未来养老补贴收入的增长是由 GDP 增长导致,即经济增长使得政府养老支出增加。

表 2.27　全国 2017—2050 年城镇职工养老保险基金征缴收入情况表

单位:亿元

年　份	征缴收入	年　份	征缴收入
2017	32 926.67	2027	101 542.02
2018	37 047.80	2028	112 908.72
2019	41 373.98	2029	125 398.54
2020	46 354.69	2030	139 104.19
2021	52 401.11	2031	154 123.94
2022	58 682.58	2032	170 561.68
2023	65 639.45	2033	188 527.06
2024	73 334.29	2034	208 135.52
2025	81 834.23	2035	229 508.27
2026	91 211.19	2036	252 772.31

年　份	征缴收入	年　份	征缴收入
2037	278 060.34	2044	524 019.91
2038	305 510.64	2045	570 902.21
2039	335 266.97	2046	784 901.41
2040	367 478.31	2047	1 079 116.87
2041	402 298.59	2048	1 483 617.13
2042	439 886.41	2049	2 039 741.71
2043	480 404.63	2050	2 156 746.26

数据来源：笔者根据相关统计数据测算而得。

　　城镇职工养老保险基金支出由企业职工中的"老人""中人""新人"以及机关事业单位人员分别乘以各自的养老金实际替代率，再乘以社平工资所得。表 2.28 显示了全国 2017—2050 年城镇职工养老保险基金支出规模。由表可知，2017 年全国城镇职工养老保险基金支出金额为 38 092.84 亿元，2018年为 43 728.02 亿元，与《公报》统计公布的 38 051.54 与 44 644.90 亿元数据基本吻合。

表 2.28　全国 2017—2050 年城镇职工养老保险基金支出情况表

单位：亿元

年　份	支出额度	年　份	支出额度
2017	38 092.84	2034	7 108 744.05
2018	43 728.02	2035	8 843 646.58
2019	50 137.85	2036	10 888 137.73
2020	57 419.64	2037	13 287 059.78
2021	65 681.56	2038	16 090 554.11
2022	75 043.67	2039	19 354 540.81
2023	85 639.02	2040	23 141 223.60
2024	97 614.80	2041	27 519 618.96
2025	111 133.63	2042	32 566 108.12
2026	407 207.69	2043	38 365 009.99
2027	781 472.36	2044	45 009 172.82
2028	1 248 389.67	2045	52 600 581.55
2029	1 824 559.25	2046	77 389 100.00
2030	2 528 972.37	2047	113 611 970.91
2031	3 383 288.54	2048	166 458 442.82
2032	4 412 135.46	2049	243 442 869.72
2033	5 643 433.30	2050	273 357 967.41

数据来源：笔者根据相关统计数据测算而得。

对比城镇职工养老保险基金收支情况,2050 年,全国城镇职工养老保险基金支出为 273 357 967.41 亿元,远大于 30 889 031.51 亿元的基金总收入额度,存在 242 468 935.91 亿元的收支缺口。就基金当期收支情况来看,2026 年首次出现 207 319.91 亿元的收支缺口,此后长期处于负债状态,收支缺口不断扩大,至 2050 年,养老保险基金收支缺口(同期赤字)相当于当年 GDP 的 26.31%;将历史累计基金结余考虑在内,全国累计基金结余将于 2027 年消耗殆尽,2027 年当期出现 488 030.87 亿元的累计赤字,此后累计赤字不断扩大,至 2050 年累计赤字达 1 090 731 019 亿元,相当于当年 GDP 的 118.36%。该测算结果与不少学者对我国养老保险基金收支测算的结论基本一致,即养老保险收支状况在 2022 年左右存在拐点,2022 年前后养老保险基金开始出现收支缺口,并于此后呈现不断扩大态势,基金结余不断减少,2030 年左右结余消耗殆尽,此后处于负债状态(刘学良,2014;贾彦东和刘斌,2015)。

城乡居民养老保险虽然和城镇职工养老保险缴费模式类似,实行基础养老金账户加个人账户,但城镇职工缴费账户的资金来源分别为企业和职工个人,而城乡居民养老金账户的缴费则是由政府和个人承担,并且政府对城乡养老保险基金的个人账户还进行额外补贴,具体而言,政府承担基础养老金账户的基础养老金最低标准,并对个人账户按照参保个人选取的缴费档次视地方财力大小进行补贴。本节重点研究养老保险支出水平对政府财政状况的影响,同时考虑到城乡居民养老保险基金缴费收入规模较小,且个人对缴费档次的选取差异明显,统计难度大,此外,观察江苏省历年的城乡居民养老保险基金总收入、缴费收入以及基金支出额度数据,发现养老保险基金支出规模基本上等同于政府对基础养老金账户和个人账户的财政补贴总额,综合以上因素,本节仅对城乡居民养老保险支出额度,也即政府对城乡居民养老保险的财政补贴总额度进行测算(刘学良,2014)。表 2.29 给出了全国未来城乡居民养老保险支出的具体数值。《公报》显示 2017 年全国城乡居民养老保险基金支出为 2 372 亿元,表 2.29 数据为 2 165.05 亿元,考虑本节对基金支出的测算选取了最低档次进行保守估计,结果较为合理。城乡居民养老保险基金支出额度与城镇职工养老保险相比规模较小,并且由于城镇化发展下农村人口规模的缩减,基金支出缓慢增长至 2023 年,达到 3 018.02 亿元的峰值后,又开始出现回落。虽然城乡居民养老保险基金支出规模小,但由于该部分支出基本由财政补贴承担,对政府而言也是一个不小的负担。

表 2.29　全国 2017—2050 年城乡居民养老保险支出情况表

单位:亿元

年　份	支出额度	年　份	支出额度
2017	2 165.05	2034	2 460.31
2018	2 926.15	2035	2 397.23
2019	2 916.96	2036	2 335.46
2020	2 941.14	2037	2 274.96
2021	3 033.00	2038	2 215.75
2022	2 983.26	2039	2 157.81
2023	3 018.02	2040	2 101.11
2024	2 843.72	2041	2 045.66
2025	2 931.22	2042	1 991.44
2026	2 920.59	2043	1 938.42
2027	2 908.78	2044	1 886.61
2028	2 895.81	2045	1 835.97
2029	2 795.43	2046	1 786.49
2030	2 725.76	2047	1 738.17
2031	2 657.42	2048	1 690.97
2032	2 590.40	2049	1 644.88
2033	2 524.70	2050	1 599.89

数据来源: 笔者根据相关统计数据测算而得。

(二) 养老服务建设费用测算

本节旨在测算政府在养老服务领域的财政支出费用,主要包括养老机构(养老床位数)、养老服务设施(社区服务中心、日间照料中心等)、养老护理员培训补贴和基本养老服务补贴四个项目支出,测算在人口老龄化背景下各地公共养老服务得到改善时政府所需投入的财政性资金。

目前,我国积极推进公办养老机构运营机制改革。推进公办养老机构"公建民营""公办民营",在确保服务质量的前提下,以总体承包、分部承包、委托运营、合资合作等方式,促进民间养老机构发展,逐步调整公办、民办养老机构比。本节参考胡祖铨(2015)相关测算指标,假定按全国第六次人口普查中老龄人口分布情况,设定东、中、西养老床位分布占比为 40.98∶31.18∶27.88;养老床位中公办与民办占比为 72∶28,并设定此后按照"提高民营占比"等要求,假定其中民营养老床位占比每年提高 0.5 个百分点。2010年,我国各类养老床位总数达 314.9 万张,老年人口为 8 946.01 万人,每千人老年人口床位数仅为 17.8 张,到 2016 年,每千人床位数达 31.6 张。根据《国务院关于加快发展养老服务业的若干意见》提出的到 2020 年我国每千

人养老床位数为 35～40 张建设目标,以及发达国家每千人养老床位在 50～
70 张水平的建设标准,设定此后我国每千人养老床位数每年增 0.5 张。表
2.30 和表 2.31 分别显示了在上述未来人口测算下 60 岁以上及 80 岁以上
老年人口数,以及相应老年人口数量下未来的养老床位建设需求。发现我
国未来的老年人口数有较大增长,到 2050 年,我国 60 岁及以上老年人口数
为 32 738.68 万人,是 2017 年人口数量的 1.8 倍。

表 2.30 全国 2017—2050 年 60 岁以上及 80 岁以上老年人口预测

单位:万人

年 份	60 岁以上老年人口	80 岁以上老年人口	年 份	60 岁以上老年人口	80 岁以上老年人口
2017	18 522.54	2 189.12	2034	22 983.02	2 716.29
2018	18 593.17	2 197.47	2035	23 409.00	2 766.64
2019	18 781.43	2 219.72	2036	23 856.09	2 819.48
2020	18 948.57	2 239.47	2037	24 324.93	2 874.89
2021	19 130.35	2 260.96	2038	24 816.16	2 932.95
2022	19 327.04	2 284.2	2039	25 330.46	2 993.73
2023	19 538.97	2 309.25	2040	25 868.54	3 057.32
2024	19 766.45	2 336.14	2041	26 431.16	3 123.82
2025	20 009.83	2 364.9	2042	27 019.07	3 193.30
2026	20 269.49	2 395.59	2043	27 633.11	3 265.87
2027	20 545.80	2 428.24	2044	28 274.10	3 341.63
2028	20 839.16	2 462.92	2045	28 942.95	3 420.68
2029	21 150.01	2 499.66	2046	29 640.56	3 503.13
2030	21 478.8	2 538.51	2047	30 367.92	3 589.09
2031	21 825.99	2 579.55	2048	31 126.01	3 678.69
2032	22 192.07	2 622.81	2049	31 915.90	3 772.04
2033	22 577.57	2 668.37	2050	32 738.68	3 869.28

数据来源:笔者根据相关统计数据测算而得。

老年人口数量增长以及养老服务建设水平的提高,使得我国未来相应
的养老床位需求数量也实现了较大增长,在上述相关设定下,我国各类养老
床位数量由 2017 年的 716.82 万张增长至 2050 年的 1 807.18 万张,2044 年
实现了较 2017 年床位需求的数量翻番。

表 2.31 全国 2017—2050 年各类养老床位数预测

单位:万张

年 份	床位总数	年 份	床位总数
2017	716.823 6	2020	761.733 9
2018	728.853 2	2021	778.606 4
2019	745.623 8	2022	796.275 4

年　份	床位总数	年　份	床位总数
2023	814.776 1	2037	1 184.625 6
2024	834.145 4	2038	1 220.956 6
2025	854.421 1	2039	1 258.925 4
2026	875.643 1	2040	1 298.602 5
2027	897.852 5	2041	1 340.061 3
2028	921.092 2	2042	1 383.378 2
2029	945.406 9	2043	1 428.633 3
2030	970.843 0	2044	1 475.909 8
2031	997.448 9	2045	1 525.295 0
2032	1 025.275 0	2046	1 576.879 8
2033	1 054.373 8	2047	1 630.759 0
2034	1 084.800 0	2048	1 687.031 8
2035	1 116.610 7	2049	1 745.801 8
2036	1 149.865 2	2050	1 807.177 2

数据来源：笔者根据相关统计数据测算而得。

本节参考胡祖铨(2015)、裴育和史梦昱(2018)相关测算指标设定养老机构(养老床位数)、养老服务设施(社区服务中心、日间照料中心等)、养老护理员培训补贴和基本养老服务补贴四个项目支出标准。

(1)假定政府在养老床位建设上的一次性投入标准为公办养老机构每张床位投入金额分别为东部30万元、中部15万元、西部10万元；民办养老机构每张床位补贴金额分别为东部3万元、中部1.5万元、西部1万元。其中，东部地区具体包括北京、天津、河北、辽宁、上海、江苏、浙江、福建、山东、广东、广西和海南等12个省市，中部地区具体包括山西、内蒙古、吉林、黑龙江、安徽、江西、河南、湖北以及湖南等9个省区，西部地区具体包括重庆、四川、贵州、云南、西藏、陕西、甘肃、宁夏、青海以及新疆等10个省区市。

(2)养老服务设施建设主要指社区服务中心和日间照料中心等设施建设，据《2015年社会服务发展统计公报》显示，截至2015年年底，全国各类社区服务机构共有31.1万个，社区服务机构覆盖率为45.5%，覆盖率偏低，因此，设定此后我国社区服务设施覆盖率按每年1%的覆盖率增长，每个服务设施按50万元的标准进行建设。

(3)养老护理员培训：养老护理员需求量按照每100名老年人配备1名护理员的标准确定，做保守估计，以政府对参与培训人员给予1 000元/人的补贴测算养老护理人员的培训费用。

(4)基本养老服务补贴主要是政府针对高龄老人提供的基本生活补

贴,全国各地具体补贴暂无统一标准,少数补贴偏低的地区为 50 元/月,多数地区为 80 元/月,该处测算假定各地补贴均为 80 元/月。

根据上述标准,全国养老服务建设项目支出费用如下(见表 2.32):按照一般养老服务体系发展水平,对我国现有养老服务体系进行建设,2017 年我国养老服务体系建设总支出需求为 10 600.219 8 亿元,到 2050 年,该数值为 22 256.868 2 亿元,是 2017 年的 2.1 倍,可见支出需求之大,其中,按现有财政补贴占养老服务建设总支出的比重,以及社会资本养老服务体系建设中占主导等建设要求,假定财政补贴占养老服务总支出的 1‰不变。

表 2.32　全国 2017—2050 年养老服务总支出预测值

单位:亿元

年　份	总支出	年　份	总支出
2017	10 600.219 8	2034	15 065.637 21
2018	11 310.958 7	2035	15 396.078
2019	11 493.446 3	2036	15 740.190 3
2020	11 662.659 2	2037	16 098.400 4
2021	11 840.386	2038	16 471.147 4
2022	12 026.911 6	2039	16 858.883 1
2023	12 222.527 6	2040	17 262.073
2024	12 427.532 9	2041	17 681.196 3
2025	12 642.234	2042	18 116.746 8
2026	12 866.945 4	2043	18 569.232 8
2027	13 101.989 6	2044	19 039.178 1
2028	13 347.698 2	2045	19 527.122 1
2029	13 604.411 3	2046	20 033.620 5
2030	13 872.478 8	2047	20 559.245 7
2031	14 152.260 2	2048	21 104.587 5
2032	14 444.125 1	2049	21 670.253 1
2033	14 748.453 8	2050	22 256.868 2

数据来源:笔者根据相关统计数据测算而得。

(三) 财政可持续下的养老保障水平测度

建立财政可持续状况衡量指标,财政可持续性(*FS*)。 本节对地方财政可持续性的衡量主要从国外学者的认定角度去定义,即政府维持现有财政状况不变的能力。具体到养老保障方面而言,即养老保障水平或适度水平为多少才能保证政府维持当前的支出水平而不会导致地方政府债务占GDP 比重有所上升。结合报告上述财政可持续的相关理论分析部分,本节最终选取单一指标——政府债务占 GDP 之比对地方财政可持续状况进行衡量，但该指标的具体应用还需作相关处理，具体步骤如下：

假定政府在一定时期内的财政资金必须满足基本的收支平衡约束：

$$G_t + rB_t = T_t + F_t + D_t \qquad (2.13)$$

其中，G_t 为政府 t 年支出（不包括政府债务利息支出），r 为政府到期债务的名义利率，B_t 为第 t 年政府净债务，T_t 为政府 t 年税收收入，F_t 为政府转移支付收入，D_t 为政府第 t 年的赤字。式(2.13)左边是政府当年使用资金总额，具体由项目支出（G_t）（即不含债务利息的财政支出）和到期政府债务利息支出（rB_t）两部分构成。式(2.13)右边构成政府当年使用的资金来源，具体包括税收收入（T_t）、转移支付（F_t）和赤字融资的新债发行收入（D_t）。为简便起见，假定上述收支在当期实现。从 $t+1$ 期开始，政府债务存量为：

$$B_{t+1} = B_t + D_t \qquad (2.14)$$

对式(2.13)和式(2.14)进行简单运算，可得地方政府在 t 至 $t+1$ 期的债务变动量 ΔB_t 为：

$$\Delta B_t = B_{t+1} - B_t = G_t - T_t - F_t + rB_t \qquad (2.15)$$

其中，$G_t - T_t - F_t$ 是地方政府基本赤字，不包含政府支出中的偿债因素。上式说明了政府在年度内的存量债务变化。债务占 GDP 之比的进一步反映如下：

$$\Delta b_t = b_{t+1} - b_t = \frac{[g_t - t_t - f_t + (r-a)b_t]}{a+1} \qquad (2.16)$$

式(2.16)以小写字母表示相应变量与 GDP 之比，即 $b_t = \dfrac{B_t}{Y_t}$；$b_{t+1} = \dfrac{B_{t+1}}{Y_{t+1}}$，$f_t = \dfrac{F_t}{Y_t}$，$t_t = \dfrac{T_t}{Y_t}$，而 a 为名义 GDP 增长率 $\left(\dfrac{\Delta Y_t}{Y_t}\right)$。该式中反映了地方政府债务占 GDP 比重变动的三个影响因素，分别为基本赤字（即项目支出超过税收与转移支付收入的部分）、到期债务利息、GDP 增长率。根据前述关于财政可持续的定义，如净债务占 GDP 比例在未来一定期间内保持不变，则可认为财政可持续。因此，令上式 $\Delta b_t = 0$，通过相应运算，可得：

$$d_t^* = g_t - t_t - f_t + rb_t = ab_t \qquad (2.17)$$

上式 d_t^* 即是维持现有净债务占 GDP 比重不变情况下所需的赤字占

GDP 之比,也是可持续赤字率的表达公式,只要实际赤字率小于或等于这一比率（$d_t \leqslant ab_t$）,债务占 GDP 比重也就不会上升。

因此,地方财政可持续指标衡量的最终表达式为:

$$FS = d_t = \frac{(G_t - T_t - F_t)}{Y_t} \qquad (2.18)$$

其中,此处 G_t 为上述分析中所言不包含政府的债务利息支出,但考虑到 2015 年前各地政府不可自行发债的现实情况,并且近年来政府债务对其财政收支状况的重要影响,本节会进一步采用与部分学者相同的处理方式,将债务认同为广义上财政赤字概念（贾彦东和刘斌,2015;陈宝东和邓晓兰,2018）,将政府债务利息支出考虑在内进行衡量。2015 年地方政府被明确可以自行发债,本节对地方财政可持续性的衡量是以 2015 年的财政可持续值为标准,测算历年养老保险基金收支缺口折现至 2015 年对当期可持续赤字率（即财政可持续值）变动的影响,对为维持 2015 年财政状况不变所需的最小可持续赤字率进行测算,观察历年财政可持续值与 2015 年可持续值的变动差异,从而对政府财政可持续状况的变化进行衡量。值得注意的是,精算模型折现下的财政可持续值已将政府债务考虑在内。2015 年我国地方政府一般债务余额为 99 272.4 亿元,2016 年地方政府一般债务余额为 107 072.4 亿元[①],将债务额数据带入公式（2.15）、（2.16）,通过相关计算可得 2015 年我国财政可持续值为 0.83%,该可持续值则是政府维持其2015 年财政状况能力的衡量标准。将历年养老保险基金收支数额折现至2015 年,折现因子使用当年名义 GDP 指数（马俊等,2012;刘学良,2014）,通过相关计算可得历年将政府债务考虑在内的可持续赤字率（地方财政可持续值）。结果显示 2018 年我国财政可持续值为 0.75%,2019 年为0.93%,大于 0.83%,此后财政可持续值不断扩大,说明较 2015 年而言,随着养老保障支出增长,我国财政状况于 2019 年开始恶化,并于此后不断加剧。

表 2.33 显示了我国养老保险、养老服务以及养老保障整体的财政补贴和总支出占当年 GDP 比重情况。其中,养老保险总支出是指城镇职工养老保险支出与城乡居民养老保险支出之和,而养老保险财政总补贴是指为维持养老保险体系所需的财政补贴。此处假定当城镇职工养老保险出现收不抵支时,政府财政承担责任并以财政补贴形式对基金缺口进行弥补,此外,

---

① 数据来源于《2015 年预算执行情况与 2016 年预算草案报告》《2016 年预算执行情况与2017 年预算草案报告》。

该财政总补贴也包含了城乡居民养老保险的补贴部分。而养老服务总支出为建设养老服务体系所需的总支出金额,该部分财政补贴为上述设定中的假定政府承担该支出需求中的1‰的财政支出。将城镇职工养老保险与城乡居民养老保险项目进行合并,能够更直观地展示养老保险制度的整体运行情况。进一步将养老服务体系部分考虑在内,则是对我国现行养老保障体系建设的全面考量。测算结果显示,2027年前,由于城镇职工养老保险基金累积结余的存在,此时所需的财政补贴占GDP比重并不高,但2027年累积结余消耗殆尽后,为平衡基金收支所需的财政补贴投入加大,至2050年,所需政府财政补贴占当年GDP比重已高达311.81%。而就养老保险总支出占当年GDP比重来看,最初2017年的占比仅为4.84%,但到2050年,该支出已经为当年GDP的多倍,这也正是绝大多数学者呼吁的在现行现收现付制模式下养老保险制度的不可持续性,要求实行基金制的原因。而养老服务总支出占GDP比重较养老保险部分较小,若养老服务体系按一般水平进行建设,在国内生产总值不断提高情况下,养老服务总支出占比会不断缩小。

表 2.33　全国养老保险、养老服务及养老保障财政
总补贴与总支出占 GDP 比重

单位:%

年　份	2017	2020	2025	2030	2035	2040	2045	2050
养老保险财政补贴占 GDP 比重	1.42	2.87	6.81	13.73	25.21	43.3	70.54	311.81
养老保险总支出占 GDP 比重	4.84	6.02	8.54	146.46	407.49	874.71	1 681.15	2 966.38
养老服务财政补贴占 GDP 比重(‰)	0.012 7	0.011 6	0.009 5	0.008	0.007 1	0.006 5	0.006 2	0.002 4
养老服务总支出占 GDP 比重	1.27	1.16	0.95	0.7	0.71	0.65	0.62	0.24
养老保障财政补贴占 GDP 比重	1.42	2.88	6.81	13.73	25.21	43.3	70.54	311.81
养老保障总支出占 GDP 比重	6.11	7.18	9.48	147.26	408.19	875.36	1 681.77	2 966.62

数据来源:笔者根据相关统计数据测算而得。

　　人口老龄化加剧以及养老保险支出的不断增长,使得我国养老保险基金收支累计结余将在2027年左右消耗殆尽。在考虑维持政府财政状况可持续情况下,即若需维持2015年的财政状况不变所需的可持续赤字率对应的最大赤字现值为5 446.84亿元,所对应的最大养老保险总支出

水平为 410 128.3 亿元,占当年 GDP 的 29.08%;最大养老保险财政总补贴为 318 917.09 亿元,占当年 GDP 的 22.617%。进一步将养老服务体系建设考虑在内,在维持 2015 年财政可持续状况不变情况下,最大养老保障支出水平为 422 995.22 亿元,占当年 GDP 的 30.0%,最大养老保障财政总补贴为 318 929.95 亿元,占当年 GDP 的 22.618%,该占比已经远高于欧洲一些高福利国家,该比例在美国为 6.8%、OECD 国家均值水平为 7.8%、瑞典为 8.2%、德国为 11.3%、法国为 13.7%、意大利为 15.4%(OECD,2013)。可见,未来养老保障支出水平的大幅增长必然会对我国财政可持续状况以及经济增长造成不小的压力。因此,提前做好养老保障体系建设研究与长期发展规划十分必要。

第三章　财政可持续视角下城镇职工养老保险体系发展研究

3.1　背　景

伴随着人类寿命的延长和生育观念的改变,人口老龄化已经成为世界各国普遍且长期存在现象,不少实行高福利制度的国家和地区面临养老保险基金的支付危机,政府部门在解决社会成员养老保障方面的财政支出压力不断加剧,甚至出现收不抵支现象。社会保障作为国家基本公共服务的重要组成部分之一,其养老保险制度为我国老年人口的养老生活提供至关重要的保障。

我国于 2000 年进入老龄社会,随着老年人口数量的增长以及"四二一"家庭结构的普遍形成,政府部门所面临的养老财政支出压力也在不断加大。养老保险制度是我国社会保障体系的重要制度安排之一,该制度由其覆盖人口的不断扩大以及基金收支规模的增长,逐步成为我国社会保障体系的支柱性制度安排。据统计,1997 年,我国养老保险基金收不抵支的地区仅有 5 个;1998 年,迅速增长为 21 个,又有 16 个地区养老保险基金出现支付危机;到 1999 年,该数值又增至 25 个,仅两年时间,翻了 5 倍。1998 年,我国存在基本养老保险基金收支缺口 100 多亿元,1999 年翻倍,增加至 200 多亿元,三年后又翻倍,2002 年达 400 多亿元(王利军,2005)。在此期间,国家虽然没有明确表示会出资偿还养老保险基金债务,但也一直没有停止过对养老保险支出的补贴。一旦地方出现养老保险支付危机,出于民生和社会稳定考虑,养老保险基金基本会依靠中央和地方政府的财政补贴来弥补收支上的缺口,避免因养老金欠发而引发一系列的社会问题。据统计,1998—2001 年期间,各级财政对基本养老保险的补助支出累计高达 839 亿元,2004—2006 年分别为 614 亿元、651 亿元和 971 亿元(王利军,2008)。

据《2016 年人力资源和社会保障事业发展统计公报》数据显示，我国 2016 年各级财政对基本养老保险基金的补贴数额到达 6 511 亿元，是 2006 年度补贴数额的近 7 倍，可见养老金收支缺口年年攀升、速度惊人，财政支付压力也逐年增加，而养老问题作为社会稳定的基石之一，为避免后期养老金出现欠发问题，做好长期的养老保险制度安排十分必要。

养老保险作为政府养老财政支出的重要内容毋庸置疑，但日渐兴起的养老福利服务投入却同样不可忽视。有关养老的财政支出不应仅仅只是成本付出，更应添加投资规划的元素（胡宏伟等，2011）。同时，老年福利服务具有公共产品的属性，虽然为缓解公共养老服务财政支出压力，政府部门提倡养老服务体系建设实现多元化、社会化，但政府投资建设对于养老服务体系建设的社会资本参与具有重要的引导作用，近年政府部门在养老服务建设方面的投资体量也不断增长，成为养老财政支出的重要组成部分之一。因此，可以认为现阶段我国较为全面的养老保障体系主要由养老保险与养老服务两部分构成，其中养老保险又包括城镇职工养老保险与城乡居民养老保险。

就城镇职工养老保险而言，由于其庞大的参保群体以及参保人员较为稳定的工资收入来源，总体上历年均可以依靠制度内征缴收入实现自身收支平衡，对地方政府财政支出造成的压力较城乡居民养老保险要小。我国城镇职工养老保险体系运行存在的主要问题与基本公共服务相同，即地区间的发展不均衡，但城镇职工养老保险的发展不均主要是由现行省级统筹层次导致。

1987 年我国首次提出养老保险实行省级统筹，此后政府部门也多次要求并督促各地养老保险省级统筹落实落地，但由于养老金收支路径依赖和体制改革上的困难，以及各地养老保险收支盈亏难以协调等原因，到 2012 年，据审计署 8 月份公布的社会保障审计报告显示，仍有半数以上省市因延压养老保费收入以及调剂金管理不规范等诸多原因，被认定还未真正在省级层面上实现养老金统筹。而且除直辖市外，在被认定实现省级统筹的地区中普遍是经济发展相对落后的地区，这些不发达地区之所以能够率先实现养老保险统筹，不是因为其重视保险统筹或财力充足，而是由于受上级财政补贴，如接受了中央财政的大量社保专项补助，或受政策扶持更多，因而养老保险收支体制下沉不严重；相应地，在未能实现统筹的区域中，多数为发达省份（杜萌，2009）。在省级统筹层次下，地区间养老保险发展差距不断加大。就城镇职工养老保险基金累计结余来看，据 2017 年统计数据，广东省作为人口流入大省，其养老保险基金累计结余为 9 245.10 亿元，而黑龙江省累计缺口达到 486.21 亿元,仅广东、北京、上海、江苏、浙江、山东和四川这 7 个地区的累计基金结余达全国基金总结余的 65.5%,占比近 2/3,地区间严重分布不均。

目前,我国养老保险的省级统筹层次偏低是业内学者们的共识。绝大部分学者均认为现行养老保险制度下造成养老金地区发展差距及不均衡等问题的主要原因之一就是我国偏低的养老保险统筹层次。邹鑫和罗保林(2017)指出我国城镇职工基本养老保险负担地区差异的形成主要是由其统筹层次低以及地方经济发展差距造成,而养老保险全国统筹的实现将会使得地区间保险基金收支余缺无法调剂的难题得以彻底解决;同样,郑功成(2010)认为目前城镇职工基本养老保险存在的最大问题就是统筹层次低以及地区分割,该问题造成地区间的发展不均衡、形成人才流动的制度障碍,不利于养老保险制度的健康发展,但养老保险统筹层次的提高能够促进劳动力的流动(Joseph,2002),并且维护参保人的利益(卢驰文,2007);而杨俊(2013)更是明确指出导致我国养老保险制度面临许多困境的根本原因是养老保险统筹层次低,并且明确提出解决这些困境和提高养老保险制度效率的必然选择是要实现养老保险的全国统筹。上述分析表明,学术界普遍认为,现行养老保险统筹层次偏低是制约养老保险制度发展的重要因素,并且提高统筹层次,实现全国统筹是从根本上解决诸多发展问题的关键,但是学者们对于养老保险全国统筹层次的实现途径还存在较大争议。多数学者对于养老保险统筹层次由省级向全国的跨越持相对保守的态度,考虑到我国人口基数大、区域间经济发展差异巨大以及各地历史债务不均等情况,认为我国养老保险全国统筹的推进存在较大阻力,统筹层次的提升需要循序渐进地实施。栾富凯(2017)提出可在全国统筹开展前施行"剥离旧账,差别补贴"的方针政策,即地方政府可全权处置改革前的个人账户欠账,不必上交中央,明晰新旧政策间的责任,以减少改革阻碍;林毓敏(2013)也提出在短期内实现全国统筹存在重大阻力与困难的情况下,可以先进行包括养老保险基金预算改革以及征管改革等在内的六项改革措施;董登新和周亚娇(2017)认为减少全国统筹制度实施阻力的改革策略应该充分协调并兼容各方主体的利益,建议分四个步骤实施渐进式的变迁方案。但也有学者认为直接实现全国统筹同样可行,建议从流动人口角度出发,先统筹流动人口,随着流动人口的扩大从而实现全国统筹(吴刚强和董金岗,2015);或是实现由"部分全国统筹"到"全国统筹全覆盖"的跨度,在此期间分步骤解决核心问题(吴俊泽,2016)。但国务院 2018 年 6 月 13 日颁布的《关于建立企业职工基本养老保险基金中央调剂制度的通知》(以下称《通知》)为我国后期实现养老保险的全国统筹实施路径指明了方向，《通知》中明确提出：要求实施中央调剂金制度，在省级层面实现养老保险基金的余缺调剂，提高现有养老保险统筹层次，从而达到均衡城镇职工养老保险制度发展负担不均和地区差异的目的。因而，中央调剂金制度作为养老保障统筹层次由省级向全国提升的过渡方案，在全国范围内对基金余缺进行调剂，旨在均衡地区间养老保障的负担不均和发展差异，该制度的实施落实尤为关键。

3.2　省级统筹层次下地区间城镇职工养老保险发展现状

地区间养老保障发展不均衡最为直接的反映就是各地养老保险基金当期收支余缺的不均。据较近三年(2015—2017 年)养老保险基金收支数据显示，我国每年均有近 1/3 的地区会出现当期养老金的收不抵支。广东省历年以来都是我国养老金当期收支结余最多的地区，在此期间当期缺口最大的地区为黑龙江，结余最多地区与缺口最大地区的差额由 2015 年的 1 280.57 亿元增至 2016 年的 1 467.05 亿元，至 2017 年，该数值已增至 1 902.83 亿元，地区间养老金收支差距不断拉大。

而地区间养老保障发展不均更多地体现在各地养老负担的不均衡上，主要表现为老年抚养比差异、养老保险制度赡养率差异以及各地养老保险实际缴费率的差异。

3.2.1　老年抚养比差异

老年抚养比是指每 100 名劳动年龄人口所需负担的老年人口数，在反映地方人口结构变动的同时也反映出地方的养老负担。表 3.1 显示了我国 2015—2017 年各地的养老负担系数，发现近三年间除天津、山西、内蒙古、福建、广西、海南、云南以及西藏这 8 各地区的负担系数略有波动外，其余各地数值均呈绝对增长趋势，说明总体而言我国老龄化趋势明显，不断向纵深发展。此外，2017 年养老负担系数最高的重庆为 20.6%，是最低值(西藏 8.22%)的 2.5 倍。就整体而言，老年抚养比较大的地区系数逼近 20%，负担系数偏低的地区该数值基本稍大于 10%，仅占前者的一半左右。

表 3.1 2015—2017 年各地养老负担系数情况

单位：%

年　份	2015	2016	2017	年　份	2015	2016	2017
北京	13.45	15.17	16.32	湖北	15.27	15.87	17
天津	12.94	14.62	14.57	湖南	15.95	17.01	17.53
河北	14.21	15.44	16.8	广东	9.62	10.18	10.27
山西	12.13	11.45	11.92	广西	14.44	14.06	14.33
内蒙古	12.35	12.14	14.33	海南	11.77	11.45	11.38
辽宁	16.81	17.37	18.57	重庆	18.69	19.79	20.6
吉林	14.16	14.19	16.18	四川	18.18	19.47	19.83
黑龙江	13.79	15.3	15.58	贵州	13.92	14.13	14.47
上海	16.47	16.76	18.82	云南	11.6	11.62	11.56
江苏	17.21	18.56	19.19	西藏	8.07	7.01	8.22
浙江	14.86	15.43	16.56	陕西	13.87	14.43	15.14
安徽	15.74	16.15	19.14	甘肃	12.73	13.62	14.32
福建	12.27	13.87	13.23	青海	9.74	9.89	10.96
江西	13.04	13.87	14.21	宁夏	10.15	10.65	11.56
山东	16.2	16.32	18.64	新疆	10.03	10.3	10.43
河南	14.24	14.57	15.88				

数据来源：中国国家统计局。

3.2.2　制度赡养率差异

制度赡养率是指养老保险制度内离退休参保人口占在职缴费人口的比例。赡养率越大说明养老金支付压力越大，该指标一定程度上能够反映地方养老保险制度的可持续性。表 3.2 显示了我国 2015—2017 年各地养老保险制度赡养率情况，总体而言，我国绝大部分地区的制度赡养率都在增加，也说明现行制度下各地的养老金支付压力也在不断加大。同时，地区间制度赡养率的差异也十分明显，有大量劳动力流入的东部沿海地区赡养率普遍较低，而像东北老工业地区等制度赡养率偏高，如黑龙江、吉林、辽宁等地历年数值普遍在 60% 以上。其中黑龙江省近三年维持在 70% 以上，2017年高达 76.8%，而广东省同期赡养率仅在 10% 以上，2017 年最高也仅达12.06%，不到黑龙江省制度赡养率的 1/6，二者养老负担差距可见一斑。

表 3.2 2015—2017 年各地养老保险制度赡养率

单位：%

年　份	2015	2016	2017	年　份	2015	2016	2017
北京	19.94	21.66	21.43	河北	38.70	38.67	39.37
天津	47.09	48.47	48.45	山西	39.27	39.85	43.74

年　份	2015	2016	2017	年　份	2015	2016	2017
内蒙古	56.12	56.49	58.80	广东	10.26	10.78	12.06
辽宁	56.19	60.66	63.10	广西	47.94	47.08	47.89
吉林	65.17	68.24	68.89	海南	32.99	41.95	40.05
黑龙江	72.83	74.52	76.80	重庆	56.00	57.16	57.43
上海	45.25	45.32	46.19	四川	55.11	56.37	53.72
江苏	32.45	33.89	35.56	贵州	31.90	30.76	31.61
浙江	29.49	36.02	38.04	云南	41.83	40.61	40.78
安徽	40.38	40.66	42.81	西藏	31.07	39.66	27.21
福建	19.97	21.60	21.67	陕西	38.13	36.99	34.87
江西	40.02	42.30	44.11	甘肃	55.43	56.77	49.13
山东	28.83	30.85	31.59	青海	43.08	45.60	44.76
河南	31.31	32.21	31.99	宁夏	41.76	43.97	41.55
湖北	50.36	51.05	51.56	新疆	44.91	45.86	46.21
湖南	46.64	44.05	49.35				

数据来源：中国国家统计局、中国人力资源和社会保障部数据测算。

3.2.3　实际缴费率差异

养老金实际缴费率是对现行养老制度下参保人员养老保险缴费负担的一种衡量指标，缴费率根据人均城镇职工养老保险基金收入与城镇在岗职工平均工资占比计算而得。我国地区间养老保险缴费负担畸轻畸重的现象由来已久，人口结构、经济发展水平、劳动力流动等因素导致我国各地的养老保险缴费负担难以均衡。由表3.3可见，广东省作为经济大省，是劳动力主要流入地之一，长期占据养老金累计结余最高、当期收支结余最多的地位，同时其养老保险缴费负担也是最低的，2015—2017年间缴费率均在10%以下，2016年最低仅7.95%。在此期间，实际缴费率最高的是2016年西藏，为47.78%。近年来，经济较为发达、养老保险制度运行相对较好的地区，如北京、上海、广东、江苏、浙江等地实际缴费率基本维持在百分之十几左右，除上海2016年的数值外均不超过20%；而经济发展相对落后，或是养老金支付面临较大压力的地区，如黑龙江、新疆、四川等地的缴费率往往高于30%，且历年间数值波动较大。

表 3.3   2015—2017 年各地养老保险实际缴费率

单位:%

年 份	2015	2016	2017	年 份	2015	2016	2017
北京	11.92	14.41	12.46	湖北	23.43	21.83	25.95
天津	18.98	19.88	20.90	湖南	21.35	21.93	25.62
河北	21.52	21.18	20.01	广东	8.38	7.95	9.16
山西	25.35	26.37	36.10	广西	22.36	27.69	27.95
内蒙古	26.45	23.60	28.84	海南	15.31	19.97	22.82
辽宁	26.76	26.17	24.92	重庆	22.43	20.08	31.16
吉林	25.61	26.33	25.18	四川	22.21	30.19	30.29
黑龙江	31.10	27.74	30.31	贵州	16.95	14.68	19.87
上海	19.81	20.37	19.98	云南	25.37	25.26	35.49
江苏	15.27	14.96	16.17	西藏	20.50	47.78	33.59
浙江	14.96	17.14	18.80	陕西	19.54	19.43	22.01
安徽	22.01	20.99	19.39	甘肃	29.10	28.57	20.65
福建	12.02	13.56	13.54	青海	23.87	28.46	27.01
江西	19.76	18.00	22.14	宁夏	20.73	23.08	23.03
山东	18.81	17.92	16.34	新疆	28.91	38.01	33.16
河南	19.47	16.37	18.90				

数据来源:中国国家统计局、中国人力资源和社会保障部数据测算。

3.3   中央调剂金实施的理论机制[①]

在我国养老保险省级统筹层次下,地区间养老保险发展存在较为显著的不均衡问题,同时随着累积效应和时间推移,养老保险发展间的地区差距会不断放大。杨俊(2013)在对我国各地的养老负担情况进行研究后,认为在现行养老保险体制下,随着该制度的进一步发展形成"马太效应",具体而言,伴随着老龄化程度不断向纵深发展,原先养老负担重的地区负担不断加剧,而负担相对较低的区域反而缓解了老龄化现象。有数据显示,我国养老保险负担最重与最轻区域之间的差距由 1999 年的 2.3 倍放大至 2011 年的 5.8 倍,二者差距随着时间推移而不断放大。此外,从流动就业人员角度来看我国养老保险发展上的区域差异,也同样表现为不断扩大态势。第一,我国东部沿海较为发达省份作为长期以来的劳动力,尤其是年轻劳动力净流

----

① 金银凤,史梦昱.中央调剂金制度对地区养老保障发展状况影响研究[J].财经论丛,2019(12):35-43.

入区域,会有更多的流动就业参保人口在当地缴纳养老保险,相当于在负担同等数量老年人养老问题情况下,有更多年轻人口缴纳养老保险供养领取养老金的参保退休人口,分担养老负担,从而减轻了发达省市的养老保险实际缴费负担;而中西部不发达地区,特别是面临年轻劳动力净流出的区域,不仅没有足够的年轻劳动人口在当地缴纳养老保险,而且在流动就业人员年长退休回乡养老时,反而需承担该部分人口的养老支出,自然会使得该地养老负担加重。第二,就流动就业人员的养老保险转移续接问题而言,也会放大二者差距。一般而言,外出务工人员养老保险在务工地缴纳,但在返乡时,养老社会保险关系转出需在转出地截留 8%的统筹资金。对于劳动力净流入地区而言增加了养老保险基金收入,又不需负担该部分务工人员日后的养老支出;而对于养老关系接收地而言,虽然可以获得该部分人员缴纳的保险金,却是"缩水"的保险金,并且日后还需承担该部分务工人员全额的养老退休金。此外,发达省市与不发达省市的差距放大不仅仅由直接的养老金缴付差异导致,在发达省市因其养老保险缴费率轻,参保人口缴纳相对少的保险额,就能够获得比较高的养老金待遇,自然可以吸引更多年轻劳动力流入这个区域,进而形成良性循环;而对于不发达省市,则会陷入养老基金收入缩水、养老金支出增加、养老给付水平持续走低的恶性循环,由此造成养老保险发展的地域差距进一步放大,且不断累积。

可见,在我国现行养老保险分散统筹层次下,区域间的养老保险发展差距并不会自行缩小或自动消除,甚至会进一步加剧,究其根源是分散的社保统筹制度,所以,只有实实在在地深化养老保险制度改革,真正实现养老保险基本的省级统筹,才能有效地从根本上解决目前我国在保险体制实际运行中存在的诸多问题。李连芬和刘德伟(2015)利用成本—收益方法对于基本养老保险实现全国统筹的可行性进行了制度成本分析,认为在养老保险全国统筹层次下,养老金实现跨省调剂可以在保险系统内部消除各地存在的养老金缺口。但现实情况是,受观念、制度和地方利益等诸多因素限制,在短期内实现养老保险由省级统筹向全国统筹的直接跨越可行性并不大,因为从本质上说,养老保险全国统筹就是"劫富济贫",必然会触动发达省市现有利益格局,制度改革存在诸多掣肘。郑功成(2015)对我国职工基本养老保险基金收支基于全国统筹模式进行测算分析,得出基本预测结论:实现养老保险的全国统筹,会有 23 个地区的缴费负担有所下降,8 个地区负担有所增加,与直觉一致,负担上升地区主要集中于东部发达省市,如广东省负担率将增长 1 倍,浙江省负担率将增长 50%。由此可见,养老保险制度全国统筹的实施推行必然会在具体操作过程中遇到很大阻力,尤其是现有既得利益者。以相对缓和的中央调剂金制度作为统筹层次由省级向全国的过渡办法相对合理,有助于有效推进现有养老保险制度统筹层次提升。

同时,我国地区间养老保障发展差异十分显著,养老金收支余缺的差距、养老负担的不均受地方人口、经济因素等影响难以自发均衡,中央调剂金制度的建立旨在使得地方养老基金收支余缺在全国范围内进行调剂,以均衡各地养老保障负担。调剂金制度的实施必然会对地方养老发展状况产生一定影响。

首先,地方养老保险制度运行状况的优劣最为直接的反映就是养老保险基金收支状况的好坏。中央调剂金制度的实现机制就是在地区间进行收支余缺调剂,简而言之就是劫富济贫,必然会对地区间的养老差距有所均衡。此外,更为重要的是,调剂金制度是作为我国现行养老保险统筹层次提升的过渡方案,而不仅仅是表面的收支缺口填补。多数学者在对我国各地的养老保障发展状况进行深入分析后均认为地区间养老保障发展不均衡等弊病的根源在于养老保障现行的省级统筹层次偏低(郑功成,2010;邹丽丽,2014;杨俊,2015;邹丽丽等,2017),实现统筹层次的提升将有助于均衡各地养老负担(栾富凯,2017;张晓艳,2017),降低管理成本(郑功成,2015),实现互助共济等功能(李连芬和刘伟德,2015;张锐和刘俊霞,2018)。其次,地方养老保障发展状况很大程度上取决于当地经济发展水平(白维军和童星,2011;朱梅和张文君,2017;邹鑫和罗宝林,2017),人口老龄化发展下,人口结构的变动对各地的养老金支付都造成了一定压力,经济发达地区能够凭借前期较好的养老保障基础、较强的经济实力以及政府的财政支持维持养老保险制度良好运行,但对于更多的地区而言,若自身经济能力有限,养老保障水平不断攀升的同时,人口老龄化下又面临当地劳动力流失,养老保险制度很大程度上需要依靠政府财政补贴,但往往还是频频出现养老基金收支缺口,由此造成地区间养老发展差距不断加大(林毓敏,2013;中国财政科学研究院课题,2016)。邹丽丽等(2017)在对我国各地养老保险制度运行情况进行分析后认为地区经济发展水平是支撑地方养老保险制度的关键,并提出后期相关养老政策需根据区域经济发展情况适时调整,而我国地区间经济发展差距由来已久,想要依靠保险制度运行自发缩小难以实现,必须要相关政策介入调剂。最后,就流动人口角度,上述地区间现存的养老保障发展差距不但不会自行消失或缩小,反而会随着我国流动人口规模的扩大而不断加剧(杨俊,2013),发达省份是劳动力主要流入地,外出务工人员在务工当地缴纳养老保险,在有效减轻当地养老保险实际缴费负担的同时,务工人员返乡养老时的社会保险关系转出截留资金,有助于当地退休人员享受更高的养老保障水平,为当地吸引更多人力资本,如此一来,发达省份就会形成良性循环,与欠发达地区间的养老发展差距也会不断拉大(丛春霞等,2016;王晓东,2017;董登新和周亚娇,2017)。而调剂金制度的实施在基金拨付上按照各地最终核定的退休人口进行拨付,虽然没有解决欠发达地区接收养老金缩水的问题,但在其承担更多老年人口养老负担的同时给予了更多"补助",必然会对地方养老发展状况有所改善,实现一定平衡。

3.4　中央调剂金收付对城镇职工养老保险发展状况影响的实证分析

本节对中央调剂金实施的具体影响进行实证分析。一方面,我国经济发展存在显著的区域差异。这种区域差异也必然会在由经济发展水平决定的养老保障发展状况上有所体现。另一方面,调剂金制度实施本质就是养老资金的跨区域调配,必然在改变本区域养老保障水平时影响其他地区养老保障状况。因此,进一步从空间计量视角对调剂金制度实施影响进行分析。

3.4.1　中央调剂金收付对地区养老发展影响的实证分析

(一)指标选取

本节选取地方养老金替代率(Tdl)作为被解释变量。养老金替代率是指人均城镇职工养老保险基金支出水平与城镇在岗职工平均工资之比。该指标是地方养老保障发展状况微观层面的反映,能够真正衡量当地老年人口享受的养老保障水平。近年来,我国养老金替代率不断下降。1952年国际劳工组织颁布《社会保障公约》规定退休职工养老金平均替代率至少要达到40%,1994年替代率最低标准被提高至55%。郑功成(2003)认为50%左右的替代率可以作为中国未来基本养老保险的保障水平目标,替代率逐步下降到50%是合理的;邱东等(1999)从家庭结构角度以及最低生活保障水平测算,认为合理替代率是55%;李珍(2013)认为60%的目标替代率才大致合理,能保证退休人员的必要生活支出;陆法明(1999)从统一计发办法对替代率进行灵敏性分析后认为,如果某职工的工资与当地平均工资相等,则替代率要在50%~70%之间。虽然学者们对于我国最终的合意替代率并未达成统一,但我国目前实际的替代率却是远低于上述目标替代率的。一直以来我国的养老金替代率在持续下降,2008—2017 年近十年间我国退休人员平均养老金替代率最高的地区是山东,达 59.74%,最低的是上海,为 34.11%,全国平均替代率水平为 47.92%,距离上述各类目标替代率水平均有一定差距。因此,就目前而言,在现行养老金替代率水平上有所提升可以认为是养老保障发展状况的一种改善,能够更好地发挥对老年群体的生活保障功能。

本节实证分析的核心解释变量为地方当期调剂金上解拨付差额,该指标的大小能够较为直观地反映制度实施或基金调剂力度。同时,基于现有相关研究文献及自身研究目的,选取包括制度赡养率(Syl)、城镇居民可支配收入(Kzp)、养老金可支付月数(Kzf)、城镇在岗职工平均工资(Gz)、人均财政收入(Czsr)、人均地区生产总值(GDP)在内的共 7 项指标为控制变量,相关变量的具体定义如表 3.4 所示。

表 3.4　变量定义表

变量类型	变量名称	变量符号	变量定义
被解释变量	养老金替代率	Tdl	(城镇职工养老保险基金支出÷养老金领取人数)÷城镇在岗职工平均工资
核心解释变量	中央调剂金上解拨付差额	Tjj	上解额度=某省城镇私营单位和非私营单位就业人员加权平均工资×90%×在职应参保人数×3.5%;拨付额度=核定的某省退休人数×(筹集调剂金总额÷全国离退休人数)
解释变量	制度赡养率	Syl	城镇职工离退休参保人口÷城镇职工在职参保人口
	养老金可支付月数	Kzf	城镇职工养老保险基金累计结余八城镇职工养老保险基金支出÷12)
	人均地区生产总值	GDP	衡量各地经济发展状况,取对数
	城镇居民可支配收入	Kzp	衡量城镇居民收入状况,取对数
	城镇在岗职工平均工资	Gz	衡量城镇居民收入状况,取对数
	人均财政收入	Czsr	衡量地方政府财力,取对数

(二) 样本及数据来源

由于调剂金制度实施通知于 2018 年 6 月下发,至今实施期限较短,数据量有限,而本节旨在观测中央调剂金实施对地方养老保障发展状况的影响,因此本节最终选取 2000—2017 年全国 31 个省区市 18 年的数据进行分析,假定当期存在养老基金的余缺调剂，以观测政策实施效果。历史数据的选取优势在于可以避免对未来各地养老金收支额度测算的误差，造成在此基础上对调剂金政策实施效果观测的不准确。本节实证原始数据全部来源于中国国家统计局、中国人力资源和社会保障部、中国财政部、中国国家税务总局，其中西藏自治区的城镇私营单位就业人员平均工资数据缺失，其余指标的部分年份缺失数据使用线性插值法填补。本节实证部分由 Matlab 2018 软件完成。

（三）实证分析

本节对上述面板数据进行实证分析。首先对空间依赖性进行面板全局莫兰检验，Moran's I 值为 0.230 8＞0，表示数据在空间上呈集聚分布状态，可以采用空间计量模型。选取地理距离矩阵（W）为空间权重矩阵。对模型进行 LM 及 Robust 检验，结果显示两组 LM-lag、R-LM-lag 及 LM-err、R-LM-err 对应的 t 值分别为 51.277 6、3.822 0、59.577 7、8.682 3，均显著拒绝原假设；对 SDM 模型进行 LR 检验，SFE-LR、TFE-LR、STFE-LR 检验 t 值分别为 520.926 3、141.984 2 以及 577.353 5，显著拒绝原假设；同样对 SDM 进行 hausman 检验以及空间 Durbin 模型的 Wald 和 LR 检验，结果均显著，最终选取时空双重固定效应的空间杜宾模型进行回归。具体模型设定如下：

$$Tdl_{it} = \rho WTdl_{it} + \beta Tjj_{it} + \theta WTjj_{it} + \lambda X_{it} + \upsilon_i + \upsilon_t + \varepsilon_{it} \quad (3.1)$$

其中，i 表示地区；t 表示年份；W 表示空间权重矩阵；X_{it} 表示除核心解释变量外的其他解释变量；υ_i 表示空间固定效应；υ_t 表示时间固定效应；ε_{it} 为随机扰动项。空间杜宾模型最终回归结果以及直接效应、间接效应分解如表 3.5 所示。

表 3.5　空间杜宾模型总效应及分解效应

	总效应	直接效应	溢出效应
中央调剂金上解拨付差额	0.001 031* (1.948 884)	0.000 041 (0.455 043)	0.000 99** (2.082 448)
制度赡养率	−0.044 92 (0.743 923)	−0.070 135*** (7.128 808)	−0.025 215 (−0.410 916)
养老金可支付月数	−0.012 141 (−1.364 173)	−0.007 009*** (−5.574 757)	−0.005 131 (−0.591 093)
人均地区生产总值	−1.146 072*** (−3.024 053)	−0.207 538*** (−3.864 033)	−0.938 534** (−2.495 022)

	总效应	直接效应	溢出效应
城镇居民 可支配收入	−1.066 565 ** (−2.322 704)	0.069 459 (0.734 498)	−1.136 024 ** (−2.340 112)
人均财政收入	1.135 898 *** (3.355 085)	0.170 053 *** (4.286 827)	0.965 845 *** (2.916 434)
城镇在岗职工 平均工资	1.628 813 *** (2.789 064)	−0.291 022 *** (−3.732 144)	1.919 835 *** (3.350 639)

回归结果显示:① 地方调剂金上解拨付并不会对当地的养老金替代率生产影响,符合《国务院关于建立企业职工基本养老保险基金中央调剂制度的通知》中明确的余缺调剂"不影响离退休人员个人待遇"原则,但同时调剂金会对其他地区的养老金替代率存在正向的空间溢出效应,特别是对于"受益省"而言,能够确保养老金足额发放,保障离退休人员生活。② 制度赡养率和养老金可支付月数均对地方养老金替代率存在负向的直接效应,不存在空间溢出效应。制度赡养率、养老金可支月数数值越大表示离退休参保人口越多或是当期的养老金支出额度越少,由替代率计算公式可知人均养老金领取待遇会相应减少,导致替代率下降。③ 人均地区生产总值对养老金替代率存在负的直接效应和间接效应,在直接效应方面,地区工资水平往往与当地经济发展水平挂钩,经济发展水平越高,工资水平越高,在同等养老金待遇水平下,替代率必然下降;在间接效应方面,假定本地区 A 地经济发展水平高于其他地区 B,A 地经济发展水平越高,就人口流动角度,会吸引更多劳动年龄人口,而 B 地面临劳动力流失,养老保险缴费人口减少,导致当地养老保险基金收入减少;再次,若后期外出务工人员返乡,养老金领取人口又会增加,必然导致人均养老金待遇水平降低。④ 工资水平的直接效应与地区生产总值影响基本趋同,而溢出效应则更多地体现在对替代率公式分母的影响上,同样从流动就业人员角度,劳动力流动对发达地区 A 而言会形成良性循环,人均工资水平上涨,导致 B 地工资水平相对下降,反而使得 B 地在同等养老金领取水平下的替代率有所上升。

3.4.2　调剂金制度实施下对地区养老发展状况变化的衡量

在对调剂金制度微观层面的影响进行分析后,进一步对该制度实施下地方整体的养老保障发展状况进行衡量。本节对我国 31 个省区市的养老发展指标采用因子分析和聚类分析,以观测调剂金制度实施效果。

（一）指标选取

选取养老金替代率、养老金制度赡养率、养老金可支付月数、人均地区生产总值、城镇居民可支配收入、城镇在岗职工平均工资、人均财政收入上述 7 项指标进行相关测算。

（二）因子分析和聚类分析

首先，对调剂金制度实施前的指标进行因子分析，KMO 值为 0.663＞0.6，Bartlett 球形度检验结果显示 Sig 值为 0.000，显著拒绝原假设，对数据进行降维处理，提取三类公因子：养老保障发展状况微观层面指标——养老金替代率；养老保障发展状况宏观层面指标——养老金制度赡养率以及养老金可支付月数；地方经济发展状况指标——人均地区生产总值、城镇居民可支配收入、城镇在岗职工平均工资、人均财政收入。三类因子累计贡献率达 92.677％，远大于 70％；对制度实施后的相关数据进行同样处理，KMO 值为 0.672＞0.6，Bartlett 球形度检验结果比较显著，同样提取上述三类公因子，因子累计贡献率达 92.270％，说明提取的三类因子能够很好地对地方养老保障发展状况进行衡量。其次，对上述三类因子及其对应的贡献率权重进行相关计算，求得制度实施前后能够对地区整体养老保障发展状况进行衡量的综合因子得分，并对相应得分进行 K 均值聚类处理，将我国 31 个省区市（港澳台除外）按综合因子得分划为两类——聚类 1 和聚类 2。聚类分析后制度实施前后的聚类中心得分具体数值对比如表 3.6 所示。

表 3.6　制度实施前后综合因子得分最终聚类中心

制度实施前		制度实施后	
聚类 1	聚类 2	聚类 1	聚类 2
0.89	−0.31	1.06	−0.26

由聚类分析结果发现，我国 31 个省区市将划分为两类，在中央调剂金制度实施后两个聚类中心的综合因子得分均比制度实施前有较大提升，说明调剂金制度实施对地方养老保障发展状况有较为明显的改善。表 3.7 显示了各地区最终聚类结果，对比调剂金制度实施前后的分类，发现制度实施后江苏省和福建省由聚类 1 下降到聚类 2，但并不表示这两个地区的养老保障发展状况有所恶化，由上述聚类中心综合因子得分变化可知，各地的养老保障发展状况在制度实施后均会有所改善，只有江苏与福建的改善幅度较其他地区小，因而下降到聚类 2 中。

表 3.7　地区养老保障运行状况综合因子得分聚类结果

	制度实施前	制度实施后
聚类 1	北京、天津、上海、江苏、浙 江、福建、广东、西藏	北京、天津、上海、浙江、广东、西藏
聚类 2	河北、山西、内蒙古、辽宁、吉林、黑龙江、安徽、江西、山东、河南、湖北、湖南、广西、海南、重庆、四川、贵州、云南、陕西、甘肃、青海、宁夏、新疆	河北、山西、内蒙古、辽宁、吉林、黑龙江、江苏、安徽、福建、江西、山东、河南、湖北、湖南、广西、海南、重庆、四川、贵州、云南、陕西、甘肃、青海、宁夏、新疆

3.5　中央调剂金制度实施模拟①

上节以历史数据对中央调剂金实施存在的地理空间影响进行了验证，历史数据的使用虽然存在一定优势，但无法考虑未来人口结构变动下的政策影响，而人口老龄化恰恰是会对地方养老保险运行状况产生影响的重要因素之一，因此，进一步对中央调剂金制度进行政策实施模拟，同时考虑未来人口结构变动等因素。

首先，利用灰色预测模型对我国 2017—2030 年的城乡职工养老保险参保人口相关数据进行测算，在该人口数据基础上，建立城镇职工养老保险收支模型对相应人口数据下的基金收支额进行测算，从而依据《通知》中明确的养老保险基金上解、拨付额度调剂依据，测算在中央调剂金制度实施下，各地保险基金上解、拨付额度，从而明确在上解基金区域间调节后的养老保险基金是否实现了收入总额平衡。

3.5.1　灰色 GM(1,1)模型对相关城镇人口数据预测

城镇职工养老保险账户收支模型的预测，是依据城镇职工参保人口、参保退休人口等有关人口数据测算所得。因此，首先依据历史数据对相关城镇人口数据进行预测。

（一）GM(1,1)模型

GM(1,1)模型具体原理如下：

---

　　① 本节内容引自：裴育,史梦昱,贾邵猛.地区养老发展差异下的中央调剂金收付研究[J].河北大学学报(哲学社会科学版),2019(04):62－71.

（1）原始数据列。

$$X^{(0)}(i) = \left| X^{(0)}(1), X^{(0)}(2), X^{(0)}(3), \cdots, X^{(0)}(n) \right| \qquad (3.2)$$

（2）$X^{(0)}(i)$ 的一次累加（生成 AGO）。

$$X^{(1)}(i) = \left| X^{(1)}(1), X^{(1)}(2), X^{(1)}(3), \cdots, X^{(1)}(n) \right| \qquad (3.3)$$

$$X^{(1)}(i) = \sum X^{(0)}(i) \qquad (3.4)$$

（3）数据处理。

作均值序列：

$$Z^{(1)}(k) = \frac{1}{2} X^{(1)}(k-1) + \frac{1}{2} X^{(1)}(k) \qquad (3.5)$$

构造数据矩阵：

$$\begin{vmatrix} -Z^{(1)}(2) & 1 \\ -Z^{(1)}(3) & 1 \\ \vdots & \vdots \\ -Z^{(1)}(n) & 1 \end{vmatrix} = \begin{vmatrix} -\frac{1}{2}\left[X^{(1)}(1)+X^{(1)}(2)\right] & 1 \\ -\frac{1}{2}\left[X^{(1)}(2)+X^{(1)}3\right] & 1 \\ \vdots & \vdots \\ -\frac{1}{2}\left[X^{(1)}(n-1)+X^{(1)}(n)\right] & 1 \end{vmatrix} \qquad (3.6)$$

构造数据向量：

$$Y = \begin{vmatrix} X^{(0)}(2) \\ X^{(0)}(3) \\ \vdots \\ X^{(0)}(n) \end{vmatrix} \qquad (3.7)$$

（4）白化形式的微分方程式。

$$\frac{dx^{(1)}}{dt} + aX^{(1)}(t) = b \qquad (3.8)$$

对应 GM(1,1)灰色微分方程的时间响应函数：

$$\widehat{X}^{(1)}(k+1) = \left| X^{(0)}(1) - \frac{b}{a} \right| e^{-ak} + \frac{b}{a} \qquad (3.9)$$

（5）对模型进行累减运算的原始序列模拟预测值（IAGO）。

$$\widehat{X}^{(0)}(k+1) = \widehat{X}^{(1)}(k+1) - \widehat{X}^{(1)}(k) \qquad (3.10)$$

可得计算数列：

$$\hat{X}^{(0)}(k) = |\hat{X}^{(0)}(1), \hat{X}^{(0)}(2), \cdots, \hat{X}^{(0)}(n)| \tag{3.11}$$

（二）残差修正模型

利用上述灰色模型进行预测，可能会出现模型精度偏低现象，此时模型预测结果不够准确，需进行残差修正，以提高模型精度。

（1）残差定义。

$$q^{(0)}(k) = X^{(0)}(k) - \hat{X}^{(0)}(k) \tag{3.12}$$

残差数列：

$$q^{(0)}(k) = |q^{(0)}(1), q^{(0)}(2), \cdots, q^{(0)}(n)| \tag{3.13}$$

（2）残差处理。

$$q^{(0)}{}'(k) = q^{(0)}(k) + |q^{(0)}(\min)| \tag{3.14}$$

对 $q^{(0)}{}'(k)$ 建立 GM(1,1)模型，其时间响应函数为：

$$\hat{q}^{(1)'}(k+1) = \left|q^{(0)}{}'(1) - \frac{a'}{b'}\right| e^{-a'b'} + \frac{a'}{b'} - |q^{(0)}(\min)| \tag{3.15}$$

（3）将残差 GM(1,1)模型与最初 GM(1,1)模型叠加。

$$\hat{X}'^{(1)}(k+1) = \left|X^{(0)}(1) - \frac{b}{a}\right| e^{-ak} + \frac{b}{a} + \varphi(k-i)$$

$$\left\{\left|q^{(0)}{}'(1) - \frac{a'}{b'}\right| e^{-a'b'} + \frac{a'}{b'} - |q^{(0)}(\min)|\right\} \tag{3.16}$$

其中，$\varphi(k-i) = \begin{cases} 1 & k \geqslant i \\ 0 & k < i \end{cases}$

（4）对模型进行累减可得原始序列的模拟预测值（IAGO）。

$$\hat{X}^{(0)'}(k+1) = \hat{X}'^{(1)}(k+1) - \hat{X}'^{(1)}(k) \tag{3.17}$$

可得修正后预测值：

$$\hat{X}^{(0)'}(k) = |\hat{X}^{(0)'}(1), \hat{X}^{(0)'}(2), \cdots, \hat{X}^{(0)'}(n)| \tag{3.18}$$

（三）各省区市城镇人口数据预测

目前，我国城镇职工法定退休年龄为男性 60 岁，女干部 55 岁，女职工

50 岁,考虑后期养老压力下的延退趋势,测算中假定男性 60 岁退休,女性 55 岁退休,并且考虑城镇地区经济状况以及普遍受教育程度情况,设定劳动年龄自 20 岁起。本节城镇人口测算以我国第五次(2000)、第六次(2010)人口普查中分性别年龄段人口数据为基础,假定 2000—2009 年以及 2010—2030 年的人口年龄结构分别与五普、六普相同。

假定城镇劳动年龄人口由 20~59 岁的男性以及 20~54 岁的女性人口构成,用 Excel 建立上述 GM(1,1)模型对各地区未来劳动年龄人口进行预测,31 个省区市中除北京、辽宁的预测模型精度偏低,分别为 98.61% 以及 98.95% 外,其余均在 99% 以上。同样,对各省市 2017—2030 年城镇退休人口数据进行预测,模型拟合效果也比较理想,其中模型精度最低的地区为天津,精度达到 97.18%。

进一步对我国各省区市(港澳台除外)2017—2030 年城镇职工参保人口、参保退休人口进行测算,具体计算方法如下:

$$城镇职工参保人数 = \gamma \times \omega \times Y_L \qquad (3.19)$$

其中,Y_L 为城镇劳动年龄人口;γ 为城镇就业率;ω 城镇职工参保率,γ 与 ω 在测算中为定值。

$$城镇职工参保退休人口数 = \beta \times Y_T \qquad (3.20)$$

其中,Y_T 为城镇退休人口;β 为城镇职工参保退休人口占城镇退休人口的比重,为定值。

对于上式中 γ、ω 值的计算设定如下:

$$\gamma = 城镇就业人口数 \div 城镇劳动力人口 \times 100\% \qquad (3.21)$$

$$\omega = 城镇职工参保人数 \div 城镇就业人口数 \times 100\% \qquad (3.22)$$

关于 γ 值计算,选取全国 31 个省区市 2000 年至 2015 年城镇就业人口的面板数据与上述测算城镇就业率,发现年均就业率取值与年度数据差距较大,因而对数据进行分段处理,按年度分三段,发现数值普遍呈现上升趋势。因此,设定以各省 2015 年占比数值为计算基期,以 2000—2015 年每 5 年段的占比增长率均值为设定增长率,从而对各省每 5 年段城镇就业率占比进行计算。

选取全国各省区市 1999—2015 年城镇职工参保人口数据与城镇就业人口数据求得历年城镇职工参保率,同样,发现该数值年均比率与年度值差距较大,进而对数据进行分段处理,计算发现,若按上述对 γ 值的处理方法计算 ω 值,北京等省市的占比将大于 1,明显不合理。因此本节最终设定以

2011—2015 年段的占比为预测基期数值,假定参保率每 5 年增长 1% 的方法来确定 ω。

城镇职工参保退休人口计算公式中 β 值的计算方法如下:

$$\beta = 城镇职工参保退休人口数 \div 城镇退休人口数 \times 100\% \quad (3.23)$$

同样对 β 值进行年均值与分段数值处理的比较,发现二者差别不大,数值基本比较稳定。因此,本节取 2011—2015 年段的均值占比为预测基期,设定每 10 年增长 3%,将由此方法计算所得的 2016 年数值与已经公布的 2016 实际值进行对比,发现二者差距较小,预测良好。例如,河北省 2016 年计算值为 0.232,其实际值为 0.242。

3.5.2　城镇职工养老保险基金收支预测

根据上述计算所得的城镇职工参保人数以及参保退休人口数,对我国 2017—2030 年间的城镇职工养老保险基金的收支额度进行测算。

(一)养老金收支预测的假设条件

(1)城镇男女职工劳动年龄均从 20 岁起,男性退休年龄为 60 岁,女性退休年龄为 55 岁。

(2)缴费比例为实际缴费比例。

(3)养老金替代率为定值。虽然个人养老金领取数值不尽相同,本节将依据各省市城镇职工养老金发放情况与城镇在岗职工平均工资标准,从而确定替代率数值。

(4)忽略转制成本。我国城镇参保职工人口中,"老人"和"中人"存在养老保险由"现收现付制"转变为"统账结合制"的养老保险隐性债务,即为转制成本。

(二)建立城镇职工养老保险基金收入模型

模型具体计算方法:

$$I_t = \mu \times \overline{W_k} \times (1+\theta)^{t-k} \times \sum_{x=20}^{a-1} L_{x,t} \quad (t = 2\,016, \cdots, 2\,030)$$

$$(3.24)$$

其中,I_t 表示第 t 年时城镇职工养老保险基金收入;μ 表示实际缴费比例;$\overline{W_k}$ 表示基期年度(即为 2016 年)的城镇在岗职工平均工资;θ 表示年均工资增长率;$\sum_{x=20}^{a-1} L_{x,t}$ 表示第 t 年时 x 岁的城镇参保职工人数;a 表示参保职工退休年龄。

上述参数中,需确定城镇职工工资增长率 θ 值大小。选取全国各省市1999—2016 年城镇在岗职工平均工资,计算各地年均工资增长率。由历年年度数据以及分年段增长率观察可见,各地工资增长率基本于 2012 年开始呈现下降趋势,符合当期国家为实现经济稳步增长目标而实行经济宏观调控政策的现实情况。因此,以 2011—2015 年段的年均工资增长率为基期,以分年段工资增长率的减少比率为基础,设定每 5 年工资增长率下降幅度为上一五年度增长率的一半,这样即使工资呈现逐年增长,但增幅下降。该设定较为符合我国目前经济发展的现实状况,并且测算所得数据能够较好地吻合历年来数据的变化趋势。例如,以浙江省为例,其 2016 年年均工资增长率测算值为 0.105,2016 年实际值为 0.102。

根据设定参数,可得我国 2017 年至 2030 年间中央调剂金制度暂未实施时基金收入预测值(见表 3.8),原表数值较多,本表仅列 2018 年、2021年、2024 年、2027 年以及 2030 年收入值。

表 3.8　调剂金制度实施前各省城镇职工养老保险基金收入预测

单位:亿元

地　区	2018	2021	2024	2027	2030
北京	2 386.84	3 741.48	5 447.32	8 506.22	12 384.43
天津	872.39	1 312.03	1 841.24	2 760.16	3 873.48
河北	1 329.54	1 786.28	2 114.54	2 807.02	3 322.87
山西	927.11	1 245.67	1 497.36	1 993.99	2 396.88
内蒙古	710.93	978.47	1 145.30	1 547.58	1 811.44
辽宁	2 265.98	3 229.07	4 067.75	5 730.31	7 218.62
吉林	886.26	1 385.61	1 848.15	2 837.49	3 784.69
黑龙江	1 286.66	1 747.33	2 240.73	3 036.66	3 894.13
上海	3 591.94	6 120.94	9 328.08	15 745.96	23 996.24
江苏	3 228.28	4 887.7	5 894.52	8 593.63	10 363.82
浙江	4 065.99	8 198.28	13 401.81	26 141.35	42 733.55
安徽	1 231.32	2 013.15	2 711.98	4 316.7	5 815.16
福建	872.31	1 499.16	2 101.56	3 506.09	4 914.90
江西	927.38	1 573.47	2 223.24	3 680.94	5 201.01
山东	2 749.64	4 090.02	5 207.22	7 604.55	9 681.76
河南	1 235.94	1 683.8	1 909.3	2 537.89	2 877.77
湖北	1 611.76	2 429.39	3 029.55	4 449.29	5 548.46
湖南	1 601.48	2 734.74	3 847.95	6 395.36	8 998.66

地　区	2018	2021	2024	2027	2030
广东	2 470.61	3 670.34	4 552.11	6 598.70	8 183.98
广西	901.60	1 604.21	2 404.4	4 190.68	6 281.01
海南	271.22	404.70	525.36	774.68	1 006.09
重庆	1 147.05	1 807.38	2 234.67	3 377.35	4 175.8
四川	3 199.95	5 437.81	7 549.93	12 443.06	17 276.13
贵州	369.43	507.37	579.28	776.40	886.44
云南	598.47	887.96	1 084.36	1 569.38	1 916.52
西藏	78.19	171.74	292.54	621.05	1 026.56
陕西	792.09	1 080.28	1 263.61	1 694.29	1 981.83
甘肃	432.65	607.16	726.69	1 002.33	1 199.67
青海	144.22	203.77	256.88	359.77	453.54
宁夏	135.37	156.6	159.12	181.85	234.31
新疆	1 084.57	1 825.83	2 854.19	4 787.98	7 484.68

数据来源：中国国家统计局、中国人力资源和社会保障部。

（三）建立城镇职工养老保险基金支出模型

模型具体计算方法：

$$P_t = \delta_{x,t} \times \overline{W_k} \times (1+\theta)^{t-k} \times \sum_{x=a}^{\sigma} T_{x,t} \qquad (3.25)$$

其中，P_t 表示第 t 年城镇职工养老保险基金收入；$\delta_{x,t}$ 表示第 t 年第 x 岁参保职工退休的养老金替代率；$\overline{W_k}$ 表示基期年度（即为 2016 年）的城镇在岗职工平均工资；θ 表示年均工资增长率；$\sum_{x=a}^{\sigma} T_{x,t}$ 表示第 t 年时 x 岁的城镇参保职工人数；σ 表示参保职工退休年龄。

对式中养老金替代率数值进行计算和预测，各省区市养老金替代率计算公式为：退休人员平均每月养老金÷在岗职工月均工资水平，即为（城镇职工养老保险基金支出÷城镇职工参保退休人数÷12）÷城镇在岗职工月平均工资，并以此计算所得的历年数据为基础，用灰色模型进行预测，其中海南与宁夏的预测模型精度不达标，精度分别为 88.994 1% 和 87.703 8%，因此用残差模型进一步对这两个省份的预测进行模型修正，改进后的模型精度分别为 95.318 4% 以及 90.834 0%，达到预测标准，从而求得各省区市养老金替代率预测值。此外，支出模型中 θ 值与上述收入模型数值相同。最后，根据上述养老金支出计算模型，得 2018—2030 年我国各省区市城镇职工养老保险基金支出预测值,具体数值见表 3.9,本表同样仅列 2018 年、2021 年、2024 年、2027 年以及 2030 年的支出值(下同)。

表 3.9　各省城镇职工养老保险基金支出预测

单位:亿元

地　区	2018	2021	2024	2027	2030
北京	1 013.25	1 648.59	2 682.3	4 364.17	7 100.63
天津	783.31	1 130.82	1 632.51	2 356.77	3 402.36
河北	1 244.75	1 692.57	2 180.71	2 957.1	3 809.92
山西	730.45	960.74	1 204.87	1 581.31	1 983.12
内蒙古	735.55	977.04	1 249.3	1 657.14	2 118.92
辽宁	2 174.85	2 986.46	4 100.96	5 631.37	7 732.9
吉林	942.79	1 432.68	2 094.52	3 178.3	4 646.53
黑龙江	1 592.07	2 379.85	3 434.47	5 127.78	7 400.13
上海	2 379.47	4 350.13	7 741.07	14 142.13	25 165.99
江苏	2 538.25	3 298.14	4 285.52	5 568.5	7 235.58
浙江	2 205.04	4 033.83	7 379.36	13 499.59	24 695.74
安徽	1 070.25	1 581.78	2 204.32	3 247.27	4 525.29
福建	751.97	1 139.26	1 726.02	2 614.99	3 961.8
江西	779.92	1 237.35	1 874.28	2 967.48	4 494.99
山东	1 748.19	2 443.17	3 243.02	4 520.84	6 000.9
河南	1 014.59	1 275.51	1 518.58	1 903.75	2 266.54
湖北	1 350.72	1 848.63	2 418.54	3 303.64	4 322.12
湖南	1 353.07	2 084.93	3 043.93	4 677.43	6 828.9
广东	1 140.46	1 483.46	1 929.62	2 509.96	3 264.84
广西	1 019.75	1 632.97	2 483.35	3 966.61	6 032.24
海南	205.76	282.73	389.6	537.09	740.46
重庆	985.5	1 313.54	1 682.47	2 239.11	2 867.99
四川	3 105.86	4 745.6	6 943.6	10 590.4	15 495.51
贵州	347.4	428.18	494.6	607.2	701.4
云南	725.77	970.46	1 225.97	1 634.29	2 064.58
西藏	94.16	174.29	302.92	558.6	942.04
陕西	649.33	860.93	1 084.08	1 433.71	1 805.32
甘肃	500.63	652.74	805.29	1 046.92	1 291.59
青海	176.73	231.55	303.38	397.47	520.76
宁夏	127.97	140.44	154.12	169.13	235.37
新疆	1 044.03	1 701.77	2 773.9	4 521.48	7 370.06

数据来源:中国国家统计局、中国人力资源社会保障部。

3.5.3 中央调剂金收付测算

在实现我国各省区市养老保险基金收支预测的基础上,本节参考国务院最新颁布的中央调剂金实施通知,并根据其中有关中央调剂金上解、拨付额度计算办法对未来该制度实施后各省区市所需上解基金额度以及可得拨付的额度进行测算。

上解额具体计算公式如下:

$$某省份上解额=(某省份职工平均工资×90\%)×某省份在职$$
$$应参保人数×3.5\% \tag{3.26}$$

其中,各地职工平均工资由《通知》中规定的城镇非私营单位和私营单位就业人员加权平均工资计算的 2009—2016 年数值,经由 GM(1,1) 模型预测后所得。预测模型精度较高,其中精度最低的是西藏,为 91.595%,已达预测标准,模型预测结果较好。其次,各省区市在职应参保人数的计算以在职参保人数和企业就业人数二者的均值为基数核定。其中企业就业人数由就业人数与个体就业人员的差值计算所得,各省就业人员数的预测模型精度普遍大于 96%,个体就业人员预测中内蒙古以及福建模型精度未达标,经残差模型修正后精度分别提高至 93.804% 以及 91.929%。由此数据与在职参保人数取均值,得出各省区市 2017—2030 年度的在职应参保人数。按上式计算可得 2018—2030 年各省中央调剂金上解额度。具体数值如表 3.10 所示。

表 3.10　各省区市中央调剂金上解额度

单位:亿元

地　区	2019	2022	2025	2028	2029	2030
北京	628.81	966.97	1 466.3	2 273.04	2 620.86	3 024.37
天津	135.12	188	249.93	338.23	367.67	398.21
河北	433.98	564.78	681.23	778.35	778.14	756.15
山西	169	202.27	228.85	257.79	261.93	263.8
内蒙古	123.52	153.36	174.44	197.41	198.09	195.57
辽宁	291.12	390.6	496.33	654.07	704.79	758.43
吉林	112.86	139.35	148.09	142.06	124.23	97.3
黑龙江	215.35	306.96	429.86	612.09	684.72	765.97
上海	288.9	385.31	482.7	639.99	689.56	742.92
江苏	839.4	1 246.92	1 701.14	2 475.43	2 735.87	3 021.56
浙江	767.7	1 111.39	1 497.65	2 125.17	2 341.2	2 578.11
安徽	371.67	462.3	537.51	625.2	638.24	644.48
福建	329.06	466.61	618.07	845.69	918	993.09

地　区	2019	2022	2025	2028	2029	2030
江西	239.13	328.51	427.38	580.35	631.27	686
山东	710.47	931.08	1 063.96	1 106.18	1 004.94	829.5
河南	568.72	744.7	938.03	1 214.39	1 307.03	1 405.55
湖北	258.82	287.79	278.51	416.23	456.81	501.35
湖南	499.57	744.47	1 062.6	1 573.26	1 768.53	1 987.34
广东	1 070.62	1 509.77	1 905.4	2 442.04	2 528.03	2 570.99
广西	326.23	460.34	625.72	860.07	943.21	1 031.31
海南	70.58	106.38	151.89	222.54	248.24	276.15
重庆	284.94	413.86	554.46	776.63	845.45	916.81
四川	601.52	817.91	1 057.7	1 428.74	1 555.02	1 692.2
贵州	318.96	439.89	541.95	565.51	507.85	396.39
云南	404.27	660.05	1 049.9	1 693.89	1 970.05	2 289.21
西藏	20.64	30.51	43.56	62.12	69.03	76.4
陕西	212.73	275.31	330.28	399.18	411.31	418.97
甘肃	148.13	199.83	249.54	294.44	296.71	289.93
青海	34.81	44.97	53.95	62.34	62.79	61.79
宁夏	38.88	50.92	63.67	82.25	88.17	94.39
新疆	113.81	144.23	168.62	183.9	179.53	168.86

数据来源:中国国家统计局、中国人力资源社会保障部。

各省中央调剂金拨付额度具体计算公式如下:

某省份拨付额＝核定的某省份退休人数×全国人均拨付额　　　(3.27)

其中,

全国人均拨付额＝筹集的中央调剂金÷核定的全国离退休人数

假定历年退休人口数即为经由核定的退休人口,按上式计算可得2018—2030 年各省中央调剂金拨付额度。具体数值如表 3.11 所示。

表 3.11　各省区市中央调剂金拨付额度

单位:亿元

地　区	2019	2022	2025	2028	2029	2030
北京	177.24	260.14	357.07	500.15	545.22	590.24
天津	137.6	200.05	272.01	377.42	410.14	442.6
河北	602.41	849.83	1 121.22	1 509.55	1 624.01	1 735.07
山西	256.25	353.63	456.39	601.08	641.92	680.8
内蒙古	192.86	274.09	364.3	494.1	532.88	570.72
辽宁	423.61	589.21	766.44	1 017.4	1 089.39	1 158.41
吉林	235.34	328.62	429.13	571.87	613.13	652.83
黑龙江	344.23	496.42	669.52	921.46	998.64	1 074.78

地　　区	2019	2022	2025	2028	2029	2030
上海	237.1	350.17	483.68	681.75	744.75	807.93
江苏	718.5	991.98	1 280.84	1 687.67	1 802.64	1 912.12
浙江	467.4	671.24	901.52	1 235.6	1 337.22	1 437.18
安徽	478.69	659.98	850.98	1 119.72	1 195.44	1 267.46
福建	256.78	359.37	470.37	628.25	674.09	718.28
江西	318.99	446.23	583.78	779.37	836.12	890.79
山东	824.1	1 121.15	1 426.47	1 852.09	1 968.58	2 077.91
河南	684.38	935.33	1 195.51	1 559.33	1 659.94	1 754.8
湖北	464.82	631	801.1	1 037.87	1 102.35	1 162.73
湖南	541.17	741.7	950.7	1 243.52	1 325	1 402.04
广东	614.95	859.72	1 124.05	1 499.74	1 608.6	1 713.43
广西	325.89	443.28	563.91	732.05	778.04	821.21
海南	55.86	78.49	103.16	138.34	148.64	158.6
重庆	289.95	400.32	516.9	681.1	727.5	771.69
四川	757.57	1 047.38	1 354.25	1 786.87	1 909.48	2 026.39
贵州	242.17	328.23	416.06	538.18	571.32	602.3
云南	291	399.31	512.44	671.09	715.34	757.24
西藏	14.07	19.54	25.38	33.65	36.01	38.27
陕西	298.98	416.91	543.71	723.58	775.44	825.27
甘肃	176.96	239.35	302.76	390.82	414.59	436.77
青海	32.36	45.19	59.01	78.64	84.31	89.77
宁夏	41.23	60.08	81.86	113.83	123.79	133.68
新疆	126.84	177.37	231.95	309.55	332.04	353.71

数据来源:中国国家统计局、中国人力资源社会保障部。

《通知》中明确,中央调剂金制度的建立主要是为实现养老保险资金余缺在省际调剂,并不影响退休人员的养老金待遇,在此基础上可以认为,中央调剂金制度实施后各省基金上解、拨付额度的变动只会影响养老保险基金的收入总额,对基金支出并无影响。

3.5.4　调剂金实施对地区养老金运行影响的对比分析

面对省级统筹制度下养老金的碎片化运行,同时养老保险全国统筹难以实施的情况,中央调剂金制度一定程度上提高了我国养老保险统筹层次。在现行养老保险运行存在较大地区差距情况下,该制度的实施旨在均衡地区间养老保险基金负担,实现养老保险制度的可持续发展。本节将对全国31个省区市进行因子分析和聚类分析,对比中央调剂金制度实施前后地区养老金的发展状况。

（一）指标选取

参考已有研究成果并结合自身研究目的,选取制度赡养率、养老基金收支比、养老金可支付月数、人均地区生产总值、在岗职工平均工资、城镇居民人均可支配收入以及人均财政收入等 7 项指标作为地区养老保险整体运行状况的度量(见表 3.12)。

表 3.12　地区养老保障运行状况衡量指标

指　标	单　位
制度赡养率	％
养老基金收支比	％
养老金可支付月数	月
人均地区生产总值	元/人
在岗职工平均工资	元
城镇居民人均可支配收入	元
人均财政收入	元/人

（二）因子分析

因子分析主要通过研究众多变量之间的内部依赖关系来探求观测数据中的基本结构,并用少数几个独立的不可观测变量来表示其基本的数据结构,这几个少数的相互独立的变量能够反映原有众多变量的绝大部分信息(马树才和郭万山,2002)。

运用 SPSS 22.0 软件完成相关数据处理,对 2030 年中央调剂金制度实施前的上述 7 项指标进行实证,得到其 KMO 值为 0.655,大于 0.6,可以进行因子分析,Bartlett 球形度检验结果显示 Sig 值为 0.000,拒绝相关系数矩阵是一个单位阵的零假设,即适合进行因子分析。此外,依据因子分析原理,对数据进行降维处理后,从 7 项指标中提取出 2 个公因子,因子累计贡献率达 70.324％,大于 70％,说明这两项因子包含了原始数据中 70％多的信息,能够实现对地方养老金整体运行状况的度量。

进一步对公因子进行旋转处理后得表 3.13,即因子旋转成分矩阵。由表中数据可见,两项因子分别在制度赡养率、养老金收支比以及养老金可支付月数这三项与地区养老金制度密切相关的指标上有较大荷载,称之为养老金支撑因子;在人均地区生产总值、在岗职工平均工资等四项与当地经济发展状况密切相关的指标上具有较大荷载,称之为经济支撑因子。因而,可以将代表地区养老金整体运行状况的原始信息浓缩在地区养老金支撑因子以及代表地方经济发展基础的因子中。

表 3.13　2030 年制度实施前旋转成分矩阵

	成分	
	1	2
制度赡养率	−0.84	
养老基金收支比	0.898	
养老金可支月数	0.898	
人均地区生产总值		0.714
在岗职工平均工资		0.6
城镇居民可支配收入		0.82
人均财政收入		0.896

提取方法:主成分。旋转法:具有 Kaiser 标准化的正交旋转法。a. 旋转在 3 次迭代后收敛。

用上述同样方法对 2030 年中央调剂金制度实施后的有关数据进行处理,得到 KMO 值为 0.632,Bartlett 球形度检验结果 Sig 值为 0.000,可以进行因子分析。数据经由降维、旋转处理后,同样从 7 项指标中提取出养老金支撑因子以及经济支撑因子,两项因子累计贡献率达 71.136%,包含较多的原始信息。具体旋转成分矩阵如表 3.14 所示。

表 3.14　2030 年制度实施后旋转成分矩阵

	成分	
	1	2
制度赡养率	−0.804	
养老基金收支比	0.938	
养老金可支月数	0.919	
人均地区生产总值		0.739
在岗职工平均工资		0.602
城镇居民可支配收入		0.814
人均财政收入		0.895

提取方法:主成分。旋转法:具有 Kaiser 标准化的正交旋转法。a. 旋转在 3 次迭代后收敛。

(三) 聚类分析

为对比中央调剂金制度实施前后地区养老金有关运行状况的变化,对上述数据进行降维、旋转处理后,分别计算了养老金支撑因子、经济支撑因子得分以及经由两项因子及其对应贡献率权重测算所得的各地综合因子得分,并分别对得分进行排名,发现较 2016 年排名有较大变化,但 2030 年制度实施与否综合得分排名变化不大。由于数据在进行因子分析前经过标准化处理,综合得分数值并不代表养老金整体运行状况的实际值大小,只能反映其距离均值的差距。因而,进一步对各地的因子综合得分做聚类分析,同时考虑到地区经济发展基础对地方养老金整体运行状况存在较大影响,单独就各地的养老金制度支撑因子得分也做聚类分析。结果发现,由综合因子得分生成的聚类树状图中,各地分类在调剂金制度实施与否的分类总体上趋同,在进行类别细分后,个别城市发生变动。但在对养老金制度支撑因子做聚类分析时发现,在进行因子得分排名后分类,观察划分类别较细的冰柱图,并以地区均值为划分标准,将所有省市分成高低水平两类,发现部分城市在中央调剂金制度实施后其养老金支撑能力获得提升。表 3.15 中同时显示了 2030 年实施与未实施调剂金制度效果及与 2016 年情况的对比。

表 3.15　养老金支撑能力省市排名层次分类结果

2016 年		2030 年			
		未实施调剂金制度		制度实施后	
分类	地区	分类	地区	分类	地区
较高水平	广东、北京、西藏、贵州、云南、安徽、福建、山西、江苏、山东、河南、浙江、宁夏、新疆、海南、湖南、陕西、江西	较高水平	广东、山东、浙江、贵州、北京、江苏、重庆、河南、湖北、福建、安徽、山西、海南、湖南、陕西、宁夏、天津、江西	较高水平	广东、山东、贵州、浙江、江苏、湖北、重庆、河南、山西、福建、安徽、北京、陕西、宁夏、海南、湖南、天津、江西、四川、关系、河北、西藏、甘肃、内蒙古、青海、新疆、辽宁、吉林、上海
较低水平	甘肃、河北、重庆、广西、四川、上海、湖北、青海、内蒙古、天津、辽宁、吉林、黑龙江	较低水平	四川、广西、西藏、河北、甘肃、青海、新疆、内蒙古、辽宁、吉林、云南、上海、黑龙江	较低水平	云南、黑龙江

3.6　政策建议[①]

由调剂金制度政策模拟部分可知,一地养老金整体运行状况主要受地

---

① 裴育,史梦昱,贾邵猛.地区养老发展差异下的中央调剂金收付研究[J].河北大学学报(哲学社会科学版),2019(04):62-71;金银凤,史梦昱.中央调剂金制度对地区养老保障发展状况影响研究[J].财经论丛,2019(12):35-43。

方经济基础及其养老金制度有关因素的影响,其中,地方经济基础在较大程度上决定着地区养老金整体运行状况的优劣。地区养老金整体运行状况由于受地方原有经济基础影响,在中央调剂金制度实施后并不会获得较为明显的改善。但单就代表地方养老金制度运行状况的养老金支撑能力而言,地区间养老资金的调剂能够使得大部分地区的养老金支撑能力获得较为显著的提升,说明中央调剂金制度的实施有利于地方养老金支撑能力层次的提升,能够有效地缩小地区间养老金制度运行的差异。但是地方养老金整体运行状况的改善还是受制于其原有经济发展基础。据上述研究内容提出如下政策建议。

3.6.1 适当提高养老金替代率,提高群众参保积极性

养老金替代率是养老保险制度下退休人员生活保障水平高低的衡量,也是地方养老保障发展状况微观层面的反映,目前我国养老金替代率水平与各类设定下的目标替代率还存在一定差距。养老金替代率是影响制度赡养率的重要因素之一,养老保障制度下替代率的提高表明离退休参保人员的退休生活质量越高,能够激发群众参保积极性,制度内参保人口增加将会使得赡养率有所下降,从而提高养老保障制度的可持续性,促进养老保障体系良好运行。

3.6.2 加大调剂金实施力度,监督地方政府实施落实

由实证分析部分可知,中央调剂金收支拨付差额越大,即基金调剂力度越大,所产生的正向空间溢出效应越大,说明加大调剂金实施力度有利于地方养老保障发展状况的改善,但同时调剂金的实现机制是"劫富济贫",虽然在上解拨付的核算方法上一视同仁,按统一占比、统一条件计发,但其上解是以与经济发展水平相挂钩的工资水平征缴,必然使多数发达省份成为基金调剂的"贡献省",触动发达省份的利益。因此上级征缴部门需建立完善的征收考核机制,对省级政府部门的养老金上解建立有效的激励约束机制,监督落实省级基金上解。

3.6.3 明确中央地方政府财政责任,完善地方激励约束机制

明确划分中央与地方政府财权事权支出责任,在调剂金制度实施落实后,中央保持原有财政补贴政策与财政补助方式不变,只实现养老基金收支余缺的调剂功能,不削弱财政补贴力度,不留存当期收缴的调剂基金,上解

额度按时足额发放省级政府；地方政府履行基金征缴上解职责，对上解后剩余的基金收入建立有效的财务管理制度，对于中央财政补贴和调剂金拨付落实后地方依然存在的养老基金收支缺口，在本省区域内进行收支调剂，专款专用，不挪用不留存，建立资金内部审查机制。

3.6.4　考虑实行差别化调剂金上解比例

研究结果显示，中央调剂金制度的实施无法从根源上有效解决我国养老保险在地区间存在的长期发展差异，但是基础养老金的中央调剂实现了该制度作为保险层次由省级向全国跨越的过渡性政策功能。区域间养老保险的余缺调剂使得部分地区的养老金制度支撑能力获得提升，基本实现了中央调剂金制度旨在均衡地区差异的政策目标。因此，该制度的实施十分必要。调剂金制度规定的各地上解初始比例3%相对较低，可考虑后期对该比例实行逐步提升，同时基于调剂金制度实施的"劫富济贫"本质，在维护发达地区养老保险基金缴付平衡以及基本结余的基础上，考虑对各地实行差异化上解比例，适度提高发达地区的调剂金上解比例，更好地发挥地区养老保险发展差距均衡作用。

3.6.5　建立地方养老保险统筹落实考核制度

如上所述中央调剂金制度的本质相当于劫富济贫，该制度的实施对发达省市利益的触动是必然，并且发达省市普遍作为劳动力流入地，基本上不会出现养老金收不抵支情况，也意味着即使实施调剂金制度，这些地区也不会有需要其他地区的养老金来对本地支出进行补偿。这种对发达地区而言只有付出没有回报的行为很难依靠地区自觉性实施，存在较大少报虚报基金收入的可能性，因此建立完备的监督考核制度十分必要。可参考环境治理落实思路，将调剂金制度实施落实情况与各地政绩考核挂钩。此外，对各地养老金上解额提供动态调节机制，如若"贡献省"在规定比例上解后，出现基金收入难以支撑本地当年基金支出情况，有可及时实施的适度调节措施，如按比例少缴或不缴，或者在上解后由中央给予统一调配补助，保障地方养老金基本收支。

3.6.6　建立社保统一信息管理平台

社保统一信息管理平台至少需包含两部分，一是针对个人的养老保险缴费信息查询平台，包括基本的月度缴费信息、剩余缴付年限、退休养老金领取待遇标准等,其中特别是需要建立流动人员的养老保险缴费信息查询,以及保险转移续接办理流程手续、对接窗口,提供实时保险费用核算功能,便于流动人员核算续接扣除截留资金补缴金额,以保障退休后适度的退休金领取待遇;二是针对政府部门建立社保基金收缴信息公开平台,实行社保信息公开透明,降低基金管理成本。实行保险基金收缴统一查询数据平台,尤其有利于中央调剂金制度的推行,在避免发达省市少报谎报基金收入的同时也能使上解资金使用、拨付渠道透明化,消除资金使用疑虑,减小调剂金制度推行阻力。

第四章　财政可持续视角下农村养老保险体系发展研究[①]

4.1　背　景

随着我国老龄化程度的不断加深,近年来农村老龄人口无论是绝对数还是相对数都在显著增长,这一增长趋势还将持续相当长的一段时间。据国家统计局发布数据,截至 2016 年年底,我国 60 岁以上老人总数已达 2.3 亿,其中农村地区老龄人口数约为 1.32 亿[②],占我国老龄总人口的 57%,农村总人口数 17% 左右。长期以来我国农村地区发展相对滞后,"三农"问题仍没得到根本性解决,集中表现为农民收入水平低,农村社会保障制度不健全,老年贫困问题突出。农村地区存在"未富先老"困局。据民政部相关数据,截至 2016 年年底,我国农村地区低保供养人口超过 6 000 万,其中三分之二是农村人口,而其中老年人口又占多数。农村社会养老保障制度缺位,使农村老年居民不能享受和城镇老年居民同等养老待遇,我国农村老年居民养老问题矛盾突出。为了妥善解决农村老年居民老有所养问题,充分保障农村老年居民基本生活,2009 年 9 月国务院发布《关于开展新型农村养老保险试点指导意见》,决定建立起一套覆盖所有农村适龄居民的社会养老保险制度,开启了我国农村社会保障制度的新纪元。2017 年中共中央召开十九大,党的十九大明确提出,"按照兜底线、织密网、建机制的要求,全面建成覆盖全民、城乡统筹、权责清晰、保障适度、可持续的多层次保障体系"。当前养老问题无疑是农村地区居民最关心最直接最现实的利益问题,完善农村地区社会养老保险制度,保障老年群众基本生活,不断满足人民日益增

[①]　徐炜锋.我国农村社会养老保险保障水平对地方财政可持续性影响研究[D].南京审计大学,2018.

[②]　根据 2017 年《中国人口与就业统计年鉴》相关数据计算得到。

长的美好生活需要,使农民获得感、幸福感、安全感不断增强。

与城镇职工养老保险制度运行机制不同,农村养老保险基金收入来源很大程度上依靠政府财政补贴,难以依靠机制本身运行实现保险基金收支平衡,因此,不同于城镇职工养老保险的地区发展不均衡问题,农村养老保险制度发展的主要问题在于制度运行和延续对政府财政造成的压力。同时,新农保的"新"主要体现在资金筹集渠道上坚持个人缴费、集体补助、政府补贴相结合,明确了中央与地方政府在新农保中的支出责任。鉴于我国"老农保"的失败教训,新农保明确提出建立社会统筹与个人账户相结合的制度模式,强调政府补贴应作为重要资金筹集渠道,一改"老农保"以个人缴纳为主,国家只提供扶持的制度办法。虽然我国农保所规定的给付标准并不高,基础养老金每人每月只有 70 元,但由于我国农村地区人口基数大,且老龄化程度较深,虽然只是"保基本",但也是一笔不小的财政补贴支出。另外,随着我国经济的不断发展,农保保障水平也将不断提高。未来,这笔刚性支出也将不断地水涨船高,对地方政府造成巨大财政负担,形成潜在财政风险,威胁财政可持续发展。如何兼顾好农保保障水平适时适度提高与控制财政风险,保持财政可持续性,保证地方财政对农保既尽力而行又量力而为是本章节需要研究的问题。

4.2　农村养老保险发展现状

2014 年 2 月国务院出台《关于建立统一的城乡居民基本养老保险制度的意见》(国发〔2014〕8 号)(以下简称《意见》)是当前开展农村社会基本养老保险的纲领性文件,明确了我国农保的制度内容。我国农保制度内容主要分为五个方面,即覆盖范围、筹资方式、保障水平、养老金给付与基金财务机制、基金管理。

4.2.1　覆盖范围

农保制度覆盖范围为年满 16 周岁(不含在校学生)、未参加城镇职工基本养老保险的我国居民(后来农保扩围,与城镇居民养老保险制度合并,组建城乡居民基本养老保险制度,城镇居民也可参保)。农保制度目标为2020 年之前基本实现对农村适龄居民的全覆盖。表 4.1 为历年农保覆盖率。

表 4.1　我国农保历年覆盖率

年　份	2010	2011	2012	2013	2014	2015	2016
农村人口(万人)	67 113	65 656	64 222	62 961	61 866	60 346	58 973
参保人数(万人)	10 276	32 643	48 369	49 750	50 107	50 472	50 847
覆盖率(%)	15.31	49.72	75.32	79.02	80.99	83.64	86.22

数据来源:2011—2017 年《中国统计年鉴》。

4.2.2　筹资方式

农保制度筹资方式为个人缴费、集体补助与财政补贴相结合。参保人个人缴费计入个人养老金账户。个人缴费划分缴费档次,从 100 元到 2 000 元划分 12 档,农民根据需要选择缴费档次,多缴多得。各级财政对农保参保人进行补贴,其中中央财政负责"出口补贴"(即基础养老金发放),地方财政负责"入口补贴"(即对参保农民进行缴费补贴),前者计入基础养老金,后者计入个人养老金账户。基础养老金标准为每月不低于 55 元(后调整为 70元),缴费补助标准分 30 元和 60 元,视参保人缴费档次决定。集体补助与其他组织和个人对参保人的缴费补助计入个人账户。

4.2.3　保障水平

我国农保保障水平按"保基本"原则确定,本着从农村实际出发,低水平起步,待遇标准与经济发展相适应理念,农保着眼点在于保证农村居民老年基本生活。同时确定了农保保障水平"有弹性"原则,农保待遇水平根据经济发展和物价变动适时进行调整,包括基础养老金最低标准的调整与缴费档次调整,以不断提高农保待遇水平。图 4.1 为农保缴费与给付示意图。

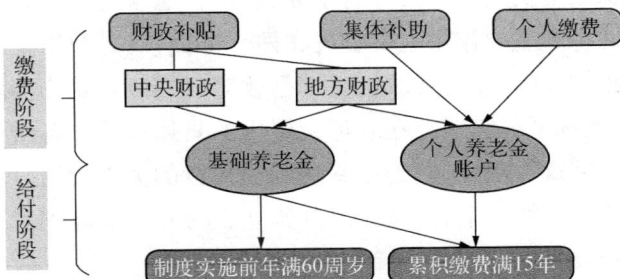

图 4.1　农保缴费与给付示意图

4.2.4　养老金给付与基金财务机制

Feldstein(2001)指出社会养老保险中养老金给付和基金财务机制是区分不同养老保险制度类型的基本判断标准。养老金给付分为确定缴费制、确定给付制与混合制三种。我国农保养老金给付属于混合型,养老金给付既来源于个人养老金账户又来自于基础养老金。参保人退休后,个人养老金账户按一定标准确定给付额度,给付额度由参保人缴费累积确定;基础养老金人人享有,不与个人缴费直接挂钩。养老保险基金财务机制分为现收现付制、完全基金制与部分基金制三种。目前,我国关于农保制度文件中并未对农保财务机制做出明确规定,但从目前制度运行状况来看,笔者倾向于部分基金制。目前农保覆盖群体中包括在"新农保"制度建立之前年满60周岁的老年人,他们自动享有基础养老金,不需要缴纳养老保险金,也没有个人养老金账户。农保制度具有明显的"社会统筹"和"个人积累"特征,因而其财务机制与部分基金制类似。

4.2.5　基金管理

农保基金纳入社会保障基金财政专户,实行收入与支出两条线管理,由人社部负责农保经办与服务工作,并按国家统一规定投资和运营。

4.3　农村养老保险与地方财政可持续发展研究

4.3.1　农保制度中的财政支持

我国农保制度实质上是由政府主导、农民自愿参与的一种养老保险制度。政府对农保起主导作用主要表现在两个方面,一是政府是农保制度制定者并负责维持农保制度持续运营;二是政府以财政补贴作为农保筹资方式之一,并且明确了各级财政在农保筹资中的具体责任。各级政府通过财政补贴方式支持这一制度,成为该制度顺利推行的关键因素。从世界各国农村养老保险制度特征来看,在大部分建立农村养老保险国家中财政支持都是其制度重要组成部分。

政府对农保给予支持的原因主要基于历史与现实因素的考量。从我国农保制度的发展历程来看,20世纪90年代所建立的"老农保"是不成功的,

"老农保"在实施十几年中覆盖面有限,尤其是不能覆盖农村中低收入群体,广大农村中低收入群体无法从"老农保"制度中收益。另外"老农保"筹资渠道单一,筹资主要来源于参保人缴费,制度对农民参保激励不足。"老农保"失败的主要教训是政府部门只参与制度制定与执行,而不提供财政支持,最终只能让农村养老保险制度流于表面,无法发挥制度优势。从现实因素看财政对农保制度支持是全面建成小康社会、破解"三农难题",促进城乡一体化发展的现实需要。早在党的十六大上,全面建设小康社会、破解"三农"问题与促进城乡一体化发展就成为我国重要战略目标,习近平总书记强调全面建成小康社会,一个不能少;共同富裕路上,一个不能掉队。在农村地区建立起人人参与、人人享有的农村社会养老保险制度适逢其时,其意义不言而喻。但是,长期以来我国农村发展水平较低,农民收入水平较低,缴费能力有限,农民无法主导农村社会保险制度,农保制度目前必须是政府主导的财政补贴型,而非农民主导的自主缴费型。

农保制度中的财政支持主要体现在各级政府财政补贴成为农保制度重要筹资来源。具体来说,财政对农保的补贴分为两个环节,包括入口补贴和出口补贴。中央和地方政府财政补贴责任如表 4.2 所示。

表 4.2　中央和地方政府对农保财政支持一览表

补贴环节	补贴主体	补贴环节	补贴条件	补贴内容
入口补贴 (个人账户)	地方财政	缴费阶段	缴费档次在500元以下	每年不低于30元
			缴费档次在500元及以上	每年不低于60元
			缴费困难群体	代缴部分或全部最低标准的养老保险费
出口补贴 (基础养老金)	中央财政	领取阶段	年满60周岁;个人缴费满15年或累积缴费满15年	70元/月,其中承担中西部地区100%,东部地区50%
	地方财政	领取阶段	个人生存月数超过139	超过139个月至参保人死亡阶段个人账户养老金

注:本表根据《国务院关于建立统一的城乡居民基本养老保险制度的意见》(国发〔2014〕8 号)整理所得。

4.3.2 农保制度财政负担分析

我国当前农保制度属于由政府主导的财政补贴型社会养老保险制度，财政在农保中承担最终担保与待遇及时足额发放责任，维系农保制度运营与基金收支平衡。随着农保参保群体的迅速扩大，财政需要承担的补贴责任也越来越大，财政补贴资金需求越来越大。自 2009 年新农保实施以来参保群体迅速扩大，同时领取保险金人数也不断增加，政府对农保财政补贴也迅速上涨。如表 4.3 所示，2010 年我国农保参保人数和达到领取标准的人数仅为 10 276.8 万人和 2 862.6 万人，而 2016 年这一数字达到 50 847.1 万人和 15 270.3 万人，7 年间双双扩大超 5 倍。这意味着财政对农保入口补贴和出口补贴扩大相同规模。另一方面，农保参保群体的扩大并没有带来个人缴费收入的大幅上涨，如果农保基金仅以个人缴费作为其给付来源，那么早在 2011 年农保基金就会出现缺口，并且缺口会越来越大。从 2010 年至 2016 年，财政补贴占基金收入比例连年上涨，并保持在 75% 高位，农保这种强补助弱缴费的运行模式，使其越来越呈现出福利化倾向。

表 4.3 我国农保制度历年运行状况

年　份	参保人数（万人）	领取养老保险人数（万人）	基金收入（亿元）		基金支出（亿元）	财政补贴/基金收入（%）
			个人缴费	财政补贴		
2010	10 276.8	2 862.6	236.5	216.9	200.4	47.84
2011	32 643.5	8 921.8	381.1	688.6	587.7	64.38
2012	48 369.5	13 382.2	594.9	1 234.3	1 149.7	67.48
2013	49 750.1	14 122.3	637.0	1 415.2	1 348.3	68.96
2014	50 107.5	14 741.7	667.1	1 643.1	1 571.2	71.12
2015	50 472.2	14 800.3	700.8	2 153.8	2 116.7	75.45
2016	50 847.1	15 270.3	733.5	2 199.8	2 150.5	74.99

数据来源：2011—2017 年《中国统计年鉴》、人社部 2011—2017 年度《人力资源和社会保障事业发展统计公报》。

相对于中央财政而言，地方财政所承担的压力更大，这是由我国目前的财政体制所决定。在目前分税制的财政管理体制下，我国中央与地方的财权与事权不匹配，以社会保障为例，2017 年地方政府承担超过 95% 支出责任，但地方财政收入与中央基本持平。财权与事权的倒挂导致地方难以抽调可用财力来承担日益扩大的农保补贴责任，尤其对一些中西部地区农业大省来说，农业人口众多，财政收入增长乏力，而农保补贴又存在"刚性"，地方财政压力不断增大,财政压力不断积聚最终可能导致地方财政不可持续,地方政府"破产"。由农保制度引发的地方财政支出责任,会从以下三个方面引发地方财政困境,成为地方财政可持续性风险来源。当然,影响因素不限于本节论述的三个方面,比如农保基金投资运营状况与担负农保制度有序运行的行政管理成本也会影响基金收支,进而影响地方财政负担。但上述因素与本书所重点探讨的因素影响较小,并不左右基本结论,可忽略。

(一) 保障水平提高

农保保障水平调整至少有两大根据,一是根据经济发展状况,二是根据通货膨胀水平。目前我国农保保障水平与经济发展状况是不相适应的,表现为替代水平过低,目前保障水平达不到"保基本"要求。表 4.4 为我国农保替代率(农保养老金人均待遇水平与农村居民人均纯收入水平之比),目前农保替代率大约只有 10%,这一水平据国际公认的替代率水平 50%~60% 还有相当差距,同时也与我国城镇职工基本养老保险和机关事业单位退休金制度的替代率水平相差甚远。虽然农保与城职保在保障功能定位上存在明显差别,前者为收入补充型,而后者属于收入替代型,另外在费率上城职保缴费水平远高于农保,但并不意味着两种养老保险制度长期双轨运行是合理的。在我国城乡一体化战略目标推进过程中,实现农保与城职保并轨,打破养老保险城乡分立的格局是其应有之义。即使承认目前城乡养老保险制度分立是合理的,那就农保制度本身的"保基本"定位来看,也达不到要求。对比 2010—2016 年我国农村居民人均食品支出与农保人均发放额,发现前者绝对数超过后者,约为后者的 2.5 倍,这意味着如果以农村居民保持基本生存需要的食品支出为"保基本"的最高要求,农保尚无法达到保障要求。实现农保"保基本"目标,提高其保障水平是必然选择。

表 4.4 农保历年替代率

年 份	2010	2011	2012	2013	2014	2015	2016
人均发放额(元)	700	658	859	954	1 065	1 430	1 408
人均纯收入(元)	5 919	6 977	7 916	8 895	9 892	10 772	12 363
人均食品支出(元)	1 800	2 107	2 323	2 554	2 814	3 048	3 266
替代率(%)	11.83	9.44	10.85	10.73	10.77	13.28	11.39

数据来源:2011—2017 年《中国统计年鉴》。

保障水平提高或者所谓养老金指数化调整是适应通货膨胀的必然需要。在保障水平不变的前提下通货膨胀因素的存在会自动使当前的养老金发放标准不断缩水,故保障支出水平保持不变意味着实际保障水平的不断下降。适时提高养老金待遇水平是抵抗通胀的客观需要。以农保基础养老金为例,表 4.5 反映了我国近年来农保基础养老金名义标准与实际标准的对比。基础养老金标准由于通胀因素存在而不断下滑,2011—2013 年基础养老金实际标准低于 2009 年设置的 55 元标准,说明这 3 年中农保保障水平实际是在下降的。2014—2016 年也存在同样现象。考虑通货膨胀因素下 2010—2016 年农保基础养老金实际平均水平为 55.76 元,与农保制度建立之初标准相当。

表 4.5　农保基础养老金名义标准和实际标准

年　份	2010	2011	2012	2013	2014	2015	2016
居民消费价格指数	1.00	1.05	1.08	1.11	1.13	1.15	1.17
基础养老金标准	55	55	55	55	70	70	70
基础养老金实际标准	55.00	52.19	50.92	49.57	61.85	61.00	59.80

注:居民消费价格指数以 2010 年为基期,即令 2010 年度居民消费价格指数为 1.00。

(二) 老龄化加剧与城镇化不断推进

如果说提高保障水平是政府提升农保制度功能的主动行为,那么填补农保基金收支缺口,保持农保基金收支平衡,维持其财务可持续性则可视为政府的被动行为。政府作为制度的发起者和担保人必须承担农保基金的"兜底"责任,有责任填补农保基金收不抵支部分,这可视为政府的一项隐性负债。农保制度给政府带来的隐性负债大小与农保基金自身财务收支密切相关,缴费收入与养老金支出缺口越小,则政府隐性负债越小,反之则越大。在缴费率与替代率一定的前提下,缴费人数与养老金领取人数是影响缴费收入与养老金支出最为重要的因素。缴费人数与养老金领取人数由农村地区人口结构与农村居民寿命所决定,农村地区人口结构中老年人口占比越高则缴费人数越少,领取养老保险人数越多,导致基金收入少而支出多;农村居民寿命越高则老年人领取养老金时间越长,基金支出越多。

目前我国老龄化程度不断加剧,同时城镇化仍在不断推进中,导致未来我国农村地区人口结构会越发呈现出老化态势,潜在缴费人口下降而领取保险人数上升。表 4.6 为自农保制度建立以来我国农村人口结构以及我国城镇化率变化情况。

表 4.6　我国历年农村地区分年龄段人口及城镇化率

年　份	农村 16~59 岁人口数		农村 60 岁及以上人口数		城镇化率(%)	
	占农村总人口比例(%)	增长率(%)	占农村总人口比例(%)	增长率(%)	城镇人口占全国总人口比例	增长率
2010	64.44		14.98		47.50	
2011	64.24	−0.20	15.12	0.14	51.27	3.77
2012	63.71	−0.53	16.15	1.03	52.57	1.30
2013	62.72	−0.99	17.09	0.94	53.70	1.13
2014	62.37	−0.35	17.60	0.51	54.77	1.07
2015	61.08	−1.29	18.46	0.86	56.10	1.33
2016	59.62	−1.46	19.15	0.69	57.35	1.25

数据来源：2011—2017 年《中国人口与就业统计年鉴》相关数据整理得到。

农保潜在缴费群体即农村 16~59 岁人口数增长率持续下滑，且自 2010—2016 年这种负增长下滑速度不断加快，2011 年增长率为−0.2%，而 2016 年则下滑至−1.46%，农村每年流失潜在缴费人口 1%以上，农保基金个人缴费收入会不断减少；农保养老金领取群体即农村 60 岁及以上人口数人数却不断增长，农村老龄化程度每年都在不断加深，农保基金支出规模会不断扩大。我国农村地区青壮年人口的流失是伴随着我国城镇化率不断提高过程，城镇化的不断提高使农村大量青壮年农民变为市民而且还造就了一个特殊群体——农民工，这一过程使农村地区缴费人口不断减少。在我国城镇化过程中存在一个特殊群体即农民工群体，这部分群体虽然仍保留农村户籍但长期生活在城市。按照目前规定，农民工群体养老保险是参照城镇职工基本养老保险制度执行，部分农民工实际上加入了城镇职工养老保险，农民工群体未被完全纳入农保中削弱了农保基金筹资能力。

农村地区老龄化程度加深，加之我国城镇化不断推进，使农保基金自身财务难以维持平衡，收支缺口将长期存在。如果按照目前发展态势，未来收支缺口会越来越大，导致其加之于政府部门的"隐性负债"将不断扩大，政府部门不得不动用大量财政资源来偿还养老金负债。

（三）地方财政自身困局

近年来我国地方财政风险问题引起广泛关注，据审计署公布的 2013 年我国政府性债务审计结果,我国地方政府全口径债务规模约为 17.89 万亿元,同年地方政府一般公共预算收入为 6.9 万亿元,如果加上中央转移支付及税收返还约为 11.7 万亿元,地方政府偿债压力巨大。造成地方财政自身困局主要有两个因素,包括制度性因素和债务性因素,前者是指在当前分税制财政体制下,地方事权大于财权,地方财政面临入不敷出;后者是指地方政府背负大量债务,未来偿还本息会给地方财政带来巨大压力。目前我国地方政府债务问题并未取得根本好转,2017 年审计署审计长胡泽君在向全国人大常委做《国务院关于 2016 年度中央预算执行和其他财政收支审计查出问题整改情况的报告》时着重提到了部分地方政府债务增长较快,地方政府总体债务风险不容忽视。表 4.7 显示了近年来地方政府财政经常性收支状况和地方政府资产负债状况,地方财政经常性收支反映了在当前财政管理体制下地方政府财权与事权对比,而地方政府资产负债状况则是考虑地方政府资产中有多少负债及资产负债结构,衡量地方政府财务状况稳定性。

2010—2016 年地方财政经常性收支总是存在缺口,且缺口有逐年扩大趋势,缺口数额几乎和地方一般公共预算收入相对等,说明仅靠地方一般公共预算收入无法满足一般公共预算支出需要,除非地方一般公共预算支出在原有基础上扩大一倍;如果将中央对地方转移支付以及税收返还加入地方财政收入中,地方财政收支缺口会大大缩小,但这并不足以完全消除地方财政收支缺口;农保支出在地方财政支出中占比很小,即使将地方政府对农保财政补贴减除,其收支缺口并不会明显减小,说明从整体上看当前地方政府对农保补贴不是地方财政收支缺口的主因,其主因要从我国财政管理体制本身去找。

从表 4.7 可以看出近年来我国地方政府资产负债率处于高位运行,年均资产负债率达 95%,从 2013 年开始我国地方债总额趋于下降,地方政府财务状况好转。章志平(2011)运用灰色系统理论计算出我国地方政府资产负债率的风险区间,认为地方政府资产负债率超过 70% 就属于重警状态,即财务状况很差。按照章志平的理论,目前我国地方政府资产负债状况仍未脱离重警状态,地方政府债务风险仍不容小觑,将来地方政府可能需要动用大量财政资源去应对和化解债务包袱,这也为地方财政健康稳定增添了更多不确定性。

表 4.7　历年地方政府财政经常性收支状况与资产负债状况

年　份	地方财政经常性收支状况			地方政府资产负债状况		
	一般公共预算收入(加:中央转移支付和税收返还)	一般公共预算支出[减:地方政府农保财政补贴]	财政经常性收支缺口	地方政府负债总额	地方政府综合财力	资产负债率
2010	4.06 (7.3)	7.39 [7.39]	−3.33 {−0.09} 〈−0.99〉	10.70	10.73	99.76%
2011	5.25 (9.25)	9.27 [9.26]	−4.02 {−0.33} 〈−0.32〉	13.20	13.16	100.33%
2012	6.11 (10.64)	10.72 [10.69]	−4.61 {−0.07} 〈−0.04〉	15.70	14.17	110.77%
2013	6.90 (11.70)	11.97 [11.93]	−5.07 {−0.27} 〈−0.23〉	17.89	16.64	107.49%
2014	7.59 (12.75)	12.92 [12.88]	−5.33 {−0.17} 〈−0.13〉	15.40	17.88	86.15%
2015	8.30 (13.81)	15.03 [14.94]	−6.73 {−1.22} 〈−1.13〉	14.70	17.76	82.77%
2016	8.72 (14.66)	16.04 [15.95]	−7.31 {−1.37} 〈−1.28〉	15.30	19.01	80.47%

数据来源:2011—2017 年《中国财政年鉴》和审计署官方网站。
　注:( )表示一般公共预算收入加中央转移支付和税收返还收入,属于地方政府经常性收支范畴;[ ]表示一般公共预算收入减地方财政对农保财政补贴;{ }表示( )减去一般公共预算支出;〈 〉表示( )减去[ ];资产负债率为地方政府负债总额比地方政府综合财力,其中地方政府综合财力为地方一般公共预算收入加中央转移支付和税收返还收入加地方政府性基金收入。

　　综上所述,地方政府对农保财政支持会给地方财政带来负担,虽然从目前来说这种负担无关痛痒,但当从农保保障水平、农村老龄化加剧与我国城镇化不断推进以及地方财政自身困局三个方面的现状来分析时就会发现未来农保带给地方财政负担将呈现不断加重的趋势。

4.4　农村养老保险下地方财政可持续发展理论机制

　　据安德森(1990)观察,第二次世界大战后几乎各国政府都对私人养老金进行严格立法或托管来干预私人养老金市场,政府已经成为养老金供给结构的中心。社会养老保险自其建立伊始就是一种政府行为,政府参与养老保险是为了弥补了私人保险市场中的道德风险和逆向选择问题,有助于真正实现养老保险的互济性功能(Akerlof,1970)。我国农村社会养老保险制度的存续离不开政府支持,政府在社会养老保险中发挥主导作用,履行社保基金管理、投资运行、监督以及财政支持责任(段家喜,2005;寇铁军,2011;林义,2015)。政府在养老保险中担负起最终担保人角色,社会保险基金通过不同方式参与财政收支过程。刘颖(2010)指出我国"新农保"的成功推行离不开国家财政支持,"新农保"持续健康发展需要政府承担好相应财政补贴责任。周志凯(2015)和王雯(2017)在审视了我国当前城乡居保中的政府财政责任后,认为公共财政对城乡居保的责任分为隐性和显性,前者称为财政"兜底"责任,后者称为财政"补缺"责任。

随着社会保障水平的不断提高、老龄化不断加剧,社会养老保险基金支出规模持续扩大,将逐渐加重财政补贴压力,形成庞大的政府隐性财政负债,将影响地方财政可持续性(Eskesen 2002;刘尚希,2005;贾康,2007)。孙光德(1999)和杨翠迎(2004)认为社会—国或地区社保保障水平确定与该国或地区经济发展水平相关,理论上存在最适社会保障水平。如果一国或地区社会保障水平过高不利于经济社会发展和财政的可持续发展(Alesina,1994;Mishra,1999)。Kakwani(2005)基于非洲15个国家农户调查资料发现,发展水平较低的非洲国家,财政难以承担过高普惠性社会养老金。Blanchet(2005)指出,面对日益严重的人口老龄化,法国必须对其养老金制度进行改革,否则未来会出现收不抵支的现象。黄丽(2014)基于广东省数据测算了广东省县市级财政在"新农保"所承担的财政责任,发现财政压力大小与县市经济发展水平显著正相关,经济越发达的县市越有能力承担其财政责任。杨翠迎(2007)和张庆霖(2013)认为分析农保的财政负担时应注意经济发展水平作为其桥梁,政府财政责任承担应确保社会保障水平与经济社会发展相联动。社会养老保险对政府财政收支的影响很大程度取决于一国或地区人口年龄结构及其变动趋势,如人口老龄化的加深为社会养老保险基金财务可持续带来了严峻挑战,随着缴费人数的减少,待遇领取人数的增加,社保基金保持收支平衡的压力增大,政府财政隐性负担增加(Baruch,2014;胡耀岭,2015)。另外,随着制度内老龄群体不断扩大,与基金相关运营管理支出也将不断增加,由此带来政府行政支出扩张(林义,2015)。人口红利的逐渐消失使我国经济增长失去劳动力要素支撑,经济下行压力增加,导致财政收入增收更加困难,间接影响财政可持续发展(龚锋,2015)。

为了弄清未来农保财政补贴对公共财政状况影响方向和程度,很多学者尝试从定量角度评价养老保险制度与财政负担关系,大致分为两种思路,一种是在当前制度模式下测算政府在农保中所承担的补贴责任大小,以此评价农保与财政可持续性之间的关系,属于静态预测(刘晓梅,2011;李扬,2015;吴永求,2016);另一种是在系列合理假设基础上,考虑各变量动态变化,测算农保基金未来运行状况,由政府未来承担的出口补贴、入口补贴以及基金收支缺口三个方面来确定农保财政负担水平大小,属于动态预测(曹信邦,2011;薛惠元,2012;边恕,2015)。以上两种思路都是将政府养老保险支出责任视为政府隐性负债和或有债务,测度未来债务缺口与政府未来支付压力,考察政府债务状况和偿债能力,进而评价农保的财政负担状况。

现有文献对农村社会养老保险与地方财政可持续性关系展开了较为丰富的研究,但也存在进一步深化空间。从已有文献的研究思路上看,对农保与地方财政可持续性关系的探讨大多着眼于未来,即通过合理预测农保基金收支来评价财政负担,但预测分析中往往考量因素繁杂,涉及变量过多,特别是在预测期较长的情况下难以做到准确预测。我国农保制度实行已有十年,积累了丰富的经验数据,但少有学者从经验层面入手,通过经验实证的方法研究农保与地方财政可持续性之间的关系。而少数考察二者关系的实证研究设计尚需改进。从变量设计来说,已有变量设计比较往往忽略了权重因素,变量在不同地区间横向对比的科学性有待探讨;关于财政可持续的衡量较为粗泛,财政可持续性好坏不仅与债务水平相关,也与经济社会发展等外部因素相联系,测算财政可持续性应充分考虑各种因素,并对各因素设置合理权重。从模型选取上来看,基于简单线性回归忽视了变量间的双向关系,产生了严重的内生性问题,使得回归结果有偏且不一致,影响实证结论的科学性。本节将从上述问题入手,着力解决有关不足以优化该主题研究。

财政可持续性是对经济体财政存续能力的表述,财政的可持续性重点关注的是在长期财政支出需要是否超出财政收入能力(高培勇,2011)。农保影响地方财政可持续性的直接依据为隐性负债理论。地方政府负债除了由法律、合同、契约所约定的显性负债,还包括不反映在法律、合同、契约上,不包含在地方政府财政收支账户上,但政府承诺承担或迫于公众期望和压力被迫承担支付责任的隐性负债。我国农保制度实质上是由政府主导,农民自愿参与的一种养老保险制度,具有显著的社会福利色彩。农保制度持续健康运营离不开地方政府的财政支持,地方政府在其中至少担负两类责任,一是财政补贴责任,地方政府承担入口补贴和部分出口补贴责任,财政补贴是农保基金主要筹资来源;二是财政救助责任,当农保基金收不抵支时,地方政府需承担财政"兜底"责任,保证农保基金持续运行。在财政收入能力既定的情况下,农保对地方财政可持续性的影响取决于农保的财政负担水平,即农保财政补贴与补助支出占地方财政收入的比例,农保财政负担水平与地方财政可持续性成正比。农保财政负担主要取决于多种因素,包括农保保障水平、农保参保群体年龄结构、农保基金投资运营状况、农保行政管理支出等。对地方政府而言,最重要的是农保保障水平与农保参保群体年龄结构。

4.4.1　农保保障水平与地方财政可持续性

农保保障水平主要用来衡量农保为参保农民所提供保障水平高低,目前并无统一衡量标准,一般认为,农保保障水平是农保支付的资金与 GDP 之比或农保待遇给付水平。农保保障水平对地方财政负担影响可以从存量负担与增量负担两个方面来考察。存量方面,农保保障的绝对水平越高,为参保农民提供的绝对保障程度越高,由此造成的农保财政绝对负担越重。增量方面,农保保障水平调整速度越快,幅度越大,对参保农民提供的相对保障程度越高,由此带来的农保财政增量负担越重。农保保障水平的增量调整对其存量水平具有累加效应,因为社保保障水平调整具有棘轮效应,保障水平易于向上调整,难以向下调整,不断进行的增量调整会持续推高农保的绝对保障水平。

我国农保制度所提供的保障水平以"保基本"为基准。表 4.8 给出了我国农保制度建立以来历年替代率水平,可以看出,我国农保替代率基本维持在 10％左右,处于较低水平。较低的替代率水平使得当前农保财政补贴规模占地方财政收支的比重很低,表 4.9 为农保财政补贴支出占地方财政一般公共预算支出的比重,可以发现农保财政补贴在财政支出中历年占比在 0.5％左右。

表 4.8　农保历年替代率

年　份	2010	2011	2012	2013	2014	2015	2016	2017
人均发放额(元)	700	658	859	954	1 065	1 430	1 408	1 520
农民人均收入(元)	5 919	6 977	7 916	8 895	9 892	10 772	12 363	13 000
替代率(％)	11.83	9.44	10.85	10.73	10.77	13.28	11.39	11.69

数据来源:2011—2017 年《中国统计年鉴》,2017 年度人社部统计公报。

表 4.9　我国地方政府历年农保财政补贴数额与占地方财政收入比重

年　份	2010	2011	2012	2013	2014	2015	2016	2017
农保财政补贴（万亿元）	0.003	0.01	0.035	0.048	0.041	0.091	0.092	0.101
地方财政支出（万亿元）	7.39	9.27	10.72	11.97	12.92	15.03	16.04	17.32
农保财政补贴占比（%）	0.04	0.11	0.33	0.4	0.32	0.61	0.57	0.58
占比（全覆盖）（%）	0.27	0.22	0.43	0.51	0.39	0.72	0.67	0.67

数据来源：2011—2017 年《中国财政统计年鉴》，2011—2017 年《中国统计年鉴》，财政部官网：2017 年全国财政决算（http://yss.mof.gov.cn/qgczjs/index.html）。

注：由于我国"新农保"覆盖面处于不断推进过程，为了进行年份间对比，假设"新农保"2010 年即实现全覆盖，故占比（全覆盖）＝农保财政补贴占比÷农保当年覆盖率。

　　农保保障水平的确定除了要"保基本"，还要"有弹性"，即保障水平应根据经济社会发展状况，适时进行动态调整。农保保障水平的增量调整原则上应综合考虑农村居民收入水平或消费水平与通货膨胀水平。近年来，随着农民收入和消费水平不断提高，政府试图从个人和财政两个方面提高农保基金的筹资水平进而不断提高保障水平。在个人筹资来源上，对个人选择较高缴费档次的入口补贴标准；在政府筹资来源上，各地结合经济发展水平不断上调基础养老金标准。但在农保保障水平增量调整中地方政府的边际贡献有限。从入口补贴看，农民选择最低缴费档次的激励最大，各地均面临"最低缴费档次困境"（项洁雯，2016），选择最低缴费档次的农民占缴费总人数的 85％；从出口补贴看，地方政府出口补贴大体仍停留在最低补贴标准，大多数省份仍参照中央所确定的基础养老金标准最低标准。图 4.2 为我国 31 个省区市（港澳台除外）基础养老金标准，可以看出，我国大多数省份基础养老金标准基本参照最低标准执行。由于目前基础养老金（出口补贴）主要由中央财政负担，其中中西部地区中央财政负担 100％，东部地区中央财政负担 50％，因而地方政府的基础养老金财政增量负担有限。

　　农保待遇给付水平除了按农民收入或消费进行调整，还会根据通货膨胀进行指数化调整。待遇给付水平指数化调整是所有养老保险制度共有特征，指数化调整目的在于扣除通货膨胀因素的影响，确保实际保障水平在不同时期里保持相对不变。表 4.10 为我国历年名义基础养老金标准运用 CPI 进行平减以后的实际值，从我国农保实际基础养老金标准来看，中央政府确定的基础养老金基准基本保持不变，虽然名义标准不断提高，但实际标准仍保持在 55 元/月/人左右，目前我国基础养老金调整主要是依据通货膨胀因素;从调整速度来看,基础养老金基准大约每5年调整一次。由于我国基础养老金指数化调整周期较长,而在调整周期内(如2009—2013年和2014—2018年)实际基础养老金标准在下降,所以,在调整周期内存在通货膨胀因素反而有利于减轻地方政府农保财政实际负担水平,对地方财政负担有削减效应。从表4.10中可以看出,不考虑农保覆盖率因素,农保财政补贴在地方财政支出所占比例增长速度比较缓慢。

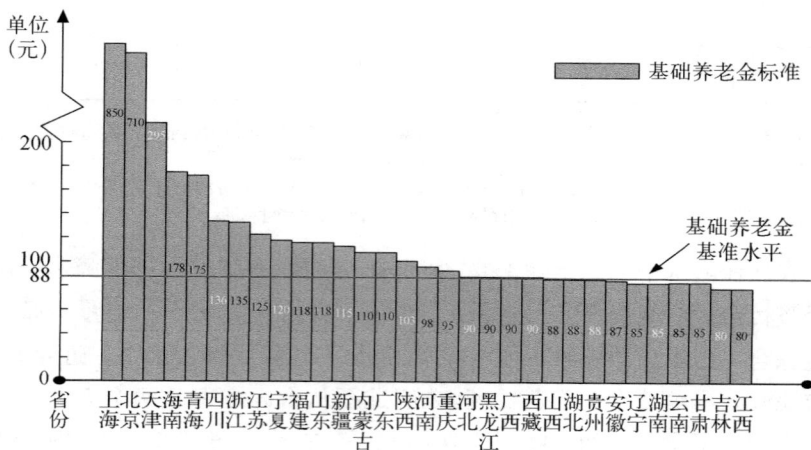

图4.2 各省份基础养老金标准

数据来源:各省份人力资源与社会保障厅官网。

注:各省份基础养老金和基础养老金基准水平会进行不定期调整,本图中所给出各省基础养老金标准和基础养老金基准水平为2018年8月1日前的最新标准。

表4.10 农保基础养老金名义标准和实际标准

年 份	2010	2011	2012	2013	2014	2015	2016	2017
CPI	1.03	1.09	1.12	1.15	1.17	1.19	1.21	1.23
基础养老金名义标准	55	55	55	55	70	70	70	70
基础养老金实际标准	53.25	50.52	49.24	47.99	59.88	59.05	57.90	57.14

数据来源:2009—2017年中国统计公报。

注:CPI(居民消费价格指数)以2009年为基期,即令2009年度居民消费价格指数为1.00。

基于以上分析可知,虽然我国农保资金来源中政府财政补贴所占比例较大,但当前农保存量保障水平低,且农保保障水平增量调整速度慢、幅度小,即农保财政补贴支出在地方财政支出中占比小且入口补贴与出口补贴标准增长缓慢,地方政府农保财政存量和增量负担均较轻。

4.4.2　农保参保群体年龄结构与地方财政可持续性

农保作为一项社会保险制度具有自我保障的特点,农保中个人缴费是其资金重要来源。农保制度中参保群体年龄结构为农保制度中领取待遇人数与缴费人数的比值。农保参保群体年龄结构对地方政府农保财政入口与出口补贴规模以及农保基金财务平衡状况有着重要影响。当农保参保群体年龄结构老化即待遇领取人数与参保人数的比值增大时,农保基金就会多收少支,反之则会多支少收;相应的,农保财政补贴和救助支出规模将相对增大,农保财政负担增加。表 4.11 描述了我国历年农保参保群体年龄结构,可以看出我国农保参保群体年龄结构呈现不断老化的趋势,农保缴费人数相对减少,领取待遇人数相对增加。

表 4.11　我国历年农保参保群体年龄结构与城镇化、总抚养比对比

年　份	2010	2011	2012	2013	2014	2015	2016	2017
参保群体年龄结构(%)	38.61	37.61	38.25	39.64	41.68	41.49	42.92	43.74
城镇化率(%)	47.5	51.27	52.57	53.7	54.77	56.1	57.35	58.52
农村地区老年抚养比(%)	14.21	14.62	15.04	15.93	16.55	17.49	18.38	—
农保财政补贴占比(%)	47.84	64.38	67.48	68.96	71.12	75.45	74.99	75.48

数据来源:2011—2017 年《中国统计年鉴》、2011—2017 年《中国人口和就业统计年鉴》,人社部 2011—2017 年度《人力资源和社会保障事业发展统计公报》,2017 年度中国统计公报。

农保中领取待遇人数与缴费人数取决于农村地区人口结构,包括农村人口占总人口比重与农村 60 岁以上人口占农村人口比重,前者为城镇化率,后者为农村人口老龄化程度。农村地区老龄化程度上升意味着 60 岁以上人口比重增加,领取待遇人数与缴费人数比上升,农保财政负担加重。城镇化推进不仅对农村地区总人口造成影响,也改变了农村地区人口年龄结构。城镇化的推进意味着人口由农村向城镇迁移,然而城镇化并不是农村人口分年龄段等比例向城市迁移,而是分年龄段不等比迁移,我国城镇化主要是大量农村青壮年劳动力向城镇迁移的过程。孟向京(2018)利用五普和六普人口数据测算了农村人口的分年龄段转移率,发现我国城镇化的推进导致农村青壮年人口大规模流入城镇,城镇化大大加速了农村地区老龄化和儿童化程度,使得农村地区人口年龄结构愈发呈现为"哑铃型"。城镇化推进使农保领取待遇人数与缴费人数的比值增大,农保财政

负担趋于增加。自农保制度建立以来我国城镇化率持续推进,农村地区老龄化程度亦不断上升,农保参保群体年龄结构愈加老化,导致缴费人数减少,领取待遇人数增加,农保财政负担不断加重。从表 4.11 中可以看出,城镇化率、农村地区老年抚养比与农保参保群体年龄结构变动方向保持高度一致,都呈现出持续上升态势。2009 年至今我国城镇化与老龄化程度不断加深,引发农保参保群体年龄结构日益老化,财政补贴支出在农保基金收入中占比不断提高,农保对地方财政负担不断加重,对地方财政可持续性造成不利影响。

4.5　农村养老保险对地方财政可持续影响的实证分析

4.5.1　模型设定

为了研究我国农保与地方财政可持续性之间的关系,本节构建了面板 VAR 模型(PVAR)。PVAR 模型的优点在于不受既有假设和理论限制,以变量的统计关系为依据考察变量之间的动态关系,有助于提高实证估计的客观性。另外,PVAR 模型充分运用了变量的历史信息,可以有效克服一般线性回归模型估计所产生的内生性问题。在模型设定上本节借鉴 Love (2006)关于面板向量自回归模型设定。模型如下:

$$X_{it}^n = \phi_t^n + f_i^n + \Phi X_{it-j}^n + \varepsilon_{it}^n \tag{4.1}$$

其中,下标 i 和 t 表示截面(省份)和时间(年份),n 为变量标识($n=1$, 2),X_{it} 为内生变量,X_{it-j} 是 X_{it} 的滞后 j 期,ϕ_t 表示个体效应,f_i 表示时间效应,ε_{it} 为随机干扰项。根据本节的研究内容,考虑到 PVAR 模型对变量个数的限制,本节选取农保保障水平(RLS)、地区人口结构(PAS)、地方财政可持续性(RFS)三个变量作为模型中的变量,其中,$X_{it}^1 = \{RSL_{it}, RFS_{it}\}$ 为模型 1,$X_{it}^2 = \{PAS_{it}, RFS_{it}\}$ 为模型 2。

考虑各地区农村居民收入、生活消费水平、地方财政收入等因素的影响,本书进一步构建了双向固定效应模型,考察除了农村农保保障水平之外其他因素对地方财政可持续性的影响。模型如下:

$$RFS_{it} = \beta_0 + \beta_1 RLS_{it} + \beta_2 PAS_{it} + \sum \gamma Control_{it} + \varphi_t + f_i + \varepsilon_{it} \tag{4.2}$$

其中 $Control_{it}$ 为本书需要研究的其他影响财政可持续的变量,为了克服样本数据可能存在的异方差性和序列相关性问题,上述模型(4.2)的参数估计使用省级层面的聚类稳健标准误。

4.5.2　变量设计与说明

(一) 农保保障水平(RSL)

我国农保属于省级统筹,各省份根据自身发展实际制定农保具体政策规则。农保基金年度支出来源于个人缴费、集体补助与财政补贴,个人、集体、财政三种资金来源的多寡决定了年度农保基金支出水平,进而决定地区农保保障水平的高低。本节利用农保基金年度支出与待遇领取人数之比作为衡量农保年人均待遇水平指标,考虑到我国区域发展水平差异以及各地区物价水平变动差距,因而将待遇水平除以地区农民纯收入并用居民消费价格指数(CPI)进行平减,使各地农保保障水平可以在替代率水平下进行比较。故:

$$农保保障水平(RSL) = \frac{农保年人均待遇水平}{农村居民年人均收入 \times CPI} \tag{4.3}$$

(二) 农保参保群体年龄结构(PAS)

在农保基本实现全覆盖的情况下,农保参保群体年龄结构与农村地区人口年龄结构具有高度一致性。地区人口年龄结构变化主要取决于自然性因素与社会性因素,自然性因素一般是人口老龄化速度,社会性因素则是城镇化速度。人口老龄化和城镇化速度越快,地区人口年龄结构变动越剧烈,地区农村人口老龄化速度越快。除了人口年龄结构的动态调整外,还应考虑到农村地区人口存量因素。由于我国农村存量人口地区分布不均,故需要对不同地区赋予不同的权重,因为相似老龄化与城镇化增速下,农村人口较多的地区其人口年龄结构变化的相对影响力更大,应赋予更大权重。本节以农村地区总抚养比来衡量农村地区人口年龄结构,以各省份农村人口与全国农村人口的比值作为权重。故:

$$农保参保群体年龄结构(PAS) = \frac{总抚养比 \times 农村地区总人口数}{全国农村地区总人口数}$$

$$\tag{4.4}$$

(三) 地方财政可持续性(RFS)

财政可持续性是对一国或地区财政存续能力的表述,直接或间接影响地方财政可持续性的因素很多,因此准确测度地方财政可持续性是一个比较复杂的工作,鉴于此,本节运用综合指标评价法,以期提高测度的科学性和准确性。借鉴洪源(2011)的方法,基于风险因子和层次分析法(AHP)构建非参数综合评价指标。具体分以下几步:

第一步,建立地方财政可持续性评价函数模型。

$$RFS_m^* = f(A_{m,k}) = \sum_k^n (RFS_{m,k} \times P_{m,k}) \qquad (4.5)$$

其中,RFS 表示地方财政可持续性综合评价值,RFS_k 为第 k 类财政可持续性影响因子 A_k 的评价值,P_k 为第 k 类财政可持续性影响因子 A_k 的权重,m 表示样本省份标识($m = 1, 2, \cdots, 31$),k 表示影响因子标识。

第二步,将地方财政可持续性进行因子分解,建立如表 4.12 所示地方财政可持续性评价指标体系。指标体系分为两级评价指标,包括两个一级影响因子和 8 个二级影响因子。根据评价指标体系建立指标矩阵。

表 4.12　地方财政可持续性评价指标体系

评价指标	一级指标	二级指标
地方财政可持续性(RFS)	地方财政可持续内源性影响因子(A_1)	地方财政收入/GDP(A_{11})
		地方财政收入/国家财政收入(A_{12})
		地方财政支出/国家财政支出(A_{13})
		财政收入增长弹性/财政支出增长弹性(A_{14})
		地方财政净利益/GDP(A_{15})
	地方财政可持续外源性影响因子(A_2)	GDP 增长率(A_{21})
		通胀率 A_{22})
		失业率(A_{23})

$$RFS^* = (RFS_{m,2}\ RFS_{m,3}\ RFS_{m,4}\ RFS_{m,5}\ RFS_{m,6}\ RFS_{m,7}\ RFS_{m,8})$$
$$(4.6)$$

第三步,对评价指标进行指数化处理,即线性归一化处理,去除指标值量纲。评价指标可分为三类,包括正向指标、负向指标与适度指标。正向指标表示指标值越大越好,负向指标表示值越小越好,适度指表示指标值与最优值的差越小越好。分别定义为:

$$B_{m,k} = \begin{cases} \dfrac{RFS_{m,k} - Min_k(RFS_{m,k})}{Max_k(RFS_{m,k}) - Min_k(RFS_{m,k})} \\[3mm] \dfrac{Max_k(RFS_{m,k}) - RFS_{m,k}}{Max_k(RFS_{m,k}) - Min_k(RFS_{m,k})} \\[3mm] \dfrac{RFS_{m,k} - Opt_k(RFS_{m,k})}{Max_k(RFS_{m,k}) - Opt_k(RFS_{m,k})} \end{cases} \tag{4.7}$$

运用区间映射法将各评价指标映射到[0,100％]区间中,将各评价指标转化为分数区间中的分数值。

第四步,确定各影响因子在地方财政可持续性评价函数中的权重,本节利用层次分析法(AHP)来确定权重。首先是构建结构层次评价标准体系,建立包括方案层、目标层、准则层的地方财政可持续性结构评价体系。通过邀请专家打分,按照1~9比例标度法构造判断矩阵,采用方根法求出矩阵权重。为了确保准确性,对指标权重进行一致性检验[①]。

第五步,我国省份间财政支出规模和结构差异巨大,且各省份农保财政补贴规模也呈现出不小差距,为了明确不同省份农保与地方财政可持续性关系,本节以各省份农保基金年度收入占一般公共预算收入的比例作为综合评价权重(ω)。

第六步,根据地方财政可持续性评价函数以及综合评价权重,算出地方财政可持续性综合评价指标值,计算公式如下:

$$RFS_m = \omega_m \times RFS_m^* \tag{4.8}$$

(四) 控制变量 (Control)

借鉴现有研究成果,本书选取的控制变量为地区年末人口数(RPO)、地区农民人均可支配收入(RFR)、地区一般公共预算收入(RGR)、地区人均电力消费量(RPE)、地区固定资产投资(RII)、地区货物进出口总额(REI)、地区铁路营业里程(RRK)、地区高校数(RUI)。

表 4.13　控制变量定义

变　量	变量符号	变量定义
地区年末人口数(万人)	RPO	年末各省份的人口总个数
地区农民人均可支配收入(元)	RFR	居民可用于最终消费支出和储蓄的总和与地区农村人口之比

---

① 限于篇幅,本部分计算结果不再具体展示,感兴趣的读者可向笔者索要计算结果。

变　量	变量符号	变量定义
地区人均一般公共预算收入(万元/人)	RGR	地方财政参与社会产品分配所取得的收入与地区总人口之比
地区人均电力消费量(千万瓦时/人)	RPE	地区国民经济各行业和居民家庭在一定时期内消费的电力能源的总和与地区总人口之比
地区人均固定资产投资(万元/人)	RII	以货币形式表现的在一定时期内全社会建造和购置固定资产的工作量以及与此有关费用总和与地区总人口之比
地区货物进出口总额(万元/人)	REI	实际进出关境的货物总金额
地区人均铁路营业里程(公里/万人)	RRK	投入客货运输营业或临时营业的线路长度与地区总人口之比
地区每万人本专科学生数	RUI	地区普通本科和专科在校学生数

4.5.3　样本选择与数据来源

我国新型农村社会养老保险制度发轫于 2009 年,于 2010 年开始在全国范围内逐渐铺开。本节将中国大陆地区 31 个省区市 2010—2016 年相关数据作为研究样本,数据样本同时包含截面维度与时序维度,属于面板数据。本节所采用的原始数据分别来源于 2011—2017 年《中国统计年鉴》、2011—2017 年《中国人口和就业统计年鉴》、2011—2017 年《中国财政统计年鉴》、2010—2017 年人社部《人力资源和社会保障统计公报》。零星缺漏值采用线性插值方法填补。数据处理软件为 Stata 16.0。

4.5.4　PVAR 实证结果与分析

(一) 变量的描述性统计分析

表 4.14 为主要变量描述性统计结果,对比表中数据可以发现,地方财政可持续性的均值为 0.023 6,数值较低,说明地方我国地方财政可持续性整体变现欠佳;RFS 的标准差为 0.267,说明各省份间财政状况相差比较大,存在苦乐不均的现象,这一点从 RFS 的最小值和最大值的比较也能发现。地方农保保障水平的均值为 0.112,说明当前农保的替代率为 11.2%,这与城镇职工养老保险的替代率具有较大差距,农保的保障水平偏低;RSL 的标准差为 0.064 2,标准差较小,说明各省份间农保保障水平差距不大。农保

参保群体年龄结构的均值为 0.014 5,说明当前我国农村养老负担还不重。从控制变量的描述性统计特征来看,各控制变量的标准差以及最小值与最大值的差距都比较大,客观上反映了我国省际经济社会发展存在较大差异。

表 4.14　相关变量描述性统计结果

变　量	观测值	均值	标准差	最小值	最大值
地方财政可持续性	279	0.023 6	0.267	0.001 9	0.482
农保保障水平	279	0.112	0.062 4	0.012 7	0.357
农保参保群体年龄结构	279	0.014 5	0.011 3	0.001	0.048
地区年末人口数	279	4 400	2 773	300.2	11 346
地区农民人均可支配收入	279	17 831	11 139	3 425	64 183
地区人均一般公共预算收入	279	0.591	0.471	0.122	2.932
地区人均电力消费量	279	4 497	2 712	679.8	15 477
地区人均固定资产投资	279	3.649	1.49	0.892	8.181
地区货物出口总额	279	1.883	3.013	0.061	14.03
地区人均铁路营业里程	279	1.118	0.936	0.183	5.038
地区每万人本专科学生数	279	187.2	51.62	79.85	335.5

(二) 相关性分析

表 4.15 列举了主要变量的相关性分析结果,可以看出,地方财政可持续性和地区农保保障水平呈显著的正相关性,当地方财政可持续性较好时地方农保保障水平也比较高。RFS 和 PAS 显著负相关,这意味着人口年龄结构可能会对地方财政可持续产生不利影响。从 RFS 与控制变量的相关系数可以看出,地区总人口与地方财政可持续性显著负相关;地方农民可支配收入、财政收入水平、固定资产投资水平、外贸发展水平以及高等教育发展水平均与地方财政可持续性显著正相关。大多数自变量之间的相关系数都小于 0.5,因此,我们认为模型中各变量之间不存在严重的多重共线性问题,不会影响回归结果。

表 4.15　变量的相关性分析

变　量	地方财政可持续性	农保保障水平	农保参保群体年龄结构	地区年末人口数	地区农民人均可支配收入	地区人均一般公共预算收入	地区人均电力消费量	地区人均固定资产投资	地区货物出口总额	地区人均铁路营业里程	地区每万人本专科学生数
地方财政可持续性	1										
农保保障水平	0.055***	1									

变　量	地方财政可持续性	农保保障水平	农保参保群体年龄结构	地区年末人口数	地区农民人均可支配收入	地区人均一般公共预算收入	地区人均电力消费量	地区人均固定资产投资	地区人均货物出口总额	地区人均铁路营业里程	地区每万人本专科学生数
农保参保群体年龄结构	−0.083***	−0.452***	1								
地区年末人口数	−0.08**	−0.432***	0.899***	1							
地区农民人均可支配收入	0.127**	0.217***	−0.103*	0.027	1						
地区人均一般公共预算收入	0.105*	0.538***	−0.349***	−0.182***	0.813***	1					
地区人均电力消费量	0.026	0.218***	−0.333***	−0.266***	0.252***	0.246***	1				
地区人均固定资产投资	0.14**	−0.064	−0.125**	−0.104*	0.483***	0.288***	0.381***	1			
地区货物出口总额	0.066**	0.561***	−0.229***	−0.011	0.634***	0.883***	0.132**	0.031	1		
地区人均铁路营业里程	−0.011	0.067	−0.449***	−0.516***	−0.143***	−0.184***	0.247***	0.24***	−0.36***	1	
地区每万人本专科学生数	0.175***	0.063**	−0.181***	−0.031	0.438***	0.522***	−0.115*	0.389***	0.434***	−0.327***	1

注：***、**、*分别代表系数在1%、5%、10%水平上显著。下同。

（三）面板单位根检验

对 PVAR 模型进行估计的前提是各变量是平稳的，否则会出现伪回归问题和估计偏误，本节选取 LLC 检验、Breitung 检验、ADF-Fisher 检验和 Hadri LM 检验对各变量进行面板单位根检验以验证各变量的平稳性。结果如表 4.16 所示。RSL、PAS、RFS 水平值均没有通过 ADF-Fisher 检验和 Hadri LM 检验，说明它们的水平值是非平稳的。进一步将各变量进行一阶差分处理，检验一阶差分单位根，发现所有变量一阶差分都可在 1% 显著水平下接受"不存在单位根"假设，故可认为 RSL、PAS 与 RFS 均为一阶单整序列。

表 4.16　面板单位根检验结果

统计量 Statistic Value	RSL	水平值 PAS	RFS	ΔRSL	一阶差分 ΔPAS	ΔRFS
LLC	-27.97^{***}	-10.52^{***}	-18.21^{***}	-18.32^{***}	-5.40^{***}	-43.38^{***}
Breitung	-0.66	3.96	-1.84^{**}	-1.46^{*}	2.51^{**}	-2.02^{***}
ADF-Fisher	-5.56	-5.67	-5.57	8.75^{***}	4.62^{***}	8.21^{***}
Hadri LM	0.08	-0.70	-1.24	1.43^{***}	-1.78^{***}	-1.93^{***}

注: $*$、$**$、$***$ 分别表示在 10%、5%、1% 水平下显著,下同。

(四)面板协整检验

本节根据 Westerlund(2007)提出的基于误差修正模型的面板协整检验方法构造出 4 个统计量,分别对模型 1 即{RSL,RFS}和模型 2 即{PAS,RFS}进行面板协整检验。为了克服样本量较小导致的估计偏误,保证结果的稳健性,在估计中进行了 400 次 Bootstrap,检验结果如表 4.17 所示。由表 4.17 中检验结果可知,所构造的四个统计量(Gt、Ga、Pt、Pa)均通过了显著性检验,因此可以认定 RLS 与 RFS、PAS 与 RFS 之间存在长期协整关系。农保保障水平与地方财政可持续性、农保参保群体年龄结构与地方财政可持续性之间存在"长期均衡关系"。

表 4.17　面板协整检验结果

模　　型	统计量	统计值	P 值
模型 1	Gt	-8.67^{***}	0.00
	Ga	-5.35^{**}	0.03
	Pt	-24.53^{***}	0.00
	Pa	-15.75^{***}	0.02
模型 2	Gt	-2.58^{*}	0.07
	Ga	-3.06^{***}	0.00
	Pt	-7.94^{***}	0.00
	Pa	-5.51^{**}	0.03

(五)Granger 因果关系检验

协整检验证明了变量农保保障水平(RSL)与地方财政可持续性(RFS)、农保参保群体年龄结构(PAS)与地方财政可持续性(RFS)之间存在因果关系,但依然无从得知"谁引起谁变化",即因果关系的方向。为检验各变量之间关系,本节借鉴 Engle 和 Granger 提出的 EG 两步法,明确各变量间统计意义上的 Granger 因果关系,构建如下误差修正模型:

$$\Delta RSL_{it} = \alpha_{1i} + \sum_{j=1}^{t} \lambda_{1i,j} \, \Delta RSL_{i,t-j} + \sum_{j=1}^{t} \gamma_{1j} \, \Delta RFS_{i,t-j} + \xi_{1j} \, ECM_{i,t-j} + \mu_{1i,t}$$

$$(4.9)$$

$$\Delta RFS_{it} = \alpha_{2i} + \sum_{j=1}^{t} \lambda_{2i,j} \, \Delta RFS_{i,t-j} + \sum_{j=1}^{t} \gamma_{2j} \, \Delta RSL_{i,t-j} + \xi_{2j} \, ECM_{i,t-j} + \mu_{2i,t}$$

$$(4.10)$$

$$\Delta PAS_{it} = \alpha_{3i} + \sum_{j=1}^{t} \lambda_{3i,j} \, \Delta PAS_{i,t-j} + \sum_{j=1}^{t} \gamma_{3j} \, \Delta RFS_{i,t-j} + \xi_{3j} \, ECM_{i,t-j} + \mu_{3i,t}$$

$$(4.11)$$

$$\Delta RFS_{it} = \alpha_{4i} + \sum_{j=1}^{t} \lambda_{4i,j} \, \Delta RFS_{i,t-j} + \sum_{j=1}^{t} \gamma_{4j} \, \Delta PAS_{i,t-j} + \xi_{4j} \, ECM_{i,t-j} + \mu_{4i,t}$$

$$(4.12)$$

模型(4.9)~(4.12)分别用来检验对 RSL 与 RFS、PAS 与 RFS 的 Granger 因果关系,检验结果如表 4.18 所示,其中模型(4.9)~(4.12)中 γ 为自变量差分项系数值,ξ 为 ECM 项系数值。自变量差分项系数值(γ)以及 ECM 项系数值(ξ)分别可以用来判断变量间的短期与长期因果关系方向。

表 4.18　Granger 因果关系检验结果

自变量→因变量	自变量差分项系数(γ)	ECM 项系数(ξ)
$\Delta RSL \rightarrow \Delta RFS$	0.07 (0.53)	-1.06^{***} (-10.67)
$\Delta RFS \rightarrow \Delta RSL$	-0.16 (-0.79)	-0.72^{***} (-7.51)
$\rightarrow PAS \rightarrow \Delta RFS$	-2.60 (0.16)	-1.21^{***} (-13.39)
$\Delta RFS \rightarrow \Delta PAS$	-0.008 (-0.63)	-0.026 (-0.51)

注:根据信息准则,滞后阶数确定为 1 阶;括号内汇报的为 z 值。

由表 4.18 中检验结果可知,模型(4.9)~(4.12)的自变量差分项系数值(γ)均不存在显著拒绝为零的原假设,故认为 RSL 与 RFS、PAS 与 RFS 短期因果关系不成立;模型(4.9)~(4.12)的 ECM 项系数均为负且均在 1% 显著性水平下显著,误差修正机制存在,说明当滞后期为 1 时,RSL 与 RFS、

PAS 与 RFS 存在长期因果关系,长期中农保保障水平和农保参保群体年龄结构的变动是地方财政可持续性变动的 Granger 原因。模型(4.12)的 ECM 项系数没有通过显著性检验,说明长期中地方财政可持续性(RFS)不是农保参保群体年龄结构(PAS)的 Granger 原因。

(六) PVAR 模型估计

1. 滞后阶数的选取

在估计 PVAR 模型之前,需要确定 PVAR 模型的自回归阶数。本节选取赤池信息准则(AIC)、施瓦茨信息准则(BIC)与汉南-奎因信息准则(HQIC)来确定 PVAR 模型的滞后阶数,计算结果如表 4.19 所示。滞后阶数为 1 时 AIC、BIC 与 HQIC 值最小,故选择滞后一阶为 PVAR 模型的最优滞后阶数。

表 4.19　PVAR 模型滞后阶数选取结果

模　型	滞后阶数	AIC	BIC	HQIC
模型 1	1	−8.20*	−6.91*	−7.68*
	2	−7.54	−5.95	−6.89
	3	−7.70	−5.69	−6.89
模型 2	1	−12.83*	−11.53	−12.30*
	2	−11.18	−11.39	−11.53
	3	−10.36	−12.35*	−11.55

2. 模型估计与脉冲响应分析

运用 GMM 方法对 PVAR 模型进行估计,以呈现变量间的回归关系。为了保证估计系数的有效性,消除样本的时间固定效应与个体固定效应,解决模型中不随时间而变但随个体而异的遗漏变量问题,本节采用 Arellano (1995)提出的前向均值差分法。这种处理方法使得内生变量的当前值、滞后项与干扰项均不相关,估计结果如表 4.20 所示。考虑到我国农保制度模式以及政府财力存在显著的区域差异,除了对全样本进行估计外,本节还将对全样本进行区域分类,分为东部地区样本和中西部地区样本[1],以进行区域对比,估计结果如表 4.21 所示。

---

[1]　东部地区省份包括北京、天津、河北、辽宁、上海、江苏、浙江、福建、山东、广东和海南;中西部地区省份包括山西、内蒙古、吉林、黑龙江、安徽、江西、河南、湖北、湖南、广西、四川、重庆、贵州、云南、西藏、陕西、甘肃、青海、宁夏、新疆。

表 4.20　全样本估计结果

模　型	变　量	H_RSL	H_PAS	H_RFS
模型 1	L.H_RSL	0.895*** (1.57)		−0.075 (0.23)
	L.H_RFS	0.065* (1.27)		0.515** (1.24)
模型 2	L.H_PAS		0.609** (1.62)	−1.135*** (−1.79)
	L.H_RFS		0.004 (0.12)	0.278*** (2.46)

注：H 表示变量已经过前向均值差分转换，L.H 表示对前向均值差分的一阶滞后；括号内为 t 值，下同。

表 4.21　东部地区与中西部地区样本估计结果

模　型	变　量	H_RSL		H_PAS		H_RFS	
		东部	中西部	东部	中西部	东部	中西部
模型 1	L.H_RSL	0.719*** (1.18)	0.952*** (2.31)			−0.071 (1.06)	−0.164 (−1.27)
	L.H_RFS	0.181 (0.38)	0.096 (1.29)			0.421*** (1.49)	0.399** (1.43)
模型 2	L.H_PAS			0.519** (1.52)	0.874*** (3.26)	−1.012*** (−1.41)	−1.378** (−2.81)
	L.H_RFS			0.033 (0.54)	0.001 (0.40)	0.322** (2.02)	0.136* (1.61)

由表 4.20 和表 4.21 的估计结果，可得以下结论：

以 H_RFS 为被解释变量，以滞后一期 H_RSL 为解释变量，H_RSL 的系数为负，但不显著，这一结果在全国、东部地区、中西部地区均成立。这说明我国农保保障水平的变动不会对地方财政可持续性产生影响。我国农保保障水平仍处于较低水平，且调整速度和幅度都比较小（滞后一期 H_RLS 对本期 H_RLS 的影响高达 90%），农保财政补贴支出对地方财政存量和增量负担都很小，在当前保障水平下，农保制度不会威胁地方财政可持续发展。从区域层面看，东部地区农保保障水平高于中西部地区，但东部地区政府财力比中西部地区更雄厚；中西部地区政府虽然财力弱于东部，但中西部地区政府只需提供入口补贴，其农保财政补贴责任小于东部地区，东部和中西部地区农保保障水平均不会对地方财政可持续性产生显著影响。

以 H_RFS 为被解释变量，以滞后一期 H_PAS 为解释变量，H_PAS 的系数为负且在 1% 水平下显著，这一结果在全国、东部地区、中西部地区均成立。这说明农保参保群体年龄结构变动对地方财政可持续性产生了显著的负向影响。随着城镇化的推进与农村地区老龄化的加深,农保参保群体年龄结构不断趋于老化,农保领取待遇人数与缴费人数之比不断上升,农保的财政补贴与救助责任增大,不利于地方财政可持续发展。从估计系数值来看,中西部地区参保群体年龄老化对地方财政可持续性的冲击大于东部地区,这是因为中西部地区农村人口比例大于东部地区,城镇化的推进和老龄化的加深对中西部地区的影响要甚于东部地区。

分别以 H_RSL 和 H_PAS 为被解释变量,以滞后一期 H_RFS 为解释变量,H_RSL 系数为正且在 10% 水平下显著,H_PAS 系数为正,但不显著。这说明地区农保保障水平的高低会受到地方财政可持续性状况的影响。农保实质上是一项福利性很强的社会保障制度,地方政府财政可持续性越好就越能动员更多财政资源来提高民生福利。以上海市为例,其农保基础养老金高达 850 元/月,远远超过其他地区,这无疑是以强大的政府财力作为支撑的。

图 4.3 为模型 1 和模型 2 的脉冲响应函数图,其中,图 1-1 至图 1-3 描述了全国、东部地区、中西部地区地方财政可持续受农保保障水平冲击时的响应情况。可以看出,财政可持续性对农保冲击响应不存在区域差异,全国、东部地区与中西部地区响应函数值的 95% 置信区间包含 RFS=0,即无法接受农保保障水平与地方财政可持续性有冲击响应关系。图 2-1 至图 2-3 描述了全国、东部地区、中西部地区地方财政可持续性受农保参保群体年龄结构冲击时的响应情况。从三幅图中可以看出,给 RSL 一个标准差冲击,RFS 会做出负向回应,且响应函数值的 95% 置信区间不包括 RFS=0,说明农保参保群年龄结构与地方财政可持续性存在脉冲响应关系。对比东部地区和中西部地区发现,中西部地区 RFS 对 RSL 的脉冲响应具有长期性,其影响可延伸到 5 期以后;东部地区 RFS 对 RSL 的脉冲响应则只发生在当期,2 期以后其响应值迅速减少,这主要是因为城镇化导致大量青壮年人口从中西部地区迁往中部地区,东部地区参保群体人口老化速度和幅度低于中西部地区。

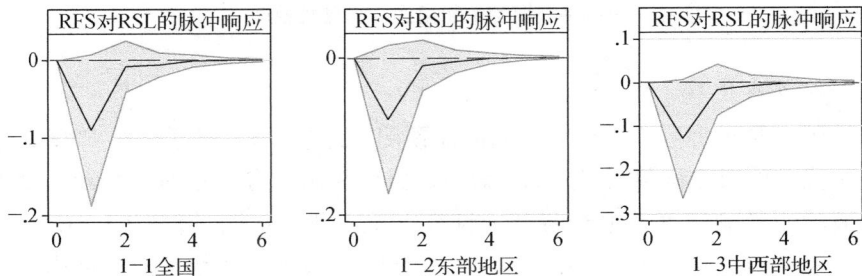

1-1全国　　　　1-2东部地区　　　　1-3中西部地区

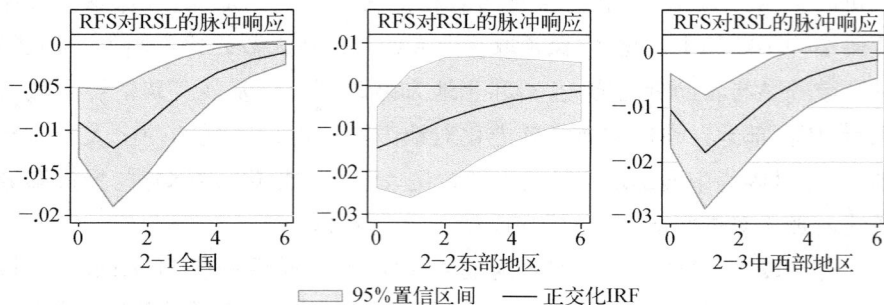

图 4.3　模型 1 和模型 2 脉冲响应函数图

3. 稳健性检验

通过对模型 1 和模型 2 的估计,得出了 RSL 与 RFS、PAS 与 RFS 之间的数量关系,但这种估计结果有效的前提是模型 1 和模型 2 是平稳的,即 RSL 与 RFS、PAS 与 RFS 两组变量的协方差平稳。为此,通过计算模型 1 和模型 2 的伴随矩阵特征根来检验其平稳性,计算结果如图 4.4 所示。图 4.4 中的菱形表示方程的特征根,发现模型 1 和模型 2 的方程特征根值均小于 1,即菱形均包含在直径为 1 的单位圆内。这说明随着时间推移一个变量冲击对另一个变量影响将会逐渐减弱,乃至消失,系统将趋于稳定状态。RSL 与 RFS、PAS 与 RFS 所构成的经济系统具有稳定性,以它们为基础所构建的 PVAR 模型是平稳的,其估计结果是有效的。

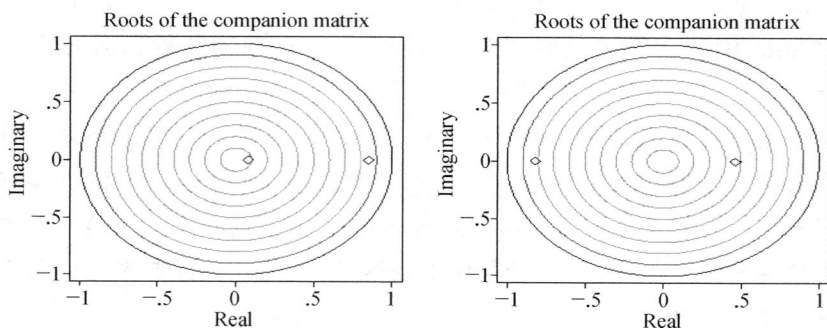

图 4.4　模型 1 和模型 2 稳健性检验

4. 方差分解

PVAR 模型可以用于变量的向前预测,方差分解就是通过对 PVAR 模型中扰动项对变量预测误差的贡献度来推测模型中各变量对自身及其他变量波动的影响程度。本节将分别计算前推 5 期、10 期,模型 1 中 RSL 与 RFS 和模型 2 中 PAS 与 RFS 方差分解结果,以预测各变量面对冲击时的敏感度。从表 4.22 对比第 5 个预测期和第 10 个预测期的方差分解结果可知,各变量的方差分解结果自第 5 个预测期后基本趋于稳定。各变量预测方差主要来自自身,贡献度达到 80% 以上。模型 1 中 RSL 对 RFS 波动贡献度为 0.3%,模型 2 中 PAS 对 RFS 波动贡献度为 19.6%,说明相对于农保保障水平,农保参保群体年龄结构对地方财政可持续性的解释力更强。RFS 对 RSL 和 PAS 波动贡献度为 9.5% 和 0.8%,说明地方财政可持续性状况可以部分解释农保保障水平,但几乎不影响农保参保群体年龄结构。

表 4.22　方差分解结果

模　型	预测期	变　量	RSL	PAS	RFS
模型 1	5	RSL	0.997		0.003
	5	RFS	0.095		0.905
	10	RSL	0.997		0.003
	10	RFS	0.095		0.905
模型 2	5	PAS		0.804	0.196
	5	RFS		0.004	0.996
	10	PAS		0.804	0.196
	10	RFS		0.008	0.992

4.5.5　双向固定效应模型实证结果与分析

(一) 影响地方财政可持续性的因素分析

在表 4.23 中,我们以地方财政可持续性作为被解释变量,以 RSL、PAS 及 RPO、RFR、RGR、RPE、RII、REI、RRK、RUI(相关控制变量)为解释变量,考察省级宏观层面的各种因素对地方财政可持续性的影响。本书首先通过逐步回归的方法分别对可能影响地方财政可持续性进行筛选。通过表 4.23 中 I 和 II 列的回归结果可以看出 RSL 的系数为 0.23 且在 1% 水平下显著;PAS 的回归结果过为 -1.939 且在 1% 水平下显著,这说明从省级层面看,地方农保保障水平越高,地方财政可持续性越好,而地方农保参保群体年龄结构越老则地方财政可持续性越差。第 IV 列加入了控制变量,回归结果显示地区年末人口总数(RPO)与每万人在校学生数(RUI)均对 RFS 产生了显著的正向影响。RPO 与 RUI 可以视为代表地方潜在人力资源的指标,地区人口越多以及地区人口中均有本专科学历的人越多则代表地区人力资源越丰厚,丰厚的人力资源有利于地方政府维持较好的财政可持续性。另外,RFR、RPE、RII、REI、RRK 的回归系数均显著为正,RFR、RGR、RII、REI、RRK 可以作为地方经济实力的表征指标,这意味着地方经济实力越强则地方财政可持续性也较好,这比较符合常识。RGR 的回归系数也显著为正,RGR 为地方一般人均公共预算收入,RGR 越大表示地方财政收入能力越强,即人均所贡献的财政收入能力越强。地方财政的可持续性状况会因为地方财政收入能力的增强而增强。

表 4.23 逐步回归

变 量	地方财政可持续性			
	I	II	III	IV
农保保障水平	0.23*** −3.47			0.25*** −3.5	0.28** −2.55
农保参保群体 年龄结构		−1.939*** (−7.29)	3.272** −2.39	−8.393*** (−2.87)	
地区年末人 口数				0.000 1** −2.55
地区农民人均 可支配收入				0.000 1*** −4.1
地区人均一般 公共预算收入				0.663*** −3.58
地区人均电力 消费量				0.012 2*** −6.37
地区人均固定 资产投资				0.009 3** −2.4
地区货物出口 总额				0.029 8*** −2.71
地区人均铁路 营业里程				0.061** −2.49
地区每万人本 专科学生数				0.001 9*** −5.11
个体固定效应	Yes	Yes	Yes	Yes
时间固定效应	Yes	Yes	Yes	Yes
_cons	−0.002 14 (−0.04)	0.051 7* −1.87	−0.051 7 (−0.37)	−0.039 1 (−0.03)
N	279	279	279	279
Adj_R2	0.398	0.182	0.411	0.277

注:括号中的数字为 t 值,下同。为了有效控制同一省份在不同时期扰动项之间的自相关,本书对标准误的估计使用聚类稳健标准误差,下同。

　　由于中国东部、中部和西部地区无论在经济发展水平还是社会发展水平上均有显著差异，为了对比各区域间的差异，我们将样本划分为东、中、西部样本。首先以 RSL 的系数在东、中、西部样本中分别为负、正、负，在西部样本中 RSL 的系数不显著，如表 4.24 所示，这说明农保保障水平对地方财政可持续性的影响存在地区差异，东部地区农保保障水平越高将导致地方财政可持续性变差；而在中部地区结论却相反。这可能是因为东部地区的农保待遇水平比较高而中部地区农保保障水平较低，所以在东部地区农保保障水平每增加一个单位对东部地区政府的财政的增量负担要高于中部政府。西部地区的农保保障水平要低于中部地区，农保补贴支出在当地财政支出中所占份额很小，所以西部地区政府的财政可持续性对于农保保障水平的变动不敏感。对比全国样本与东中西部样本，发现地区年末人口数对财政可持续性的影响在地区间表现出显著差异。在东部地区人口存量对财政可持续产生了正向影响，而中部地区人口存量对财政可持续产生了负向影响。这可能是因为东部地区对全国优秀人才具有虹吸效应，中西部大量优质人才进入东部，中西部地区实际上对东部地区形成了人力补偿。其他控制变量的系数在全国与东中西部样本中差距不大，在此不再赘述。

表 4.24　分地区回归

变　量	地方财政可持续性			
	全国	东部	中部	西部
农保保障水平	0.28** −2.55	−0.086 7** (−2.07)	0.125** −2.01	−0.061 3 (−1.49)
农保参保群体年龄结构	−8.393*** (−2.87)	−5.493*** (−5.31)	−1.124*** −3.66	−1.284** (−2.31)
地区年末人口数	0.000 1** −2.55	0.000 2*** −4.45	−0.000 1*** (−3.12)	−0.000 2 −1.52
地区农民人均可支配收入	0.000 1*** −4.1	0.028 7*** −2.92	0.051 4*** −7.65	0.026 2** −2.05
地区人均一般公共预算收入	0.66 3*** −3.58	0.988*** −2.78	0.043 1** −2.04	0.055 8*** −3.58
地区人均电力消费量	0.012 2*** −6.37	0.011 2 −0.69	0.021 9 −0.48	−0.010 4 (−0.19)
地区人均固定资产投资	0.009 3** −2.4	0.018 2*** −5.31	0.021 8*** −0.69	−0.017 2 (−0.02)

变　量	地方财政可持续性			
	全国	东部	中部	西部
地区货物出口总额	0.029 8***	0.058 6***	0.053 3**	0.019 8
	−2.71	−2.82	−2.06	−0.75
地区人均铁路营业里程	0.061**	−0.11	0.011 6	0.013 6
	−2.49	（−0.17）	−0.71	−0.46
地区每万人本专科学生数	0.001 9***	0.041 6***	0.025 3**	0.061 3***
	−5.11	−2.67	−2.27	−3.36
个体固定效应	Yes	Yes	Yes	Yes
时间固定效应	Yes	Yes	Yes	Yes
_cons	−0.039 1	0.215	−0.055 8	−0.674*
	（−0.03）	−0.09	（−0.30）	（−1.85）
N	279	117	72	90
Adj_R2	0.277	0.109	0.271	0.131

（二）加入二次项与调节项

在上述结果中我们发现地区农保保障水平对财政可持续性的影响在东、中、西部地区表现有所差异,这可能是由于农保保障水平的存量负担所造成。为了进一步分析不同存量水平下农保保障水平对财政可持续性的影响,我们加入 RSL 的平方项,以验证这种结构性差异是否存在。另外,农保保障水平对财政可持续性的影响还可能受到农保参保群体年龄结构的调节,故我们在回归中加入 RSL 与 PAS 的交乘项。回归结果如表 4.25 所示。在表 4.25 第Ⅱ和第Ⅳ列中加入了 RSL 的平方项,发现平方项的系数为正,这证明了农保保障水平的存量负担确实存在。当保障水平从低到高变化时,地方财政可持续性呈现先升后降的变化趋势,当 RSL 值达到一定程度时 RFS 值就会变为负数,即 RSL 对 RFS 的影响从正变为负。当前我国农保的替代率仅略大于 10%,待遇水平较低,所以对地方财政可持续性的影响表现为正。表 4.25 中第Ⅲ和Ⅳ列中加入了 RSL 和 PAS 的交乘项(RSL×PAS),交乘项的系数为负且在 1% 的水平下显著,说明地区人口结构(PAS)发挥了负向调节作用。地方农保保障水平对财政可持续性的正向影响会因参保群体年龄结构的老化逐步变小乃至于变为负数。农保参保群体的年龄结构越老,提高农保保障水平对地方财政可持续性产生的压力越大,越不利于地方维持其财政可持续。

表 4.25　二次项与调节效应

变　量	地方财政可持续性			
	Ⅰ	Ⅱ	Ⅲ	Ⅳ
农保保障水平	0.28**	0.226***	0.28**	0.765***
	−2.55	−3.14	−2.55	−3.35
RSL 二次项		−0.16**		−0.712**
		−2.03		（−2.14）
交乘项（RSL × PAS）			−8.393***	−6.683***
			（−2.87）	（−2.62）
农保参保群体年龄结构	−8.393***	−8.425***	−0.015 1**	−0.016 2***
	（−2.87）	（−3.87）	（−2.55）	（−2.59）
地区年末人口数	0.000 1**	0.001 5	0.001 9***	0.001 9***
	−2.55	−1.55	−4.1	−4.17
地区农民人均可支配收入	0.000 1***	0.019 3***	0.663***	0.652***
	−4.1	−4.09	−3.58	−3.45
地区人均一般公共预算收入	0.663***	0.663***	0.010 1	−0.092 7
	−3.58	−3.56	−0.37	（−0.34）
地区人均电力消费量	0.012 2***	0.010 1***	0.009 3**	0.011 2**
	−6.37	−3.37	−2.4	−2.47
地区人均固定资产投资	0.009 3**	0.092 2	0.029 8	0.028 7
	−2.4	−1.4	−0.71	−0.68
地区货物出口总额	0.029 8***	0.029 7***	0.061***	0.060 3**
	−2.71	−3.01	−3.49	−2.48
地区人均铁路营业里程	0.061**	−0.061	0.019 8**	0.021 9**
	−2.49	（−1.23）	−2.11	−2.17
地区每万人本专科学生数	0.001 9***	0.019 9***	0.010 2***	0.021 1***
	−5.11	−3.11	−5.11	−3.46
个体固定效应	Yes	Yes	Yes	Yes
时间固定效应	Yes	Yes	Yes	Yes
_cons	−0.039 1	−0.034 9	−0.039 1	−0.082 5
	（−0.03）	（−0.03）	（−0.03）	（−0.07）
N	279	279	279	279
Adj_R2	0.277	0.277	0.273	0.278

（三）稳健性检验

为了保证研究结果的稳健性，本书分别使用混合 OLS、固定效应模型和随机效应模型进行稳健性测试，以检验上文的实证结果是否稳健。从回归结果可以看出使用混合 OLS、固定效应模型以及随机效应模型的回归结果与双向固定效应模型基本一致,说明本章的实证结果较为稳健。

表 4.26　稳健性检验

变　量	地方财政可持续性			
	双向固定效应模型	混合 OLS	固定效应模型	随机效应模型
农保保障水平	0.765***	0.431**	0.668	0.331**
	−3.35	−2.25	−0.86	−2.17
RSL 二次项	−0.712**	−0.404**	−0.211***	−0.309**
	(−2.14)	(−2.26)	(−2.69)	(−2.33)
交乘项(RSL × PAS)	−6.683***	−5.80***	−4.06**	−5.43*
	(−2.62)	(−2.70)	(−2.45)	(−1.70)
农保参保群体年龄结构	−0.016 2***	−0.111	−0.04*	−0.021*
	(−2.59)	(−0.78)	(−1.93)	(−1.78)
地区年末人口数	0.001 9***	0.011 9***	0.035 1***	0.021 5***
	−4.17	−5.67	−7.13	−3.12
地区农民人均可支配收入	0.652***	0.613*	0.268***	0.553***
	−3.45	−1.88	−3.16	−3.77
地区人均一般公共预算收入	−0.092 7	−0.153	0.885***	−0.153
	(−0.34)	(−1.19)	−4.05	(−1.19)
地区人均电力消费量	0.011 2**	0.074 9	0.025	−0.021 3
	−2.47	−0.09	−0.87	−1.03
地区人均固定资产投资	0.028 7	0.082 4**	0.020 2***	0.011 4
	−0.68	−2.05	−3.08	−1.35
地区货物出口总额	0.060 3**	0.056 6***	0.080 8***	0.061 7***
	−2.48	−3.32	−5.18	−3.11
地区人均铁路营业里程	0.021 9**	0.016 2***	0.120***	0.031 8***
	−2.17	−3.54	−3.84	−3.89
地区每万人本专科学生数	0.021 1***	0.094 8**	0.031 5	0.051 9***
	−3.46	−2.02	−1.46	−6.12
个体固定效应	Yes	No	Yes	No
时间固定效应	Yes	No	No	No
_cons	−0.082 5	−0.366**	1.019	−0.366**
	(−0.07)	(−2.45)	−0.84	(−2.45)
N	279	279	279	279
Adj_R2	0.278	0.212	0.137	0.176

(四) 农村居民养老保险与城镇居民养老保险的对比

第二章我们使用政策模拟的方法对城镇职工养老保险基金进行了收支预测,本章我们依然是使用政策模拟的方法对农村居民养老保险基金的收

支进行预测,但需要注意的是第二章所用的政策模拟方法与本章所用方法存在较大差异。这些差异体现在以下几点:

第一,由于城镇职工养老保险主要覆盖群体为城镇户籍的劳动者,而农村居民养老保险主要覆盖群体为所有适龄的农村户籍人口,城镇人口与农村人口的演变轨迹存在不同的逻辑。所以我们对城职保参保群体未来人数的预测采用的是灰色 GM(1,1)模型,而对农保参保群体未来人数的预测采用的是基于分年龄段生命表并考虑人口迁徙因素所计算的未来农村各年段存量人口。

第二,城职保与农保在基金运作上存在显著差异,这导致两种基金的收支模式存在差异。城职保基金的收入来源是个人缴费加企业缴费,而农保基金的收入来源为个人缴费加财政补贴,所以我们对城职保和农保基金收入的预测采用了不同方法。在第二章中我们预测城职保基金收入时主要是以城镇劳动者工资为标准并结合相应缴费比例,而第三章对农保基金收入的预测则是依据农保缴费档次与财政补贴水平。

第三,由于历史原因,我国城职保基金运作模式由"现收现付制"过渡到了"统账结合制",这种过渡带来了转轨成本,有老、中、新人之分,存在历史欠账问题。反观我国当前所实施的农保(区别于"老农保"),2010 年才开始正式实施,基金运行时间较短,不存在历史欠账问题。所以我们对城职保基金未来收支预测时考虑了转轨这一因素,而对农保基金的收支预测没有考虑这一因素。

第四,从制度层面看,城职保区别于农保的一大特点在于我国建立了城职保的中央调剂制度。中央政府可以借助中央调剂金来平衡各地区间的城职保基金负担,确保后期养老金足额发放。所以第二章在进行城职保养老基金收支预测时考虑了中央调剂金对各地区养老保险基金运行的影响。

4.6　农村养老保险政策实施模拟——基于合意保障水平

上节研究发现,在当前农保保障水平下,地方政府的农保财政负担较轻,不会影响地方财政可持续性,这一结论不仅在全国,在东部和中西部地区也分别成立;同时农保参保群体年龄结构的变化对地方财政可持续性造成了负面影响,在影响程度上,中西部地区大于东部地区。但是评估某一保障水平下农保所造成的财政负担时较为主观,较少学者在科学财政负担水平的合理区间来评判农保财政负担水平是否超出财政承受范围,评估随意性较强,研究结论与政策建议难以使人信服。因此,在本节中,进一步对农保合意保障水平进行设定,以适应性预期原则为基础进行农村养老保障政策仿真模拟,以观测 2017—2030 年农保财政负担水平。

4.6.1 合意保障水平设置

农保保障水平是影响农保基金支出的主要因素。农保保障水平是指在特定时期内,一国或一地区农村居民所享受社会保障待遇的高低程度。农保保障水平的衡量标准有宏观衡量标准与微观衡量标准之分,前者主要用农保总支出占 GDP 的比重表示,反映了特定国家和地区养老资源的投入丰裕程度(孙光德和董克用,2016);后者主要用收入替代率即待遇水平与收入(工资)水平的比重表示,反映了养老保险对微观个体收入的补偿程度。

微观层面的保障水平通常又可分为收入替代型和收入补充型,前者以投保人收入为待遇给付依据,后者以满足投保人基本生活需要为待遇给付依据。马斯洛(1943)认为人的需求可以划分为五个层次,即生理需求、安全需求、社交需求、尊重需求与自我实现需求。其中,生理需求是任何层次需求实现的基础,是人最原始、最本能的需求,主要包括吃饭、睡觉、衣着等。生理需求在不同文明和种族之间基本没有差距。参保人基本生活需要一般为参保人满足生理层次需求的消费需要。从世界范围来看,主要发达国家农村养老保险制度都为基本生活保障型(林义,2006),用来保证参保人的基本消费需求得到满足,该制度类似于最低生活保障制度,具有较强的社会救济色彩。我国农保保障水平按"保基本"原则确定,本着从农村实际出发、低水平起步、待遇支付标准与经济发展相适应理念,制度目标在于保证农村居民老年基本生活,属于典型的基本生活保障型。

综上所述,我们认为我国农保养老金待遇给付标准应按照参保人基本消费需求确定,发挥农保制度保障老年农民生活的功能。本节将满足老年农村居民基本消费需求作为农保合意保障水平标准。具体的,农保合意保障水平标准,即农村居民基本消费需求,定义为农村居民人均食品消费需求、衣着消费需求、居住消费需求、生活用品及服务消费需求之和。

4.6.2 研究模型

(一)基础模型构建

通过基础模型的构建,明确本节的研究框架。农保财政负担水平一般定义为农保财政补助额与财政收入之比,主要用来评估财政保障农保能力的可持续性(薛惠元,2012),利用财政负担指标可以衡量财政用于农保的补助占用了多少财政资源,从而评价既定保障水平下政府因农保所产生的财政负担是否会影响财政可持续性。农保制度持续健康运营离不开政府部门的财政支持,在农保制度中政府至少担负两类责任,一是财政补贴责任,中央和地方政府的入口补贴和出口补贴是农保基金的重要收入来源;二是财政救助责任,即当农保基金收不抵支时,政府需要动用财政资金"兜底",保证农保基金持续运行。政府使用财政资金履行对农保的补贴责任与救助责任构成政府隐性负债的一部分,是政府财政负担的直接与间接来源。按照上述思路,基础模型构建如下:

$$PFG_{l,t}^r = \frac{FG_{l,t}^r}{FI_{l,t}^r} \tag{4.13}$$

$$FG_{l,t}^r = -\lambda_l^r(AFI_t^0 - AFE_t^0) \tag{4.14}$$

$$AFI_t^r = \left(\sum_x^{PP_t^r} PL_{t,x} + FS_{t,x} + CS_{t,x} + \sum_x^{PR_t^r} FB_{t,x}\right) \times \left[(1+i) \times (1+\pi)\right]^{t-2\,016} \tag{4.15}$$

$$AFE_t^r = C_t^r \times PR_t^r = (C_t^{r,f} + C_t^{r,c} + C_t^{r,h} + C_t^{r,s}) \times PR_t^r \tag{4.16}$$

其中,PFG 为财政负担水平,FG 为农保基金年度收支缺口,FI 为财政收入,AFI 为农保基金年度收入,AFE 为农保基金年度支出,PP 为缴费人数,PL 为个人缴费档次,FS 为入口补贴标准,CS 为集体补助标准,PR 为领取待遇人数,FB 为出口补贴标准,i 为农保基金累积利息率,π 为通货膨胀率,C 为合意农保保障水平,C^f、C^c、C^h、C^s 分别表示农村居民人均食品消费需求、衣着消费需求、居住消费需求、生活用品及服务消费需求,t 表示年度($2\,017 \leqslant t \leqslant 2\,030$)[①],$r$ 为区域标识($r=0$,表示全国;$r=1$,表示东部地区;$r=2$,表示中西部地区),l 为行政层级标识($l=0$,表示中央政府;$l=1$,表示地方政府),λ 表示分摊比例,x 表示对个体标识。

(二) 基本假设

本节基本假设如下:① 全国采取统一的缴费与待遇标准,农保制度实现了对农村适龄居民全覆盖,且征缴率达到100%。新农保制度建立伊始

---

① 由于"蝴蝶效应"以及"混沌效应"的存在,长期预测难以做到(Nate,2012),故本节将预测期确定为2017—2030 年,避免了长期预测造成预测不确定性过大,影响研究结论。

就明确了 2020 年之前基本实现对农村适龄居民的全覆盖目标。据人社部发布的数据,截至 2017 年年末,我国城乡居民基本养老保险人数超过 5.1 亿,而农村人口总数约为 5.9 亿,扣除 0～15 岁及 16 岁以上在校人口数,农保在农民群体已基本实现全覆盖。② 农民一律选择 100 元作为个人缴费档次,地方政府入口补助均为 30 元,不考虑集体补助。目前农保制度对选择高档次缴费标准农民所提供的激励补贴标准较低,理性农民没有足够激励去提高缴费档次,个人选择最低缴费档次的收益—缴费比最大。从农保实践来看,有 85％的农民均选择 100 元作为缴费档次,而选择 500 元以上缴费档次农民不足 1％(李红岚,2015)。③ 农民缴费缴满 15 年还会续缴,未缴满 15 年的会补缴剩余部分。由于目前对于缴满 15 年后续缴情况,农保制度会给予一定的激励(缴费满 15 年后每多缴 1 年基础养老金增加 1 元),故农民缴满后有动力续缴;由于不缴满 15 年则不能享受农保的养老金待遇,故理性农民有补缴激励。④ 农保基金累积利息率等于同期银行一年期定期存款利率,且等于通货膨胀率。目前农保基金采取安全性较高的投资方式,大部分直接存进银行,因而总体利息率与银行存款利率接近。我国历年银行一年期定期存款基准利率大约为 3％,即 $i＝3％$。⑤ 假设无论是入口补贴标准还是出口补贴标准每年均按通货膨胀率进行指数化调整。我国"新农保"建立伊始就明确农保补贴标准指数化调整原则("有弹性"),设年指数化调整率为 π,即等于通货膨胀率,通货膨胀率 $\pi＝i＝3％$。⑥ 假设政府会及时弥补农保基金年度收支缺口,不会把农保基金收支缺额拖到下年,因此农保财政补贴与救助支出总会在当年发生。

4.6.3　实证分析

(一) 数据选择

本节对基础模型中相关变量预测主要依据适应性预期理论,即由经济变量的过去变化趋势作为其未来变化趋势的基准,故选用相关变量的经验数据作为预测的基础数据。根据基础模型设定,需要进行预测的变量主要分为三类,一是缴费人数与领取待遇人数预测,二是农村居民人均消费预测,三是财政收入预测。通过这三类变量的预测就可以确定农保基金年度收入、支出及其缺口,进而确定农保财政负担水平。

利用第六次人口普查数据来估算农村地区未来分年龄段人口数,由此推断出农保缴费人数与领取待遇人数。利用 1997—2016 年《中国统计年鉴》和《中国人口与就业统计年鉴》中我国农村居民食品消费支出、衣着消费支出、居住消费支出、生活用品及服务消费支出数据预测我国农村居民基本消费需求，进而确定农保合意保障水平标准。利用 1994—2016 年《中国财政统计年鉴》相关数据预测政府财政收入[①]，其中财政收入指一般公共预算收入，地方财政收入中不包括政府性基金预算、国有资本经营预算和社保基金预算中的收入。

(二) 缴费人数与领取待遇人数预测

1. 农村地区分年龄段人口预测

以我国第六次人口普查数据为基础，估算农村地区 2017—2030 年分年龄段人口数。一个区域人口变动主要由人口自然增长率与人口迁徙两大因素决定。借鉴刘国磊(2017)编制的农村居民分年龄段生命表确定农村地区各年龄段人口自然增长率。预测农村地区年度存量人口数还需考虑农村地区人口净迁出率(人口净迁出率＝人口迁入率－人口迁出率)。根据国务院 2016 年 12 月 30 日发布的《国务院关于印发国家人口发展规划(2016—2030 年)的通知》(国发〔2016〕87 号)，我国 2016—2030 年人口流动将处于活跃期，预计未来 15 年将有 2 亿农村人口转移到城镇，平均每年城镇化增长率保持 1％左右。在不考虑城镇人口迁入农村情况下，农村地区人口净迁出率可以用年城镇化增长率来表示，即未来农村地区人口年净迁出率为 1％。由于目前农村迁出人口大多为青壮年，故不考虑农村 60 岁以上人口迁徙因素[②]。综上，得到农村地区 16～59 岁和 60 岁及以上存量人口预测模型。

$$Population_{t+1,n}^r = Population_{t,n}^r \times (1 - death_{t,n}^r) \times$$
$$(1 - transfer_{t,n}^r)(16 \leqslant n \leqslant 60) \tag{4.17}$$

$$Population_{t+1,n}^r = Population_{t,n}^r \times (1 - death_{t,n}^r)(n \geqslant 60) \tag{4.18}$$

其中，$Population$ 表示农村存量人口数，$Population_{t,n}$ 表示在 t 年 n 岁存量人口数；$death_{t,n}$ 表示 t 年 n 岁人口死亡率；$transfer_{t,n}$ 表示在 t 年 n 岁人口净迁出率。根据第六次人口普查数据确定期初存量人口数，2010 年

---

① 选择 1994 年作为年份起点是因为 1994 年是我国分税制和财政包干制的分水岭，分税制和财政包干制在制度模式上存在巨大差异，两种制度无论对我国政府财政收入总量还是政府间财政收入结构影响上有明显不同。当前及今后分税制模式仍将持续，以 1994 年为断点可以有效排除经验数据噪音。

② 孟向京(2018)利用五普和六普人口数据预测了农村人口的分年龄段转移率，认为 2010—2030 年我国城镇化中的年龄选择机制非常明显，未来农村迁出人口主要为青壮年。

我国农村存量人口共 662 805 323 人，其中东部地区农村存量人口为 220 539 393 人，中西部地区农村存量人口为 442 265 930 人①，以此作为预测基期人口数。

2. 农村地区 16～59 岁年龄段在校生人数预测

农保制度明确规定参加农保农民必须为年满 16 周岁的非在校生，故对农保缴费人口估计中应扣除 16～59 岁年龄段在校生。农村在校人口主要集中于 16～24 岁高中及大学在校学生，故农村地区 16～24 岁在校生人数＝农村地区 16～24 岁人口数(7)就读率，即：

$$Student_{t,n} = Population_{t,16-24} \times R \tag{4.19}$$

其中，$Student$ 表示农村地区 16～24 岁在校生人数，R 表示就读率。就读率参照 2016 年《中国统计年鉴》中我国每十万中高中阶段及高等教育阶段在校人口数来确定，并假设就读率在预测期内保持不变。

3. 缴费人数与领取养老金人数预测

缴费人数＝农村地区 16～59 岁人口数－农村地区 16～24 岁在校人口数，即：

$$PP_t^r = Population_{t,16-59}^r - Student_t \tag{4.20}$$

领取养老金人数＝农村地区 60 岁及以上人口数，即：

$$PR_t^r = Population_{t,60+}^r \tag{4.21}$$

按照上述思路可以分别预测出全国、东部地区和中西部地区分年龄段人口数，进而预测全国、东部地区和中西部地区农保缴费人数和待遇领取人数。预测结果如表 4.27 所示。

表 4.27　2017—2030 年我国农保缴费人数与领取养老金人数预测

单位：万人

年　份	缴费人数			领取待遇人数		
	全国	东部地区	中西部地区	全国	东部地区	中西部地区
2017	38 221.87	12 953.39	25 268.48	10 171.63	3 602.79	6 568.84
2018	37 684.01	12 771.11	24 912.90	10 054.82	3 561.42	6 493.40
2019	37 150.11	12 590.17	24 559.94	9 887.25	3 502.06	6 385.19

①　东部地区省份包括北京、天津、河北、辽宁、上海、江苏、浙江、福建、山东、广东和海南；中西部地区省份包括山西、内蒙古、吉林、黑龙江、安徽、江西、河南、湖北、湖南、广西、四川、重庆、贵州、云南、西藏、陕西、甘肃、青海、宁夏、新疆。

年　份	缴费人数			领取待遇人数		
	全国	东部地区	中西部地区	全国	东部地区	中西部地区
2020	36 627.72	12 413.14	24 214.59	9 921.63	3 514.24	6 407.39
2021	36 116.56	12 239.90	23 876.66	9 808.09	3 474.02	6 334.06
2022	35 616.37	12 070.39	23 545.98	10 113.06	3 582.04	6 531.01
2023	35 126.89	11 904.50	23 222.39	10 266.33	3 636.33	6 630.00
2024	34 644.31	11 740.96	22 903.36	10 132.39	3 588.89	6 543.50
2025	34 179.04	11 583.28	22 595.76	10 134.65	3 589.69	6 544.95
2026	33 720.19	11 427.77	22 292.42	10 120.93	3 584.83	6 536.10
2027	33 277.89	11 277.88	22 000.02	10 013.51	3 546.78	6 466.72
2028	32 841.57	11 130.01	21 711.56	10 113.70	3 582.27	6 531.42
2029	32 417.76	10 986.38	21 431.38	10 009.72	3 545.44	6 464.28
2030	32 006.14	10 846.88	21 159.26	10 051.59	3 560.27	6 491.31

农村地区分年龄段人口数是影响未来农保基金收支的主要因素之一，从表中可以看出，受城镇化推进以及总和生育率的下降影响，未来十几年我国农村人口呈现逐年下降趋势，这一下降趋势在 16～59 岁和 60 岁及以上年龄段人口变动中均有表现。这预示着，在待遇给付标准既定的情况下，未来政府无论是针对 16～59 岁缴费人口的入口补贴负担还是针对 60 岁及以上领取待遇人口的出口补贴负担均会减轻，农村人口变动将使农保财政负担趋于降低。

（三）农村居民基本消费需求与政府财政收入预测——基于 ARMA 模型

采用 ARMA 模型来预测农村居民基本消费需求以及政府财政收入情况，ARMA 模型可以通过变化自身历史数据来预测未来变化趋势，不需要依靠与之有因果关系的其他变量。

1. 模型构建

ARMA 模型一般形式为 ARMA (p,d,q)，预测农村居民基本消费需求以及政府财政收入的 ARMA 模型的一般形式可以设置为：

$$C_t^r = a_1^r C_{t-1}^r + \cdots + a_p^r C_{t-p}^r + \delta_t^r + \beta_1^r \delta_{t-1}^r + \cdots + \beta_q^r \delta_{t-q}^r + \gamma^r \tag{4.22}$$

$$FI_{0,t} = a_{0,1} FI_{0,t-1} + \cdots + a_{0,p} FI_{0,t-p} + \delta_{0,t} + \beta_{0,1} \delta_{0,t-1} + \cdots + \beta_{0,q} \delta_{0,t-q} + \gamma_0 \tag{4.23}$$

$$FI_{1,t}^r = a_{1,1}^r FI_{t-1}^r + \cdots + a_p^r FI_{t-p}^r + \delta_t^r + \beta_{1,1}^r \delta_{1,t-1}^r + \cdots + \beta_{1,q}^r \delta_{1,t-q}^r + \gamma_1^r$$

$$(4.24)$$

其中，C 表示农村居民基本消费需求（即合意保障水平），a 和 β 分别表示自回归系数和移动平均系数，δ 为白噪声，γ 为常数项，p 为自回归阶数，q 为移动平均，d 为差分阶数。

2. 模型参数估计

ARMA 模型适合于对平稳时间序列进行拟合，时间序列平稳保证了长期中均值有接近期望值的趋势，当时间序列是非平稳时则会出现确定性或随机趋势，导致自回归系数偏离以及伪回归等问题，预测失效，因此在使用 ARMA 模型之前需对相关变量进行平稳性检验。

表 4.28　平稳性检验

统计量 Statistic Value	水平值			一阶差分		
	C_t^0	C_t^1	C_t^2	ΔC_t^0	ΔC_t^1	ΔC_t^2
ADF	3.52	4.59	1.69	-3.14^{**}	-3.01^*	$-5\,08^{***}$

注：*、**、***分别表示在 10%、5%、1% 水平下显著，下同。

由 $\{C_t^r\}$ 序列的平稳性检验结果可知，$\{C_t^r\}$ 水平值是非平稳的。将 C_t^r 进行一阶差分处理后再进行检验，发现 $\{\Delta C_t^r\}$ 通过了平稳性检验，因此 $\{C_t^r\}$ 是 $I(1)$ 时间序列，可对其进行一阶差分后建立适当的 ARMA(p, q) 模型。

p 和 q 分别是 AR(p) 和 MA(q) 的阶数，对 ARMA(p,q) 估计需确定 (p,q)，从而得到模型的具体形式。通过 $\{\Delta C_t^0\}$ 的自相关函数（ACF）与偏自相关函数（PACF）来判断 p 和 q 的值。表 4.29 汇报了序列自相关与偏自相关系数，当 $p=2$，$q=2$ 时，Q 统计量在 5% 水平下显著，从而可以认为 2 阶以上自相关与偏自相关系数为 0。

表 4.29　自相关与偏自相关系数

滞后阶数	AC	PAC	Q 统计量	P 值
1	0.25	0.26	1.38	0.24
2	0.46	0.48	6.34	0.041
3	0.26	0.29	8.04	0.045
4	0.22	0.27	9.37	0.052

接下来分别估计 AR(2) 和 MA(2) 模型，以进一步精确模型形式，估计

结果如表 4.30 所示。

表 4.30　AR(2)和 MA(2)估计结果

滞后阶数	AR	MA
1	0.17	0.04
2	0.48*	0.39

表 4.30 汇报了 AR(2)和 MA(2)的一阶和二阶滞后项系数,发现 AR(2)一阶滞后项不显著而二阶滞后项显著,MA(2)一阶和二阶滞后项均不显著。进一步计算 AR(2)和 MA(2)残差项的自相关与偏自相关函数,检查残差项是否存在自相关,结果如表 4.31 所示。

表 4.31　AR(2)和 MA(2)模型残差自相关与偏自相关

	AR(2)模型残差			MA(2)模型残差		
滞后阶数	AC	PAC	Q 统计量	滞后阶数	AC	PAC	Q 统计量
1	−0.12	−0.12	0.33	1	0.09	0.09	0.19
2	−0.08	−0.12	0.50	2	0.06	0.07	0.30
3	0.13	0.08	0.93	3	0.25	0.28	1.94
4	0.10	0.22	1.21	4	0.23	0.38	3.44

表 4.31 表明 AR(2)和 MA(2)模型残差的 4 阶滞后自相关与偏自相关的 Q 统计量均不显著,由此可判断 AR(2)和 MA(2)模型残差项是白噪声,模型的滞后阶数选取不存在过小问题,不会出现遗漏变量。

综上可知 $p=2,q=0$。

接着考虑 ARMA(2,1,0)模型中 AR(2)模型的拟合效果最佳形式。对比三类模型的信息准则,估计结果如表 4.32 所示。

表 4.32　三类 AR(2)模型的 AIC 与 BIC 值

Model	AIC	BIO
AR (1/2)	267.42	271.20
AR (1)	270.13	272.97
AR (2)	266.22	269.05

表 4.32 列示了同时包含一阶和二阶、包含一阶与只包含二阶滞后项的三类 AR(2)模型的 AIC 与 BIC 值,可知,相比于同时包含一阶和二阶以及只包含一阶滞后项的 AR(2)模型,只包含二阶滞后项的 AR(2)模型 AIC 和 BIC 值更小,模型拟合效果更佳。因此,选择 ARMA(2,1,0)模型,即略去

一阶滞后项的 AR(2) 来预测全国农村居民基本消费需求较为合适。

按照上述过程，可以分别确定 $\{\Delta C_t^1\}$ 和 $\{\Delta C_t^2\}$ 最合适的 ARMA 模型形式。限于篇幅，模型形式具体确定过程不再单独展示。全国、东部地区和中西部地区农村居民基本消费需求的 ARMA 模型具体形式如下：

$$\Delta C_t^0 = a_2^0 \Delta C_{t-2}^0 + \delta_t^0 + \gamma^0 \tag{4.25}$$

$$\Delta C_t^1 = a_3^1 \Delta C_{t-3}^1 + \delta_t^1 + \gamma^1 \tag{4.26}$$

$$\Delta C_t^2 = a_1^2 \Delta C_{t-1}^2 + a_2^2 \Delta C_{t-2}^2 + \delta_t^2 + \gamma^2 \tag{4.27}$$

采用最小二乘法分别对式(4.25)、式(4.26)和式(4.27)进行估计，确定其系数值，结果如表 4.33 所示。

表 4.33　全国、东部地区、中西部地区农村居民基本消费需求 ARMA 模型估计结果

滞后阶数	ARMA(2,1,0)	ARMA(3,1,0)	ARMA(2,1,0)
	AR(2)	AR(3)	AR(1/2)
1	0	0	−0.116*
2	0.514**	0	0.245*
3	0	0.759***	0
常数项	224.25***	210.46***	416.24**

由表 4.33 估计结果可得到全国、东部地区和中西部地区农村居民基本消费需求 ARMA 模型具体形式，分别为式(4.28)、式(4.29)和式(4.30)。

$$\Delta C_t^0 = 0.514 \Delta C_{t-2}^0 + \delta_t^0 + 224.25 \tag{4.28}$$

$$\Delta C_t^1 = 0.759 \Delta C_{t-3}^1 + \delta_t^1 + 210.46 \tag{4.29}$$

$$\Delta C_t^2 = -0.116 \Delta C_{t-1}^2 + 0.245 \Delta C_{t-2}^2 + \delta_t^2 + \gamma^2 \tag{4.30}$$

利用式(4.28)、式(4.29)和式(4.30)可分别对全国、东部地区以及中西部地区农村居民基本消费需求进行估算，从而得到全国、东部地区以及中西部地区农保合意保障水平。估算结果如表 4.34 所示。

表 4.34　全国、东部地区、中西部地区农保合意保障水平

单位：元

年　份	合意保障水平（农村居民基本消费需求）		
	全国	东部	中西部
2017	6 971.29	8 796.69	6 223.83
2018	7 377.49	9 359.15	6 539.63

年　份	合意保障水平（农村居民基本消费需求）		
	全国	东部	中西部
2019	7 718.29	9 947.89	6 813.02
2020	8 068.99	10 745.14	7 098.22
2021	8 386.01	11 268.82	7 371.62
2022	8 708.13	11 812.47	7 649.31
2023	9 012.92	12 514.53	7 923.60
2024	9 320.32	13 008.75	8 199.33
2025	9 618.80	13 518.13	8 474.06
2026	9 918.63	14 147.87	8 749.27
2027	10 213.86	14 619.71	9 024.17
2028	10 509.79	15 103.06	9 299.23
2029	10 803.36	15 677.86	9 574.19
2030	11 097.28	16 132.69	9 849.20

从表 4.34 中可以看出，受我国区域经济发展不均衡影响，我国农村居民基本消费需求存在明显区域差异，东部地区农村居民基本消费需求要高于中西部地区，且高于全国平均水平，中西部地区农村居民基本消费需求大约只有东部地区的 2/3。因此，根据农村居民基本消费需求所确定的农保合意保障水平也存在区域差距，东部地区农保合意保障水平要高于中西部地区，也要高于全国平均水平[1]。

同理，可以分别确定中央政府财政收入、东部地区政府财政收入与中西部地区政府财政收入 ARMA 模型具体形式，如下所示：

$$\Delta^2 FI_{0,t} = -0.615\,\Delta^2 FI_{0,t-2} + \delta_t^0 + 1\,296.59 \tag{4.31}$$

$$\Delta^2 FI_{1,t}^1 = -0.274\,\Delta^2 FI_{1,t-1}^1 - 0.319\,\Delta^2 FI_{1,t-2}^1 + \delta_{1,t}^1 + 950.47 \tag{4.32}$$

$$\Delta^2 FI_{1,t}^2 = -0.478\,FI_{1,t-5}^1 + \delta_{1,t}^2 + 867.33 \tag{4.33}$$

利用式（4.31）、式（4.32）和式（4.33）可分别对中央政府、东部地区政府以及中西部地区政府财政收入进行预测，预测结果过如表 4.35 所示。从表

---

[1]　笔者认为农保合意保障水平的区域差距无关公平与否问题，恰恰体现了农保制度中根据地区经济发展状况来合理确定保障水平的精神。

4.35 中可以看出未来我国财政收入在中央与地方以及东部地区与中西部地区的分配情况。未来,财政收入"央强地弱"的格局将有所改观,地方财政收入在全国财政收入中的比重将超过中央,地方政府在财政收入分配中将取得更大份额。从地方政府层面看,未来,东部地区财政收入仍将继续高于中西部地区,东部地区财政收入将占据地方财政收入的更大份额。

表 4.35 2017—2030 年我国政府财政收入

单位:亿元

年　份	财政收入				
	全国	中央政府	地方政府		
			地方总计	东部地区	中西部地区
2017	168 069.67	75 428.64	92 641.03	56 172.38	36 468.65
2018	178 722.00	79 781.12	98 940.88	60 602.46	38 338.42
2019	190 176.61	84 414.43	105 762.18	65 066.10	40 696.08
2020	201 567.10	88 513.72	113 053.38	69 631.60	43 421.78
2021	214 366.62	92 699.33	121 667.29	74 424.46	47 242.83
2022	227 685.47	97 472.46	130 213.01	79 388.44	50 824.57
2023	241 327.98	102 451.55	138 876.43	84 498.88	54 377.54
2024	254 974.84	107 328.34	147 646.49	89 780.50	57 865.99
2025	268 919.18	112 337.52	156 581.66	95 234.41	61 347.26
2026	282 994.28	117 668.67	165 325.61	100 852.40	64 473.21
2027	297 696.54	123 177.45	174 519.09	106 636.36	67 882.72
2028	312 810.67	128 747.26	184 063.41	112 588.41	71 474.99
2029	328 441.38	134 466.87	193 974.51	118 707.36	75 267.15
2030	344 632.60	140 408.01	204 224.59	124 992.85	79 231.74

　　注:全国财政收入=中央财政收入+地方财政收入;地方财政收入=东部地区财政收入+中西部地区财政收入,下同。

(四) 农保基金年度收支缺口预测

　　根据农保缴费人数、领取待遇人数以及合意保障水平预测数据可以确定未来农保基金年度收入与支出数额,进而确定农保基金年度收支缺口。农保基金年度收支缺口绝对数额预测值如表 4.36 所示。农保基金年度收支缺口是农保财政负担水平轻重的直接依据。为了对比农保基金年度收支缺口的区域差距,表 4.36 中分别呈现了全国、东部地区以及中西部地区农保基金年度收支缺口绝对数额,即财政负担绝对数额。从表 4.36 中可以看出我国农保基金年度收支缺口呈逐年扩大趋势,东部地区和中西部地区亦然。农保基金年度收支缺口的扩大主要由农村地区老龄化加深以及基本消费需求的不断提高造成。

表 4.36 2017—2030 年农保基金年度收支缺口

单位:亿元

年 份	基金年度收支缺口		
	全国	东部地区	中西部地区
2017	5 657.34	2 669.55	3 154.45
2018	5 915.95	2 809.62	3 268.02
2019	6 062.90	2 937.12	3 328.57
2020	6 346.82	3 197.73	3 467.54
2021	6 486.86	3 308.79	3 537.04
2022	6 935.26	3 578.55	3 777.17
2023	7 257.82	3 854.59	3 954.32
2024	7 355.19	3 940.00	4 005.41
2025	7 542.58	4 082.89	4 110.19
2026	7 711.36	4 259.59	4 203.58
2027	7 787.03	4 333.50	4 246.84
2028	8 034.44	4 504.51	4 384.69
2029	8 091.71	4 608.21	4 417.15
2030	8 270.80	4 736.82	4 516.54

4.6.4 基于合意保障水平的农保财政负担水平评估[①]

(一)农保财政负担水平

根据分权理论,社会保障责任应在不同行政层级(中央政府与地方政府)进行合理划分。Bastable(1903)认为中央与地方支出划分应基于受益原则,受益范围涉及全国居民的属于中央财政支出责任,受益范围限于地方的属于地方财政支出责任。Oates(2012)认为公共产品按照属地进行提供会更具效率,地方政府更加熟悉辖区居民情况,公共产品提供应尽量"分权化"。农保属于准全国性公共物品(郑秉文,2011),对应的供给责任主体为

---

① 裴育,徐炜锋.我国农村社会养老保险的财政负担研究——基于适度保障水平的政策仿真[J].财政监督,2019(02):15-26.

中央,但从保证供给效率角度看,地方政府掌握了辖区农保参保群体更多具体信息,部分供给责任也应划归地方政府,因此农保这一准公共产品的供给主体既包括中央政府也包括地方政府。

当农保基金出现年度收支缺口时,其缺口填补责任将由中央政府与地方政府共同承担,问题在于中央和地方政府分摊比例应如何确定。笔者认为农保基金年度收支缺口填补责任分摊比例应在尊重当前农保制度规定的基础上,依据中央与地方的事权与财政权相对称原则来确定。当前农保制度已对中央与地方政府补助责任进行了规定,具体如表 4.37 所示,中央在农保中的财政补助责任大于地方,中央政府分摊比例应大于地方政府。具体分摊比例的确定应依据中央与地方的事权与财政权相对称原则来确定,从当前中央与地方事权与财权划分来看,财权集中于中央而事权则集中于地方,目前我国央、地财政收入比约为 4.5∶5.5,而财政支出比约为 3.5∶6.5①。综上,本节将中央政府分摊比例确定为 0.6,地方政府分摊比例确定为 0.4。

表 4.37 农保财政补贴责任一览表

补贴环节	补贴主体	补贴环节	补贴条件	补贴内容
入口补贴	地方财政	缴费阶段	缴费档次在 500 元以下	每年不低于 30 元
			缴费档次在 500 元及以上	每年不低于 60 元
			缴费困难群体	代缴部分或全部最低标准的养老保险费
出口补贴	中央财政	领取阶段	年满 60 周岁;个人缴费满 15 年或累积缴费满 15 年	70 元/月,其中承担中西部地区 100%,东部地区 50%
	地方财政	领取阶段	个人生存月数超过 139	超过 139 个月至参保人死亡阶段个人账户养老金

鉴于我国当前区域发展不均衡的现实,本节进一步将地方政府农保财政补助责任在东部地区政府与中西部地区政府进行划分。采用 2017 年东部地区人均财政收入与中西部地区人均财政收入的比例作为东部地区政府和中西部地区政府分摊比例确定依据,得到东部地区政府分摊比例为 0.3,中西部地区政府分摊比例为 0.1。

① 根据《2017 年全国财政决算》(财政部官网:http://yss.mof.gov.cn/qgczjs/index.html)相关数据计算得到。

中央与地方政府以及东部地区与在中西部地区政府农保财政负担水平的计算公式为：

$$FG_{0,t} = -0.6(AFI_t^0 - AFE_t^0) \tag{4.34}$$

$$FG_{1,t}^0 = -0.4(AFI_t^0 - AFE_t^0) \tag{4.35}$$

$$FG_{1,t}^1 = -0.3(AFI_t^0 - AFE_t^0) \tag{4.36}$$

$$FG_{1,t}^2 = -0.1(AFI_t^0 - AFE_t^0) \tag{4.37}$$

通过式(4.34)、式(4.35)、式(4.36)、式(4.37)可以预测 2017—2030 年中央与地方政府以及东部地区与中西部地区政府农保财政负担水平,预测结果如表 4.38 所示。

表 4.38　2017—2030 年农保财政负担水平

年　份	农保财政负担				
	全国财政负担	中央财政负担	地方财政负担		
			地方总计	东部地区	中西部地区
2017	3.37%	4.50%	2.44%	3.02%	1.55%
2018	3.31%	4.45%	2.39%	2.93%	1.54%
2019	3.19%	4.31%	2.29%	2.80%	1.49%
2020	3.15%	4.30%	2.25%	2.73%	1.46%
2021	3.03%	4.20%	2.13%	2.61%	1.37%
2022	3.05%	4.27%	2.13%	2.62%	1.36%
2023	3.01%	4.25%	2.09%	2.58%	1.33%
2024	2.88%	4.11%	1.99%	2.46%	1.27%
2025	2.80%	4.03%	1.93%	2.38%	1.23%
2026	2.72%	3.93%	1.87%	2.29%	1.20%
2027	2.62%	3.79%	1.78%	2.19%	1.15%
2028	2.57%	3.74%	1.75%	2.14%	1.12%
2029	2.46%	3.61%	1.67%	2.04%	1.08%
2030	2.40%	3.53%	1.62%	1.99%	1.04%

(二) 财政适度负担水平

为了对未来政府农保财政负担水平的轻重做出判断,需要确立农保财政适度负担水平,作为标尺来评价合意保障水平下农保财政负担水平是否在财政承受能力之内，是否影响财政保障能力的可持续性。借鉴边恕（2015）的方法，分别计算出全国、中央与地方、东部地区与中西部地区农保财政适度负担水平，具体计算公式如下：

$$a_{l,t}^r = \frac{FI_{l,t}^r \times \eta_t \times \lambda_l^r}{FI_t^0} \tag{4.38}$$

其中，a 表示农保财政适度负担水平，η 表示农保财政适度负担水平系数。农保财政适度负担水平系数（η）取决于三个因素，即社会保障支出占财政收入比重、社会养老保险支出占社会保障支出比重以及农村老年人口在全国老年人口中的比重。通过式(4.38)预测全国、中央与地方政府、东部地区与中西部地区政府农保财政适度负担水平，结果如表 4.39 所示。

表 4.39　2017—2030 年农保财政适度负担水平

年　份	农保财政适度负担水平				
	全国	中央政府	地方政府		
			地方总计	东部地区	中西部地区
2017	3.36%	4.49%	2.44%	3.01%	1.55%
2018	3.39%	4.56%	2.45%	3.00%	1.58%
2019	3.43%	4.64%	2.47%	3.01%	1.60%
2020	3.45%	4.72%	2.46%	3.00%	1.60%
2021	3.46%	4.80%	2.44%	2.99%	1.57%
2022	3.50%	4.90%	2.45%	3.01%	1.57%
2023	3.54%	5.01%	2.46%	3.04%	1.57%
2024	3.59%	5.12%	2.48%	3.06%	1.58%
2025	3.64%	5.23%	2.50%	3.08%	1.60%
2026	3.70%	5.34%	2.53%	3.12%	1.62%
2027	3.76%	5.45%	2.56%	3.15%	1.65%
2028	3.81%	5.56%	2.59%	3.18%	1.67%
2029	3.87%	5.67%	2.62%	3.21%	1.69%
2030	3.93%	5.79%	2.65%	3.25%	1.71%

从表 4.39 可以看出农保财政适度负担水平基本与政府财政收入成正比，财政收入越高农保财政适度负担水平越高。农保财政适度负担水平越高意味着政府可以拿出更多财政资源用于补助农保，使农保能在较高保障水平下持续运行。

(三) 农保财政负担水平评估

结合政府农保财政负担水平 (PFG)、财政适度负担水平 (a) 及其二者之差 (PFG-a) 就可以对未来农保财政负担水平进行评估,特别的,当 (PFG-a) 的值能作为判断农保财政负担水平是否超出承受范围,财政保障是否能持续。中央和地方政府 PFG、a 及 (PFG-a) 如表 4.40 所示,东部地区和中西部地区政府 PFG、a 及 (PFG-a) 如表 4.41 所示。

表 4.40　2017—2030 年中央和地方政府农保财政负担水平与适度性对比

年　份	中央政府			地方政府		
	PFG	a	PFG-a	PFG	a	PFG-a
2017	4.50%	4.49%	−0.01%	2.44%	2.44%	0.00%
2018	4.45%	4.56%	0.11%	2.39%	2.45%	0.06%
2019	4.31%	4.64%	0.33%	2.29%	2.47%	0.18%
2020	4.30%	4.72%	0.42%	2.25%	2.46%	0.21%
2021	4.20%	4.80%	0.60%	2.13%	2.44%	0.31%
2022	4.27%	4.90%	0.63%	2.13%	2.45%	0.32%
2023	4.25%	5.01%	0.76%	2.09%	2.46%	0.37%
2024	4.11%	5.12%	1.01%	1.99%	2.48%	0.49%
2025	4.03%	5.23%	1.20%	1.93%	2.50%	0.57%
2026	3.93%	5.34%	1.41%	1.87%	2.53%	0.66%
2027	3.79%	5.45%	1.66%	1.78%	2.56%	0.78%
2028	3.74%	5.56%	1.82%	1.75%	2.59%	0.84%
2029	3.61%	5.67%	2.06%	1.67%	2.62%	0.95%
2030	3.53%	5.79%	2.26%	1.62%	2.65%	1.03%

表 4.41　2017—2030 年东部地区和中西部地区政府农保财政负担水平与适度性对比

年　份	东部地区			中西部地区		
	PFG	a	PFG-a	PFG	a	PFG-a
2017	3.02%	3.01%	−0.01%	1.55%	1.55%	0.00%
2018	2.96%	3.00%	0.07%	1.54%	1.58%	0.04%
2019	2.80%	3.01%	0.21%	1.49%	1.60%	0.11%
2020	2.73%	3.00%	0.27%	1.46%	1.60%	0.14%

年　份	东部地区			中西部地区		
	PFG	*a*	*PFG-a*	*PFG*	*a*	*PFG-a*
2021	2.61%	2.99%	0.38%	1.37%	1.57%	0.20%
2022	2.62%	3.01%	0.39%	1.36%	1.57%	0.21%
2023	2.58%	3.04%	0.46%	1.33%	1.57%	0.24%
2024	2.46%	3.06%	0.60%	1.27%	1.58%	0.31%
2025	2.38%	3.08%	0.70%	1.23%	1.60%	0.37%
2026	2.29%	3.12%	0.83%	1.20%	1.62%	0.42%
2027	2.19%	3.15%	0.96%	1.15%	1.65%	0.50%
2028	2.14%	3.18%	1.04%	1.12%	1.67%	0.55%
2029	2.04%	3.21%	1.17%	1.08%	1.69%	0.61%
2030	1.99%	3.25%	1.26%	1.04%	1.71%	0.67%

对中央政府而言，*PFG* 呈下降趋势（2021—2023 年出现小幅上升），*PFG* 从 2017 年的 4.5% 下降到 2030 年的 3.53%，年均下降约 0.7%；中央政府 *a* 值则呈上升趋势，从 2017 年的 4.49% 上升到 2030 年的 5.79%，年均上涨约 0.1%；除 2017 年外，2018—2030 年（*PFG-a*）均为正，且差值呈不断扩大趋势。对地方政府而言，2017—2030 年其 *PFG*、*a* 及（*PFG-a*）的变动趋势与中央政府一致，所不同的是地方政府这三个指标的绝对数均明显小于中央政府，约为后者的 50%；地方政府 *PFG*、*a* 及（*PFG-a*）年均增长幅度也小于中央政府。从绝对数来看虽然 2017—2030 年中央政府 *PFG* 高于地方政府，但由于中央政府 *a* 值连年增长，*PFG* 却连年下降，2019 年以后中央政府（*PFG-a*）高于地方政府。无论是中央政府还是地方政府，2018 年后，（*PFG-a*）均大于零，说明中央和地方财政均有能力承担合意保障水平下对农保的补助支出。虽然中央政府在农保补助责任中承担较大责任，（*PFG-a*）来看，中央政府对农保财政保障能力强于地方政府，其中关键在于中央政府的财政负担适度水平较地方政府高，中央政府财政资源的腾挪空间更大。在现行分税制财政管理体制下，中央与地方事权的划分并不完善，央地的事权与财权、财力不匹配，地方政府在某些公共产品提供上力不从心，受到各方面因素掣肘，事权的合理划分短时间内难以做到（刘志勇，2015）。

将地方政府的财政负担按一定比例分摊到东部地区与中西部地区。对东部地区和中西部地区政府而言，*PFG* 均呈下降趋势，2017—2030 年年均分别下降 0.07％和 0.03％,说明农保财政负担水平逐年减轻,且东部地区政府负担减轻幅度大于中西部地区政府,但东部地区 PFG 绝对值大于中西部地区;a 均呈上升趋势,2017—2030 年年均分别上升 0.1％和 0.01％,说明农保财政负担适度水平逐年提高,且东部地区政府财政负担适度水平提高幅度大于中西部地区政府;$(PFG\text{-}a)$ 均大于零,除 2017 年外,2018—2030 年,东部地区与中西部地区财政均有能力承担合意保障水平下对农保的补助支出。东部地区政府的 $(PFG\text{-}a)$ 值大于中西部地区政府,前者约为后者的两倍,说明未来东部地区政府可用于补助农保的财政资源要多于中西部地区。对于农保基金的补助责任,中西部地区较东部地区承担更小的分摊比例,且其合意保障水平要低于东部地区,PFG 低于东部地区是合理的。然而未来中西部地区财政收入规模与东部地区差距仍将长期存在,且城镇化推进使中西部地区大量农村青壮年人口流入东部地区城镇,中西部地区农保缴费群体萎缩,导致中西部地区未来的农保财政保障能力不如东部地区。

从上述结果可知,无论是中央政府还是地方政府,东部地区政府还是中西部地区政府,在合理分摊比例下,以合意农保保障水平,即满足参保农民基本消费支出所确定的农保补助责任均在财政负担适度水平以内。但是,以上结论是建立在一系列前提条件上,本节几个关键前提有:政府财政收入持续增长,城镇化不断推进,农村人口总量趋于下降,政府不断加强社保投入,社保支出在财政支出中所占比重越来越大,这些关键前提的满足是结论得以成立的必要条件。

4.6.5　政策建议

(一)建立健全农保保障水平的动态调整机制

适度提高农保保障水平,建立健全农保保障水平的动态调整机制。当前我国农保制度提供的保障水平较低,难以满足老年农民基本生活需要,应从"保基本"出发,以地方财力为依据,既尽力而为,又量力而行,适度提高农保保障水平。保障水平还应有"弹性",健全农保保障水平的动态调整机制,使保障水平与农民收入或消费水平以及通货膨胀水平保持联动。

(二)建立农保补偿横向转移支付体系

建立农保补偿横向转移支付体系,抵消城镇化所带来的负外部性。目前农保对地方财政的压力主要来自农村人口结构变动,特别是年龄结构变动。由于城镇化推进过程中存在"年龄筛选机制",中西部农村地区青壮年劳动力大规模向东部城镇地区迁移,为东部地区源源不断输送"人口红利",但这一过程"人为"地加速了中西部地区农村人口老龄化进程,加重了中西部地区社保负担。本节估算也发现,农村地区人口年龄结构引起的农保财政压力,中西部地区大于东部地区。基于省份间地理紧密程度,建立省际农保补偿横向转移支付体系,可以均衡省际农保财政负担压力,缓解由人口区域流动所带来的外部性问题,抵消城镇化所带来的负外部性。

(三)逐步提高农保保障水平

逐步提高农保保障水平,发挥农保制度的保障功能。十九大报告指出保障和改善民生要着力加强社会保障体系建设,既尽力而为,又量力而行,一年接着一年干。本节研究表明适度提高农保保障水平不仅是必要的并且是可行的,适度提高农保保障水平并不会使政府财政负担超出适度水平。但应注意,农保保障水平的提高应与经济社会发展相匹配,与政府财政收入相匹配,特别的,政府财政收入的增长是农保保障水平提高速度与幅度的直接依据。

(四)合理确定政府间农保财政责任分摊比例

缩小中央与地方,东部与中西部地区财政负担差距。从政府农保财政负担能力看,中央政府强于地方政府,东部地区政府强于中西部地区政府,本着量能负担原则,未来应合理划分政府间农保财政责任的分摊比例,使政府间农保财政负担水平趋于均衡。

(五)提高农保财政补助效率

部分回归农保社会保险属性,提高农保财政补助效率。从本质说,农保制度的制度属性是社会保险而非"低保2.0"。当前农保制度的运行以财政补助为主,财政补贴达到基金收入的75%,为了维持农保制度的持续健康发展,应部分回归农保的社会保险属性,增强农保制度的自生能力,提高筹资来源中个人缴费比例。目前农民缴费档次不与农民收入水平相挂钩,大多数农民选择最低缴费档次。未来,农保应基于收入调查确定缴费标准,避免不同收入群体缴费与待遇水平趋同。另外,政府对农保的入口补贴与出口补贴应适当地向低收入群体倾斜,增强财政补助效率。

第五章　财政可持续视角下地方公共养老服务体系发展研究[①]

5.1　地方公共养老服务体系建设影响因素研究

5.1.1　背景

2017 年年末,全国 65 周岁及以上老年人口达 15 831 万人,占总人口的 4%,与 2016 年统计相比,新增老年人口 828 万,占比提高 0.6%[②]。据世界卫生组织预测,到 2050 年,中国将成为世界上老龄化最为严重的国家,60 周岁及以上老年人口占比可达 35%,远高于"60 岁以上人口占比超 10%即可认定为老龄化社会"的国际标准。由此可知,未来我国面临的养老压力将不断增长。养老服务作为养老保障体系除养老保险外的一项重要补充,同样承担着极为重要的社会养老保障功能,具有较好的发展前景。与发达国家相比,我国应对老龄化的养老服务体系建设相对滞后,不仅起步晚,养老服务整体供给不足且水平较低,而且在体系建设过程中还存在诸多问题。在老年人口不断增长、养老需求不断加大的情况下,社区居家等养老模式作为国内普遍较为认同的、可有效应对老龄化加剧状况的社会化养老模式,在解决我国数量庞大的老年人口养老问题上被寄予厚望,但其在各地的建设发展状况却并不理想,实地建设过程中暴露出的问题较多,发展缓慢。就现期建设而言,该模式对养老压力的分担作用还相对有限。因此,在传统家庭养老功能不断弱化、社区养老模式等发展不足的情况下,结合普惠型社会福利制度建设和社会保障兜底责任承担要求与目前养老服务体系建设现实情

---

①　裴育,史梦昱.地方公共养老服务体系建设水平及其影响因素研究[J].南京审计大学学报,2018,15(05):1-11.

②　数据由国家统计局、中国产业研究院数据整理计算而得。

况来看,政府作为养老服务在福利多元化视角下的供给主体之一,不论是在资金筹措、支持,还是政策落实、资源整合上,都不可避免地发挥着主导作用。因此,响应十九大报告提出的"积极应对人口老龄化,构建养老、孝老、敬老政策体系和社会环境"等有关要求,本节拟以更为符合我国目前养老服务体系建设现状的政府这一现实供给主体为视角,研究在目前养老服务体系建设过程中影响政府供给行为的因素,并为各地政府优化养老服务体系建设提供建议,以实现区域间公共养老服务建设的均衡发展,加快整体养老服务体系建设步伐。本节可能的贡献之处在于以养老服务供给主体之一的政府部门为视角,研究能够使得养老服务建设水平真正获得提升的有效途径,而非研究养老服务需求方(即老年人)的具体养老需求,却难以使得老年人所享受的养老服务质量有所提升的微观需求视角。因此,本章节在对养老服务领域现有文献进行梳理和评述的基础上,提出了可能对养老服务建设水平产生影响的有关假说。在对我国各省市养老服务建设水平进行综合评价后,选取养老服务建设水平有关影响指标进行实证分析及假说验证,并据此提出有关地区养老服务建设水平提升建议。

5.1.2　地方公共养老服务体系建设及其影响因素

老龄化程度的不断加深会对经济社会发展的方方面面产生影响。首先,老龄化的发展意味着人口结构的变动,伴随人口老龄化而来的是老年抚养比提高,社会中劳动年龄人口减少,老年人口增加,由老年人口数量的增长催生出大量的养老护理人员需求,与此同时,养老护理行业存在的年轻劳动力流失、行业就业意愿偏低以及从业人员普遍素质低下等问题,使得专业的养老护理等人力资源的缺乏成为目前多数养老机构难以获得发展的主要因素。范西莹(2013)构建了多样性逐步回归模型证实了养老机构中人力资源改善与养老服务能力提升的正相关关系。其次,老年群体的扩大意味着老年人口需求的增多,老年人对于自身养老需求的多样化,要求以政府为主体的养老服务应同样实现多样化的供给,但我国历来以普惠型社会福利制度为养老保障体系的建设目标,对不同老年群体实行差异化养老服务供给,无论是从我国养老领域的建设目标还是发展现状来看都是一项极大的挑战,由此,在我国养老服务体系建设水平发展缓慢的情况下,过快的老龄化发展必然会对政府养老服务供给能力和水平的提升产生一定影响。最后,政府部门在我国社会福利建设过程中始终承担着兜底保障责任。随着老年群体的扩大,社会中无收入、低收入老年人数量也会增多,从而使得政府对最低生活保障服务供给的需求扩大,加大政府对弱势老年群体的支出责任。

　　养老服务体系的建设离不开资金支持。一方面,政府对养老服务的财政支持是承担政府责任,起兜底保障作用。养老服务属于基本公共范畴,属于政府职责,对于养老服务需求群体中的城乡高龄老人和残疾老人,尤其是那些失能、孤寡老人,政府要提供基本生活服务,保障老年人的晚年生活,真正实现老有所养。杨宜勇和杨亚哲(2011)对上述老年群体研究后提出,必须加大养老资源的供给量,以适应老龄化、高龄化、空巢化的大趋势,这样才能促进养老质量的提高。另一方面,政府资金支出会对其他资本形成鼓励,促使社会资本进入养老行业。2015年中国养老机构发展研究报告指出,养老服务作为一项投资大、见效慢、风险高的行业,同时具有公益性和社会性,政府的政策扶持和财政支持不可缺失。政府在养老服务行业的大量投资建设以及适度的社会资本引进优惠政策会对社会资本形成导向,提高社会资本参与养老服务建设的积极性,有利于构建"服务全覆盖、各方积极参与、群众普遍认可的养老服务体系"。此外,养老服务建设资金的保障,不论是从各种不同养老模式上还是从各类具体养老服务项目上看,均有利于养老服务的供给和建设。例如,姜向群等(2011)利用2006年中国老龄科研中心城乡老年人追踪调查等数据资料进行研究,指出资金来源是制约养老机构发展的主要因素之一。

(一) 研究设计

1. 指标选取

　　政府在养老服务体系上的建设项目主要可以概括为养老床位建设、社区养老服务设施建设、养老护理员培训以及基本养老服务补贴四类。其中,养老床位建设指包含社区服务中心、社区日间照料中心等机构提供的相应床位在内的养老床位总量建设,而社区养老服务设施建设则不再将日间照料等床位建设涵盖其中;基本养老服务补贴是指地方政府对高龄老人实行的生活补助。上述四类养老服务建设项目基本涵盖了目前政府部门在养老服务上的投资建设范围。但目前各省区市对相关指标的统计口径和认定标准还存在较大差异,尤其是在对高龄老人进行基本生活补贴上,由于全国各地具体实行的补贴标准还未有统一规定,对高龄老年人的认定以及老年人每月可以享受到的补贴均是各地视财力以及经济发展状况而定,差异较大,甚至很多地方在本省区市区域内也未实现统一标准发放。因此,出于统计的可靠性,本节对相关指标进行调整,尽可能缩小各省区市间的统计口径差异。做出的相关调整如表5.1所示。

表 5.1　指标调整情况表

原有指标	替代指标	计算公式
养老床位数	每千名老年人拥有床位数	床位总数÷老年人口数
社区服务设施建设	社区服务设施覆盖率	社区服务机构数÷（村委会＋居委会）
养老护理员	社工师、助工师合格人数	社会工作师合格人数＋助理社会工作师合格人数
基本养老服务补贴	高龄津贴覆盖率	当地享受高龄津贴人数÷当地 80 岁老年人口数

调整后的统计指标与国家统计局和民政局公布的官方统计指标相一致，较原指标而言更具权威性。此外，社区服务机构覆盖率指标的选取能有效避免各地是否将社区日照中心等机构纳入统计的争议；而高龄津贴覆盖率指标的选取，一方面避免了各地政府对不同年龄段老人实行差异化补贴标准所带来的统计难题，另一方面，该指标测算享受高龄津贴的老人占当地老年人总数之比，能衡量政府高龄津贴政策的惠及程度，更符合我国普惠型社会福利制度的建设理念。因此，以调整后的指标来初步衡量我国政府在养老服务体系上的整体建设状况更为合理。

2. 熵值法

熵值法是判断指标体系中各指标离散程度的数学研究方法，各指标离散度越大，则系统结构越不均衡。因此，熵权法对熵越小的指标赋予越大权重，对熵越大的指标赋予越小权重，从而促使系统结构趋于均衡。基于这一特性，熵值法常被用于指标综合评价。

此外，熵值法是一种客观的赋权法，是在考虑客观权重的基础上提供信息因素，由此得出的权重值较主观赋权法而言真实度和准确度更高。而本节分析的主体是由政府现行供给行为所形成的四类项目共同构成的整体养老服务体系建设综合指标，并且四类项目供给之间并无主观优劣之分，因而熵值法的选用较为合理。本节通过计算熵值大小来判断指标对公共养老服务建设综合评价指标体系的影响程度。具体步骤如下：

（1）对数据 x_{ij} 进行标准化无量纲化处理，正向、负向指标处理方法如下：

正向指标处理方法：

$$x'_{ij} = \frac{x_{ij} - x_j^-}{x_j^+ - x_j^-} \tag{5.1}$$

负向指标处理方法：

$$x'_{ij} = \frac{x_j^+ - x_{ij}}{x_j^+ - x_j^-} \tag{5.2}$$

（2）指标归一化处理，计算第 i 个城市第 j 个指标下预处理后的数值占该项指标下所有值之和的比重。具体公式如下：

$$Y_{ij} = \frac{x'_{ij}}{\sum_{i=1}^{m} x'_{ij}} \quad (i=1,2,3,\cdots,n; j=1,2,3,\cdots,m) \tag{5.3}$$

（3）计算信息熵，第 j 项指标的熵值具体计算公式如下：

$$e_j = -k \sum_{i=1}^{m} Y_{ij} \ln Y_{ij} \tag{5.4}$$

其中，$k>0, k=\dfrac{1}{\ln(m)}, e_j \geqslant 0$。

（4）计算 j 列指标信息效用价值：

$$d_j = 1 - e_j \tag{5.5}$$

（5）计算 j 列指标信息权重：

$$W_j = \frac{d_j}{\sum_{j=1}^{n} d_j} \quad (j=1,2,3,\cdots,m) \tag{5.6}$$

（6）分别计算每个城市的养老床位建设、社区养老服务设施建设、养老护理员培训以及基本养老服务补贴各维度得分，并求得整体养老服务体系建设评价指标综合得分。公式如下：

$$S_{ij} = W_{ij} \times x'_{ij} \quad (i=1,2,3,\cdots,n) \tag{5.7}$$

本节对上述调整后的四项有关养老服务建设指标采用 Matlab 软件进行熵值处理，得出养老服务体系建设整体综合评价得分。由于各省区市对当地养老服务体系的建设受当年养老服务有关政策颁布、落实以及财政支持力度等因素的较大影响，各省区市间综合指标得分的纵向比较对地方养老服务体系建设能力的代表性相对较差，因此对各综合评价指标进行横向对比，观察各省区市从 2011 年至 2016 年间养老服务体系总体上的建设状况及变化趋势。从表 5.2 数据可见，全国除港澳台以外的 31 个省区市的公共养老服务体系建设总体上呈现上升趋势。浙江、江苏、广东、广西、山东以及湖南等多数地区的养老服务体系建设综合指标得分整体上呈现较为平稳的增长趋势，其中，福建综合得分总体偏低，但保持持续增长，广西在整体增长过程中呈现出微小波动，而江苏在 2012 年达到最高值后回落，并于后期实现较为平稳的增长。此外，北京、四川、辽宁、重庆以及河北等不少地区的养老体系建设综合得分波动较大。例如，上海前期增长较为平缓，2016 年实现较大增长,得分值由 0.167 5 变为 0.200 7;海南与河南得分值变化情况趋同,均于 2014 年实现年度最高值后出现回落;而北京则是 31 个省区市中波动最大的,2012 年指标综合得分为全国最高,2015 年得分为全国最低,该市分值的较大波动可能是受当地政府出台有关养老政策以及相关政策变动的影响。

表 5.2　2011—2016 年地方公共养老服务体系建设综合指标得分

地 区	2011	2012	2013	2014	2015	2016
北京	0.138 0	0.190 8	0.186 2	0.179 5	0.137 1	0.168 4
天津	0.134 0	0.135 0	0.176 9	0.162 1	0.185 5	0.206 5
河北	0.119 4	0.129 5	0.186 1	0.190 7	0.189 0	0.185 3
山西	0.131 7	0.137 0	0.167 5	0.180 2	0.173 3	0.210 2
内蒙古	0.133 6	0.137 7	0.147 6	0.175 4	0.205 0	0.200 7
辽宁	0.126 2	0.167 8	0.183 4	0.171 8	0.160 7	0.190 1
吉林	0.135 3	0.166 6	0.158 2	0.157 8	0.173 6	0.208 5
黑龙江	0.138 5	0.156 8	0.151 8	0.160 3	0.191 6	0.201 0
上海	0.144 9	0.162 0	0.160 6	0.164 4	0.167 5	0.200 7
江苏	0.126 0	0.162 7	0.177 5	0.173 6	0.181 3	0.178 8
浙江	0.135 4	0.157 8	0.162 9	0.182 2	0.177 1	0.184 6
安徽	0.115 3	0.145 9	0.166 6	0.188 9	0.182 6	0.200 6
福建	0.106 6	0.117 3	0.139 8	0.161 2	0.162 3	0.171 5
江西	0.157 4	0.148 6	0.155 8	0.169 3	0.176 7	0.192 2
山东	0.139 0	0.161 7	0.169 6	0.168 2	0.170 3	0.191 1
河南	0.138 0	0.142 8	0.160 6	0.193 5	0.176 7	0.188 5
湖北	0.129 2	0.152 7	0.161 0	0.169 4	0.171 3	0.216 4
湖南	0.127 0	0.159 0	0.172 8	0.170 6	0.179 0	0.191 5
广东	0.127 3	0.153 8	0.172 9	0.172 1	0.179 3	0.194 6
广西	0.121 2	0.128 8	0.164 1	0.184 4	0.193 3	0.208 3
海南	0.114 0	0.136 0	0.162 2	0.195 7	0.174 6	0.216 9
重庆	0.127 7	0.154 4	0.175 6	0.161 1	0.195 7	0.185 5
四川	0.124 8	0.152 7	0.166 9	0.157 5	0.178 3	0.219 8
贵州	0.121 6	0.134 6	0.151 4	0.171 0	0.205 3	0.216 1
云南	0.140 2	0.147 3	0.149 8	0.154 9	0.186 3	0.221 4
西藏	0.180 8	0.157 1	0.147 4	0.166 8	0.204 5	0.143 3

地　区	2011	2012	2013	2014	2015	2016
陕西	0.125 4	0.144 9	0.156 2	0.161 1	0.198 5	0.213 8
甘肃	0.122 9	0.144 9	0.163 3	0.175 4	0.192 0	0.201 5
青海	0.126 7	0.144 9	0.161 8	0.170 2	0.182 7	0.213 6
宁夏	0.170 5	0.175 2	0.142 1	0.146 9	0.167 1	0.198 2
新疆	0.142 7	0.141 7	0.151 4	0.171 0	0.199 9	0.193 3

（二）变量定义

1. 被解释变量

本节将经由熵值法处理得出的综合指标评价得分作为被解释变量，用来衡量地方政府在养老服务体系上的建设与供给能力，以避免各地养老服务指标考量差异对研究结果产生较大影响。

2. 解释变量

本节选取的可能对地方政府进行养老服务体系建设产生影响的指标共10个，按各解释变量对体系建设产生影响的路径差异，可大致分为养老需求、政府行为以及资金筹措三类。

对于当地老年人养老需求大小对政府养老建设供给的影响，本节选取各地老年抚养比和纳入政府城乡最低生活保障范围人数这两个指标进行衡量。老年抚养比是社会中老年人口与劳动年龄人口之比，具体来说就是每100名劳动年龄人口需要负担的老年人口数。一个地区老年抚养比越高，说明人口结构中老年人占比越高，养老需求越大，而老年人的养老需求必然影响政府对养老服务作为公共物品的供给，同时，人口因素对公共物品的供给具有重要影响，因而老年抚养比作为人口结构变化的一种度量也会影响政府养老服务建设。此外，城乡最低生活保障人数指标可能主要通过影响政府资金支出继而对养老体系建设产生影响。政府承担社会保障兜底责任，为低收入、无收入人群提供最基本的生活补助，纳入政府低保范围人数越多，政府财政资金的硬性支出就越大，从而对当地公共养老服务建设产生影响。

与政府行为相关的两项指标分别为社会保障和就业支出占预算安排的比重以及民政部行政单位县级以下的基层工作人员数。其中县级以下基层工作人员数指标的选取主要由于基层政府在基本公共服务供给上具有靠近人民群众从而更为了解群众真实需求的优势。但考虑到县级以下工作人员基本是作为上级政府发行政策的执行者和落实者,在现实的行政机构运行过程中并没有决策参与权,因此,该指标对政府养老服务体系建设的影响还需进一步研究。

各地资金的充裕程度必然会对政府养老服务体系的建设产生影响,因而本节将政府建设资金筹措直接来源中的中央专项拨款和福利彩票公益金提取这两项作为影响政府建设资金的主要指标。其中,福利彩票公益金提取不仅仅是作为政府养老服务供给资金来源之一,而且亦可视为社会力量对养老事业的参与。社会力量积极参与到养老事业中,从而推进养老服务社会化,有助于促进养老服务产业的发展及社会稳定。因此,公益金提取指标的选取有其合理性。此外,地方当年土地成交价格会对政府在养老服务机构以及设施建设上的用地成本产生直接影响,是间接影响政府建设资金的因素之一。需要指出的是,虽然当年土地成交价格是影响地方政府财政收入的重要甚至是关键因素之一,但是纵观老年福利支出资金来源构成,公共财政对其支出占比极小,如胡祖铨(2015)对政府公共财政支出测算后得出,老年福利支出占比仅为1‰,因此,可以认为当年土地成交价格对养老服务建设的影响主要体现在建设成本支出上,所以本节对该指标的选取也较为合理。

综上所述,本节最终选取民政部基层行政人员数(lngradm)、老年抚养比(edepend)、城乡最低生活保障人数(lnsuballow)、中央专项拨款(lnearmark)、土地成交价格(lnloadp)、社会保障和就业支出比(secexpend)以及福利彩票公益金提取(lnwelfund)共7项指标作为解释变量。

3. 控制变量

影响政府养老服务体系建设的有诸多因素,地方经济发展水平的高低也是其中之一。例如,张雪梅等(2008)从四个方面对农村家庭养老问题进行了研究,进而提出将夯实农村经济基础作为解决农村养老发展问题的方案之一。因此,本节选取地区生产总值(lngdp)、电信业务总量(lntelecom)以及医疗卫生机构数(lnmedical)等能够反映一地经济发展水平的三项指标为控制变量。其中,电信业务量是指以货币形式表示的电信企业为社会提供的各类电信服务的总数量,它不仅仅是反映地方经济发展水平的指标之一,而且能够反映当地通信媒体的发达程度,通信媒体通过信息选择和甄别进而对政府养老服务供给的有关决策产生影响。本节采用的是统计局公布的年度地方电信业务总量。由此,变量的具体定义如表5.3所示。

表 5.3　变量定义表

变量类型	变量名称	变量符号	变量定义
被解释变量	养老服务体系建设	lnpss	由政府在养老服务体系建设上的四类投资项目通过熵值法得出的综合评价指标构成
解释变量	民政部基层行政人员	lngradm	民政部门中县级以下工作人员数
	老年抚养比	edepend	衡量各省市面临的养老压力,反映政府养老服务供给的需求
	城乡最低生活保障人数	lnsuballow	纳入政府城乡最低生活保障人数
	中央专项拨款	lnearmark	中央对地方民政事业建设专项拨款数额
	土地成交价格	lnloadp	衡量政府养老机构设施建设的用地成本
	社会保障和就业支出比	secexpend	各省区市社会保障和就业支出占预算支出比重
	福利彩票公益金提取	lnwelfund	各省区市民政部用于社会福利事业的彩票公益金提取额
控制变量	地区生产总值	lngdp	衡量各省区市经济发展状况
	电信业务总量	lntelecom	衡量地方信息、媒体等电信服务量
	医疗卫生机构数	lnmedical	衡量各省区市医疗卫生机构数量

4. 样本及数据来源

本部分实证采用 2011—2016 年全国除港澳台外的 31 个省区市的面板数据进行分析,解释变量的原始数据来源于中国国家统计局和中国民政部的官方统计,模型最终使用的被解释变量指标数据是对上述原始数据采用 Matlab 2004 软件进行熵值法处理后的综合指标评价得分,并非官方原始数据。文中所涉及解释变量的有关数据中,当年土地成交价格是由中国国家统计局和中国指数研究院共同提供,医疗卫生机构数据是由国家卫生和计划生育委员会、国家中医药管理局提供,其余均是来源于国家统计局和民政部官网,少数数据存在缺失。文中对均值较大的正整数变量采取对数化处理后进行实证分析,实证部分通过 Stata 14.0 软件完成。

5.1.3　地方公共养老服务体系建设影响因素实证分析

(一) 描述性统计

表 5.4 为本节对实证变量的描述性统计结果。由表 5.4 可以看出,民政部基层行政人员数、中央专项拨款以及纳入政府城乡低保范围的人数这三项

处于政府直接管控下的指标在各省区市间的差距不大,说明上级政府在养老服务体系建设中对于区域间的均衡发展较为关注。反观与地区自身发展状况有关的指标,包括地区生产总值、当年土地成交价格以及电信业务量等,地区之间的差异比较明显。例如,当年土地成交价格指标,样本数为185,缺失西藏2013年土地成交价格数据。对当年地价取对数后其最大值为16.45,是全国最小值6.59的近2.5倍,差距明显。同样,一些由地方政府部门承担建设和管理责任的指标也呈现出明显的地区差异,就福彩公益金提取的对数值而言,其最小值为0(log 1=0),代表西藏2012年1亿元的公益金提取,最大值4.17(log 64.6=4.168)则是对广东2013年64.6亿元的公益金提取数额对数化的结果。此外,由老年抚养比最大值20.04%与最小值6.71%的对比发现,我国各省区市间的人口年龄构成以及老龄化程度差异比较明显。

表 5.4　所有变量描述性统计分析

变量名	样本数量	均　值	标准差	最小值	最大值
养老服务体系建设	186	−1.808 201	0.155 958 7	−2.238 335	−1.507 729
民政部基层行政人员	186	7.534 788	0.790 858	5.966 147	8.892 061
老年抚养比	186	12.819 03	2.794 526	6.71	20.04
城乡最低生活保障人数	186	14.254 92	1.010 583	11.764 94	15.644 93
中央专项拨款	186	13.192 5	0.765 716 1	11.449 66	14.411 71
社会保障和就业支出比	186	0.126 458 1	0.028 489 8	0.073 487 4	0.255 992 9
土地成交价格	185	14.279 21	1.414 399	6.587 55	16.454 13
福利彩票公益金提取	186	2.550 842	0.775 790 9	0	4.168 214
地区生产总值	186	9.598 641	0.973 241 2	6.406 6	11.300 41
电信业务总量	185	5.940 215	0.871 839 5	3.172 204	8.055 167
医疗卫生机构数	186	10.050 09	0.862 893 9	8.326 517	11.303 07

(二) 相关性分析

本节对模型中的所有变量进行 Pearson 相关性分析,结果如表 5.5 所示。其中,老年抚养比与养老服务体系建设综合评价指标在1%的水平上显著正相关,初步说明老年抚养比越高,政府养老服务体系建设综合评价越高。该结论有违常理,还须通过具体模型进一步检验。此外,中央专项拨款以及福彩公益金提取分别在5%和1%的水平上与养老体系建设呈正相关关系,初步说明财政资金保障以及社会力量参与到养老事业中有助于政府对养老服务的供给和建设。

表 5.5 各变量间相关性分析

	养老服务体系建设	民政部基层行政人员	老年抚养比	城乡最低生活保障人数	中央专项拨款	社会保障和就业支出比	土地成交价格	福利彩票公益金提取	地区生产总值	电信业务总量	医疗卫生机构数
养老服务体系建设	1										
民政部基层行政人员	0.031 7	1									
老年抚养比	0.236 5***	0.339 7***	1								
城乡最低生活保障人数	−0.059 5	0.845 1***	0.285 8***	1							
中央专项拨款	0.163 0**	0.844 5***	0.498 8***	0.822 8***	1						
社会保障和就业支出比	0.157 0**	0.145 6**	0.273 0***	0.244 5***	0.419 1***	1					
土地成交价格	−0.074 5	0.388 1***	0.498 1***	0.202 5***	0.359 5***	−0.063 5	1				
福利彩票公益金提取	0.193 7***	0.637 8***	0.538 0***	0.361 5***	0.535 6***	0.076 6	0.765 4***	1			
地区生产总值	0.110 3	0.608 5***	0.559 4***	0.319 9***	0.488 3***	−0.022 4	0.849 4***	0.923 0***	1		
电信业务总量	0.140 1*	0.641 5***	0.499 2***	0.371 1***	0.513 8***	−0.055 9	0.817 7***	0.908 9***	0.949 6***	1	
医疗卫生机构数	0.007 9	0.936 2***	0.422 7***	0.806 2***	0.805 7***	0.162 3**	0.475 0***	0.667 5***	0.665 2***	0.692 1***	1

注：*表示 $p<0.1$，**表示 $p<0.05$，***表示 $p<0.01$。下同。

(三) 回归分析

本节对上述变量的相关数据进行面板分析,通过多重共线、异方差以及自相关检验,发现异方差检验的卡方值为 86.71,自相关检验的 F 值为 15.455,均拒绝原假设,模型存在较为明显的异方差和自相关,因此最终选取广义最小二乘法模型对异方差和自相关问题进行修正,实证分析模型如下:

$$\ln pss_{i,t} = \beta_0 + \beta_1 \ln gradm_{i,t} + \beta_2 \, edepend_{i,t} + \beta_3 \ln suballow_{i,t} +$$
$$\beta_4 \ln earmark_{i,t} + \beta_5 \, secexpend_{i,t} + \beta_6 \ln loadp_{i,t} +$$
$$\beta_7 \ln welfund_{i,t} + \beta_8 \ln gdp_{i,t} + \beta_9 \ln telecom_{i,t} +$$
$$\beta_{10} \ln medical_{i,t} + \gamma_{i,t} \tag{5.8}$$

表 5.6 显示了采用广义最小二乘法模型的回归结果。由表 5.6 可以看出:民政部基层行政人员数、纳入城乡低保范围的人数以及地方当年土地成交价格分别在 1% 的水平上与养老服务体系建设的综合评价显著负相关,而地方老年抚养比、社会保障和就业支出占比分别在 5% 以及 10% 的显著性水平上与养老体系建设负相关。此外,电信业务量、中央专项拨款以及福利彩票公益金提取与政府养老服务体系建设呈正相关关系,前二者在 1% 的水平上显著,后者在 5% 的水平上显著。

表 5.6 广义最小二乘法模型的回归结果

变量代码	回归系数	标准差	Z 值
民政部基层行政人员	−0.118***	0.035	−3.41
老年抚养比	−0.009**	0.004	−2.29
地区生产总值	−0.029 8	0.031	−0.97
电信业务总量	0.176***	0.026	6.7
城乡最低生活保障人数	−0.274***	0.028	−9.68
中央专项拨款	0.476***	0.037	12.93
社会保障和就业支出比	−0.602 8*	0.311	−1.94
土地成交价格	−0.103***	0.011	−9.02
医疗卫生机构数	−0.041 7	0.026	−1.62
福彩公益金提取	0.059**	0.023	2.53
cons	−2.095***	0.268	−7.83

注: * 表示 $p < 0.1$, * * 表示 $p < 0.05$, * * * 表示 $p < 0.01$。

(四) 实证结果

由上述实证分析可得以下结论:地方当年土地成交价格与政府养老服务体系建设综合评价在1%的水平上显著为负,说明地方地价越高,越不利于政府对养老服务体系的建设。首先,虽然高地价可视为地方经济发展程度较好的一种反映,但是高昂的地价会直接提高政府对养老机构以及养老服务设施等进行建设的用地成本,增加政府民政资金支出压力,从而影响政府对养老服务硬件设施的建设。其次,由较高地价带来的养老服务建设成本不利于小型社会资本进入养老服务市场,养老服务作为一类带有社会福利性质的行业,其盈利性本身较其他行业而言略差,且目前我国养老机构运营普遍需要自负盈亏,若再要面临较高的前期投资建设成本,无异于是在无形中对财力有限的民间资本设立了一道隐性的行业进入门槛,这会降低民间资本参与养老事业的积极性,不利于社会资本广泛参与到养老服务体系建设中来,从而导致我国社会多元化养老服务体系的建设道路困难重重。此外,社会资本参与的缺失也必然会加重政府的养老负担压力,进而影响政府部门对养老体系的建设;民政部基层行政人员数与政府养老服务体系建设在1%的水平上显著为负,即基层行政人员越多,越不利于政府对养老服务体系的建设。这说明县级以下基层行政工作人员单纯作为上级政府相关养老政策的执行者和落实者,并不具有反映老年群体真实养老需求,进而优化政府部门对养老服务供给结构的优势,反而可能由于基层行政人员过多而造成民政部门机构冗杂,进而影响到机构服务效率以及管理体制、机制的运行;中央专项拨款、福利彩票公益金提取与养老服务体系建设综合评价呈正相关关系。首先,中央专项拨款为地方政府进行养老服务体系建设提供了最为基本的资金保障;其次,由上文对各省区市养老服务体系建设综合评价得分的横向对比分析可知,中央专项拨款作为国家的宏观调控手段之一,有利于实现养老服务体系建设在地区间的均衡发展。而福彩公益金提取一方面作为政府养老资金的重要来源之一,同中央专项拨款一起为养老建设提供资金保障;另一方面又作为社会力量参与到养老事业发展过程中,有利于社会化养老服务体系的建设和发展。老年抚养比与政府养老服务体系建设呈现负相关关系。这说明老年抚养比越高,越不利于养老服务体系建设。老年抚养比表示社会中老年人口与劳动年龄人口之比。老年抚养比的提高反映出青壮年劳动人口的相对减少,在这种趋势下,每名青壮年劳动人口所承担的养老压力会加大,传统的家庭养老模式受到挑战。但许多老年人受传统养老观念束缚不愿意接受社会养老。穆光宗(2012)提出,人口急剧变迁下,机构养老不是作为补充,而应该是养老体系的支撑,但是机构养老由于缺乏居家认同,在总量上供给不足的同时还存在利用率不高的问题。而吴敏(2011)通过理想值分析后针对部分养老机构存在的上述同类问题提出要加强工作人员,尤其是养老护理员培训来增强养老机构竞争力,从而提高固定资产利用率。但是,在老年抚养比不断提高的情况下,养老护理人员也必然会面临短缺现象。因此,由上可知,无论是从老年抚养比过高,最终导致养老机构利用率不高来看,还是从其会造成养老护理人员短缺,从而影响养老服务的供给质量上来看,老年抚养比的提高都不利于养老服务体系的建设;值得关注的是,地方社会保障和就业支出占预算安排比重指标的回归结果与养老服务建设呈现负相关关系,说明以往有些学者提出的要求提高社保和就业支出比重以促进公共服务建设的有关建议并非绝对有效,或许与单纯要求提高其占比,从而使支出总量获得增加相比,对支出结构进行调整以提高公共财政支出效率更为合理。

5.1.4 政策建议

根据上述政府养老服务体系建设有关影响因素的分析结论,本节提出如下针对性建议。

(一)加大对养老服务建设用地优惠力度,实行相关建设补贴

地价的提升会导致养老服务建设用地成本的提高,不利于社会资本进入养老服务行业。因此,政府部门首先要加强对经济的宏观调控,稳定地价;其次,对参与养老服务建设的社会资本给予更多的土地优惠政策,减少其前期建设投入成本,降低社会资本隐性的行业进入门槛,从而提高社会资本参与度。郝秋江(2017)对成都市民办养老机构进行的研究表明,政府的政策支持和补助对于机构设施等建设初期的作用较大,而在机构运营过程中作用并不明显。因此,政府部门可考虑适当调整现行对于社会资本参与养老服务建设所制定的相关优惠政策,对参与者提供更多的土地使用优惠,减少相应的机构运营补贴,加大建设补贴力度。

(二)拓宽养老资金来源,提高福彩公益金提取比

养老服务体系的建设离不开各方资金的有力支持。首先,政府对养老服务体系建设要提供长期稳定的财政支持,在财力允许的情况下可适当增加政府部门的财政支出力度,可逐年提高福利彩票公益金提取比,为养老服务体系建设的资金来源提供相应保障。其次,地方政府有关部门可牵头组织举办社会公益事业、社会捐赠等活动,扶持当地社会公益组织的建设与发展,加大养老服务建设宣传力度,提高群众对于社会福利事业的参与度与社会责任感,从而促进养老、孝老、敬老的良好社会氛围的形成。

(三) 注重资源配置,优化政府资金支出结构

各地养老服务体系的建设要做到因地制宜。由上文分析可知,社会保障类别上财政资金支出绝对量的提高并非绝对会有利于养老服务体系建设,同时地区生产总值与养老服务建设的相关性也并不显著。这对于经济发展相对落后地区的养老服务建设发展可能是一个契机,地方经济发展水平的落后并不绝对会成为当地养老服务发展的桎梏。因此,相比于财力不足的省区市,地方财政资金相对充裕的地区自然可以增加社会福利支出,拓宽建设资金投入,同时某种程度上作为政府对养老服务建设支持的一种政策导向;而若地方政府财力有限,则可考虑对养老服务建立起专业的供需分析评估机制,对当地老年群体的真实需求以及政府养老服务供给现状进行专业分析,从而对现行的财政支出结构进行优化和调整,提高财政资金使用效率,而不是一味地追求社会福利支出总量的增加。

(四) 提供差异化养老护理服务,应对养老护理员短缺

在老龄化趋势不断加深、养老负担系数不断增长情况下,养老护理人员的短缺可能无法避免,在面临总量不断增长的老年人口养老护理问题上,政府部门需要提前做好规划:首先要消除就业人员的行业偏见。目前我国养老服务行业的就业人员主要是由年龄偏大的剩余劳动力构成,就业人员文化程度以及业务素质较低,应届毕业生出于行业偏见对养老服务类的职位就业意向不高。对此,政府部门可促成当地养老院与学院的定点、定向合作,倡导帮老、助老的社会实践活动,推动高校加强就业指导,转变年轻人对养老服务业的就业观念。此外,对于经济发展相对落后地区的养老服务就业人员,政府部门可给予适当的生活补助或待遇补贴,避免养老护理人员流失,造成有关机构养老服务供给质量低下以及区域间养老护理资源分布不均,加剧地区间养老服务发展的不均衡。其次,政府部门可考虑对健康状况不同的老年人提供差异化的养老服务,建立老年人健康管理档案,对于健康状况好的老年人进行定期诊疗和护理,而对于健康状况较差、生活不能自理的老年人则提供长期看护服务,从而利用有限的养老护理资源为尽可能多的老年人提供优质的养老护理服务。因而,后期对于地方养老服务建设水

平的提升路径探索可以在研究政府部门养老服务供给的基础上,与老年人的具体养老需求进行对比分析,继而对政府养老服务供给建设有关因素进行微调,从而实现地方养老服务整体建设水平以及老年人养老服务满意度的双重提升。

5.2 地方公共养老服务体系改善与财政可持续发展研究

本章节首先就当前全国养老服务发展现状、问题及其对策进行阐述,其次,对全国各省份的养老服务改善与地方财政可持续的关系进行研究。

5.2.1 我国公共养老服务发展现状

据统计,2018 年年末中国大陆总人口为 139 538 万人,其中 65 岁及以上人口达 16 658 万人,占总人口的 11.9%,与 2017 年的 11.4%相比,增加了 0.6%,65 岁及以上老年人口增加 827 万,老龄化程度不断加深。此外,中国较世界情况而言面临更为严峻的养老问题。表 5.7 反映了 2013—2018 年中国及世界老年抚养比变化情况,由表可知,中国负担老年系数由 2013 年的 13.1%增长为 2018 年的 16.8%,增长 3.7%,高于世界 1.4%的增长。此外,数据显示,2018 年,中国每 100 名劳动年龄人口相比于世界水平需要多承担 3.3 名(=16.8−13.5)老年人的养老负担。

表 5.7 2013—2018 年中国及世界老年抚养比(负担老年系数)情况表

单位:%

年　份	中国抚养比	世界抚养比
2013	13.1	12.1
2014	13.7	12.3
2015	14.3	12.6
2016	15.0	12.9
2017	15.9	13.1
2018	16.8	13.5

数据来源:中国国家统计局和世界银行。

一方面,就全国而言,中国面临老年人口不断增长,劳动人口养老负担不断加重问题;另一方面,就中国的各省份而言,较大的城乡养老服务发展差距不可忽视。农村经济发展和基础设施建设的相对滞后致使农村劳动力流失严重,无疑会加剧城乡养老服务发展的不均衡。表 5.8 显示,从 2013 至 2018 年城镇居民可支配收入与农村居民的差距从 17 037.4 元增加到 24 633.8 元,城乡居民可支配收入差距逐渐拉大。此外,根据东、中、西及东北地区人均可支配收入的差距,可发现从 2013 年至 2018 年各地区居民可支配收入始终保持"东多西少"的态势。城乡之间经济发展水平的差距扩大会不断加大城市与农村的养老服务供给水平差距,加剧城乡区域间的发展不均衡,更不利于政府统筹城乡发展的战略政策引导。

表 5.8　中国 2013—2018 年人均可支配收入

单位:元

年　份	城乡分组		地区分组			
	城镇	农村	东部	中部	西部	东北部
2013	26 467.0	9 429.6	23 658.4	15 263.9	13 919.0	17 893.1
2014	28 843.9	10 488.9	25 954.0	16 867.7	15 376.1	19 604.4
2015	31 194.8	11 421.7	28 223.3	18 442.1	16 868.1	21 008.4
2016	33 616.2	12 363.4	30 654.7	20 006.2	18 406.8	22 351.5
2017	36 396.2	13 432.4	33 414.0	21 833.6	20 130.3	23 900.5
2018	39 250.8	14 617.0	36 298.2	23 798.3	21 935.8	25 543.2

数据来源:中国国家统计局、中国人力资源和社会保障部。

5.2.2　我国公共养老服务发展存在的问题

虽然我国政府为应对不断加剧的老龄化做出了包括出台《国家积极应对人口老龄化中长期规划》(以下简称《规划》)等政策指导文件在内的一系列努力,但农村养老服务发展滞后的现实还是不容忽视,至少农村在"人""财""物"三个方面落后于城市养老服务发展上的问题值得我们重视。

(一) 资金保障

政府在养老服务保障上投入的财政性资金不足几乎是各个地方公共养老服务发展的通病,而就从全国各个省份养老服务保障的投入资金来看,就算是经济比较富庶的江苏和浙江两省,农村养老服务发展的保障资金不足问题同样存在,主要表现为社会资本参与积极性差以及政府投入机制不足。地方养老服务体系的建设系统十分复杂,若仅有政府存在于系统中,不仅其所能提供的财政资金相比于体系建设需求而言只是杯水车薪,还会形成其经营无竞争的环境,造成机构普遍运营效率低下。而在农村,作为养老服务资金重要来源之一的社会资本缺失更甚。表 5.9 统计了 2012—2017 年中国不同性质的养老服务机构初期投资规模情况,表中不同性质单位划分以其所执行的不同类型会计制度为参考,以固定资产原价高低简单衡量不同类型单位初期投资规模大小。由表 5.9 可知,政府(行政机关)对其的建设投资规模呈下降趋势,民间社会组织投资规模逐年增长,说明政府职能转变、全面开放养老服务市场的政策要求取得了一定成效,总体上社会资本参与度有所提高。政府投入机制不足作为农村养老服务发展财力保障上存在的问题之一,主要体现在政府于社会保障领域投入的财政总量相对较少,以及最低生活保障投入不足两个方面。公共服务财政支出比重小。政府要求开放养老服务市场无可厚非,但政府财政作为民生发展的兜底保障线,其支出责任不可缺失。表 5.10 统计了 2012—2018 年中国历年的社会保障和就业支出及其占政府一般公共预算支出比重的变化情况。由表可知,社会保障和就业支出比重与其他支出相比占比较小,虽然从 2012 年到 2018 年政府历年社会保障和就业支出额均有增加,但其占总预算支出比重却变化不大,7 年间增长率仅为 2.52%,且历年增长率普遍偏低,其增长可谓是微乎其微。

表 5.9 2012—2017 年中国不同性质养老服务机构固定资产原价情况表

单位:亿元

年　份	社会组织	自治组织	事业单位	行政机关
2012	1 425.4	2 052.3	47	344.1
2013	1 496.6	1 969.1	46.8	185.4
2014	1 560.6	2 048.6	46.8	169.3
2015	2 311.1	2 639.3	48.5	251.5
2016	2 740	1 067.3	54.4	192.4
2017	2 802.2	833.5	57.6	224.3

数据来源:中国民政部。

表 5.10 2012—2018 年中国社会保障和就业预算支出情况表

单位:亿元

年　份	社会保障和就业支出	一般预算支出	占　比
2012	11 999.85	107 188.34	11.20%
2013	13 849.72	119 740.34	11.57%
2014	15 268.94	129 215.49	11.82%
2015	18 295.62	150 335.62	12.17%
2016	20 700.87	160 351.36	12.91%
2017	23 610.57	173 228.34	13.63%
2018	25 827.54	188 196.32	13.72%

数据来源:中国财政部、中国国家税务总局。

　　我国城乡最低生活保障制度发展普遍比较缓慢。地方财政作为城乡最低生活保障资金的主要来源,并且中央未对地方城乡最低生活保障制定统一标准,因此,取决于地方政府财力大小而实现的保障水平高低差距就显得尤为明显。不仅体现在各省市间存有差距,省内各地区、城乡之间的补贴保障水平也各有高低。如表 5.11 所示,全国城乡最低生活保障预算资金支出从 2012—2018 年间均有增长,且增幅不小。但城乡补贴水平差距不小,虽然城市和农村每人每年补贴水平绝对量在持续增长,但城市补贴标准几乎维持在农村的 1.5 倍以上,其中,2012 年城市补贴水平是农村的 1.91 倍。这种补贴标准的差距对于年收入本身就远低于城市的农村居民而言,无异于是需要承担更大的养老负担。

表 5.11　2012—2018 年城乡最低生活保障预算资金总体支出和补助水平情况表

年　份	城市支出 (亿元)	农村支出 (亿元)	城市补贴 水平(人/年)	农村补贴 水平(人/年)
2012	674.3	718.0	3 961.2	2 067.8
2013	756.7	866.9	4 476	2 434
2014	721.7	870.3	4 932	2 777
2015	719.3	931.5	5 413.2	3 177.6
2016	687.9	1 014.5	5 935.2	3 744.0
2017	640.5	1 051.8	6 487.2	4 300.7
2018	575.2	1 056.9	6 956.4	4 833.4

数据来源:中国民政部。

(二) 资源利用

　　农村庞大的老年人口催生了巨大的养老服务需求,但在农村养老服务发展过程中,养老机构入住率低、公共养老资源闲置等现象却并不少见。自养老服务体系建设以来,养老机构设施建设一直是政府财政性资金投入最多的发展项目。虽然按照《规划》提出的每千名老人拥有 35～40 张床位,护理型床位比例不低于 30% 的建设标准来看,目前所能提供的养老床位数远远不够,但在床位总量无法匹配老年人口的情况下,全国却存在养老床位的利用率总体偏低的情况。如图 5.1 所示,养老服务机构收养人数在总体上呈现逐年增长趋势,养老机构床位数也呈现出逐年增长趋势,但是养老服务机构床位数增长率要高于收养老人增长率。这说明今后养老机构床位空置数会逐渐增加,养老资源存在浪费。另外养老床位资源配置不尽合理。

一份基于中国老年人口的调查数据显示:在生活照料、医疗护理、精神慰藉、文化娱乐以及法律援助这五项养老服务内容中,选择机构养老的老年人对于前三项服务需求占有绝对优势比,也因此实质上老年人对于养老服务的需求绝不仅仅局限于住宿需要。此外,相关实证数据显现,经济状况越好的老年人其健康状况也越好。而就城乡而言,一方面农村老年人口较多,其所需的相应服务量也更大;另一方面,农村老人收入水平明显低于城市老人,出于健康状况,农村老人在养老服务需求中会更加倾向于医疗、护理等服务。但表5.12中数据显示,2017年在农村养老机构中覆盖率占比几乎是城市的三分之一,而在最初的2013年,这一数字在农村与城市几乎持平。由此可见农村养老床位资源配置与当地老人养老需求的城乡差距。

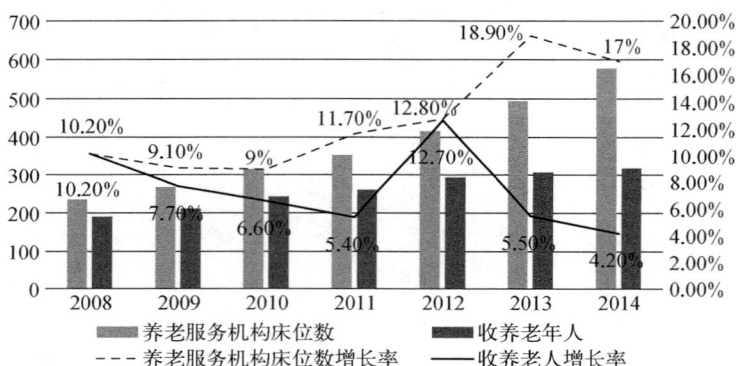

图 5.1　2008—2014 年养老服务机构年末床位数和收养人数及增长率变化
数据来源:中国民政部。

表 5.12　2013—2017 年城乡养老床位覆盖率情况表

年　份	城市养老服务			农村养老服务		
	机构床位数（万个）	低保人数（万人）	覆盖率（人/个）	机构床位数（万个）	低保人数（万人）	覆盖率（人/个）
2013	97.1	2 064	21.26	272.9	5 388	19.74
2014	108.5	1 877	17.30	219.6	5 207	23.71
2015	116.4	1 701.1	14.61	177.1	4 903.6	27.69
2016	135.9	1 480.2	10.89	179.9	4 586.5	25.49
2017	143.9	1 261	8.76	176.7	4 045.2	22.89

数据来源:中国民政部。

（三）养老机构人员素质及观念

机构、体制的良好运行离不开人，而其运行过程中产生的许多问题也往往是由人员素质及观念等因素诱发。同样，农村养老服务在其发展过程中在相关人员方面也存在不少问题。养老作为一项基本公共服务，其有关具体措施的落实主要是由地方基层政府负责，从而地方政府领导对于养老服务的重视程度、工作人员的服务意识和业务素质高低等因素就直接影响到当地养老服务供给质量的优劣。在农村，老年人受受教育程度、生活阅历以及精力等限制，面临政府工作人员不尽职、服务不到位等情况，极少会选择有效的维权途径，从而使得政府养老服务供给活动缺少反馈机制，造成有关工作人员长期不作为，根本无法满足农村老年人日益增长的养老需求。

另外，农村养老机构还存在专业服务人员不足、人员流失问题。农村养老机构的服务质量远低于城市，主要表现在农村就业人员的受教育程度以及人员的年龄构成比上。表5.13统计了2015—2017年城乡养老服务机构职工中受教育程度在专科、本科及以上学历人数及其占职工总人数之比的情况，对比发现，在城市养老服务机构中高学历职工占比始终是农村该项数值的1.5倍以上。甚至农村2017年所达到的比重还低于城市2015年就已达成的比值。此外，单就本科及以上学历职工人数而言，农村每年就业人员增加值很低，甚至于2016年呈现负增长，出现高学历职工流失现象。

表 5.13　2015—2017 年城乡养老服务机构职工受教育程度情况表

单位：万人

年　份	城市养老服务机构				农村养老服务机构			
	职工总人数	专科人数	本科及以上学历	占　比	职工总人数	专科人数	本科及以上学历	占　比
2015	13.2	2.1	1	23.5%	10.9	1.2	0.3	13.7%
2016	15	2.4	1.1	23.3%	11.2	1.2	0.3	13.3%
2017	17.4	2.7	1.2	22.4%	11.7	1.3	0.4	14.5%

数据来源：中国民政部。

表5.14呈现了城乡养老服务机构职工年龄构成情况。在城乡养老服务机构职工年龄构成对比中发现，城乡养老服务机构职工年龄构成均不年轻化，说明整体上年轻人对养老服务行业的就业意愿不高，城市和农村35岁及以下职工占比均有下滑趋势。农村56岁及以上职工占比与城市基本持平，但是农村养老服务机构职工中35岁及以下的年轻工作人员占比明显低于城市。由此可见，农村养老服务机构的就业人员主要由中年人士构成，

年轻劳动力流失严重。

表 5.14　2015—2017 年城乡养老服务机构职工年龄构成情况表

单位:万人

年　份	城市养老服务机构						农村养老服务机构					
	35 岁及以下	36 至45 岁	46 至55 岁	56 岁及以上	35 岁及以下占比	56 岁及以上占比	35 岁及以下	36 至45 岁	46 至55 岁	56 岁及以上	35 岁及以下占比	56 岁及以上占比
2015	3.3	4.9	3.8	1	25%	7%	2.3	4.4	3.2	0.8	21%	7%
2016	3.5	5.3	4.8	1.3	23%	8%	2.4	4.4	3.4	0.9	21%	8%
2017	3.9	5.8	5.8	1.7	22%	10%	2.4	4.3	3.7	1.2	20%	10%

数据来源:中国民政部。

与城市相比,农村老人对于社会养老模式的接受度明显偏低。许多农村老人对有关养老政策了解程度不够,观念陈旧,始终认为只有那些家庭无力承担养老支出的老人才会被迫入住养老机构。此外,有些子女出于传统孝道观念也不愿老人接受社会养老,害怕为人诟病。就目前而言,伴随着城镇化进程、家庭规模缩小、农村劳动力流失的发生,农村老年人对社会养老模式有所改观,对其需求量有一定增长,但这很大程度上是由于机构养老、社区养老等模式对家庭养老的替代所形成,并非是农村养老观念实现了真正的转变,在有可能实现家庭养老的情况下,极少有老人愿进行社会养老。

5.2.3　我国公共养老服务改善与地方财政可持续

本章节我们分析我国公共养老服务发展现状及存在的问题,我们发现解决公共养老服务体系中的"人""财""物"问题是推动公共养老服务体系改善的关键,而"人""财""物"问题的解决均离不开地方财政的支持。虽然地方财政在改善公共养老服务体系中义不容辞,然而地方财政的资源是有限的,地方政府需要在确保地方财政可持续的情况下量力而为,切忌好大喜功、寅吃卯粮。公共养老服务改善与地方财政可持续是一个实证问题而非规范性问题,为此本节我们将借助实证考察公共养老服务改善与地方财政可持续的动态关系。

（一）模型设定

为了研究我国公共养老服务水平与地方财政可持续性之间的关系,本书构建了面板 VAR 模型(PVAR),PVAR 模型的特点已在本书第四章进行了描述,不再赘述。模型如下:

$$X_{it} = \varphi_t + f_i + \Phi X_{it-j} + \varepsilon_{it} \qquad (5.9)$$

本书选取公共养老服务水平(PSL)、地方财政可持续性(RFS)两个变量作为模型中的变量。

$$X_{it} = \{PSL_{it}, PFS_{it}\}$$

(二) 变量设计与说明

1. 地方公共养老服务水平(PSL)

地方公共养老服务水平是对某一地区所提供的公共养老服务质量高低的表述。直接或间接影响地方公共养老服务水平的因素很多,客观评价地方公共养老服务水平是一个比较复杂的工作。鉴于此,本书运用综合指标评价法构建了评价指标体系(见表 5.15),用来评价地方公共养老服务水平。指标体系的降维与 PSL 指标的打分使用基于风险因子和层次分析法(AHP)的方法,具体过程在第四章中做了详细呈现,此处不再赘述。

表 5.15　公共养老服务水平评价指标体系

评价指标	一级指标	二级指标
地方公共养老服务水平(PSL)	地方公共养老机构服务水平(A_1)	每千名老人养老床位数(A_{11})
		养老护理人员数(A_{12})
		公共养老机构数(A_{13})
		养老机构年末职工数(A_{14})
		老年活动站数(A_{15})
		老年人协会个数(A_{16})
		老年学校个数(A_{17})
	地方公共养老经济福利水平(A_2)	高龄补贴/地区老年人数(A_{21})
		养老护理补贴/地区老年人数 A_{22})
		养老服务补贴/地区老年人数(A_{23})

数据来源:《中国民政统计年鉴 2011—2019》。

2. 地方财政可持续性(RFS)

本节所选地方财政可持续性指标与第四章相同,具体定义和计算过程不再单独展示。

(三) 实证结果与分析

1. 滞后阶数的选取

在估计 PVAR 模型之前,需要确定 PVAR 模型的自回归阶数。本节选取赤池信息准则（AIC）、施瓦茨信息准则（BIC）与汉南-奎因信息准则（HQIC）来确定 PVAR 模型的滞后阶数，计算结果如表 5.16 所示。滞后阶数为 1 时 AIC、BIC 与 HQIC 值最小，故选择滞后一阶为 PVAR 模型的最优滞后阶数。

表 5.16　PVAR 模型滞后阶数选取结果

滞后阶数	AIC	BIC	HQIC
1	-4.16^*	-3.77^*	-3.68^*
2	-4.13	-3.01	-3.12
3	-4.02	-2.49	-2.88

2. 模型估计与脉冲响应分析

同样采取与第四章类似的处理，对于 PVAR 模型的估计，本书采用 GMM 法，以展现变量间的因果关系。在 PVAR 模型的构造中，为了确保估计系数的有效性，我们通过使用 Arellano（1995）提出的前向均值差分法控制了个体固定效应和时间固定效应。估计结果如表 5.17 所示。为了分析地方公共养老服务水平与地方财政可持续性的动态关系在区域间是否存在差异，本书进一步将样本按照区域进行划分，将样本分为东部地区样本和中西部地区样本[①]，估计结果如表 5.18 所示。通过表 5.17 和表 5.18 的估计结果我们可以看出，以 H_RFS 为被解释变量，以滞后一期 H_PSL 为解释变量，H_PSL 的系数为负，且在 5％水平下显著，这一结果无论在全国、东部地区、中西部地区均成立。这说明我国公共养老服务水平的变动对地方财政可持续性产生冲击，且为负向冲击。相反，以 H_PLS 为被解释变量，以滞后一期 H_RFS 为解释变量，H_RFS 的系数为正，但不显著，这说明反向影响不成立。当滞后一期公共养老保障水平提高 1 个单位则当期财政可持续性就降低 0.038 个单位，这意味着如果公共养老服务水平提高越快，则地方财政可持续面临的压力就越大。不过，总的来说，地方公共养老服务水平的提高对地方财政可持续性的影响相当有限。从区域层面看，相较于东部地区，中西部地区提高地方公共养老服务水平对地方财政可持续性的影响更大。虽然东部地区公共养老服务水平高于中西部地区，但是东部地区提高公共养老服务水平所产生的边际财政负担仍低于中西部，这说明充裕的财政收

---

① 　东部地区省份包括北京、天津、河北、辽宁、上海、江苏、浙江、福建、山东、广东和海南；中西部地区省份包括山西、内蒙古、吉林、黑龙江、安徽、江西、河南、湖北、湖南、广西、四川、重庆、贵州、云南、西藏、陕西、甘肃、青海、宁夏、新疆。

入是保证财政可持续的基本原因。

表 5.17　全样本估计结果

变　量	H_PSL	H_RFS
L.H_PSL	0.641*** (3.78)	−0.038** (2.33)
L.H_RFS	0.072* (1.89)	0.766*** (6.11)

注：H 表示变量已经过前向均值差分转换，L.H 表示对前向均值差分的一阶滞后；括号内为 t 值，下同。

表 5.18　东部地区与中西部地区样本估计结果

变　量	H_PSL		H_RFS	
	东部	中西部	东部	中西部
L.H_PSL	0.816*** (3.79)	0.912*** (4.01)	−0.016*** (2.87)	−0.109*** (−2.64)
L.H_RFS	0.081 (1.50)	0.143 (1.29)	0.615*** (4.99)	0.592*** (3.73)

5.2.4　政策建议

基于财政可持续视角针对我国公共养老服务发展的现状以及在建设过程中存在的问题，本章提出了不断改善我国养老服务保障水平的相关建议，以期使我国公共养老服务体系建设在与政府财政能力相适应的情况下更好地发挥服务城乡老年群体的作用。

（一）明确政府在养老服务体系建设中的角色，避免大包大揽

政府部门依靠财政资金建立公共养老服务保障体系是政府主动承担保障基本民生的职责。但是，养老服务保障体系建设何其繁杂，仅仅依靠财政的力量解决老年人所有养老服务需求，既无可能也无必要。由政府所主导的公共养老服务体系只是养老服务体系构成之一，政府、家庭、企业和社区需要共同承担老年人养老服务体系建设。政府部门在养老保障体系中需要确立"保基本""兜底线"的原则，即政府财政资金要重点去建立满足老年人基本养老服务需求的养老保障体系。政府所参与建设的基本公共养老保障体系应该是纯粹的公共物品或半公共物品，而能由市场主动提供的养老服务，政府部门应该交给市场。明确政府部门在养老服务体系建设中的角色

定位既能避免财政压力过大,又能使公共养老服务体系满足老年人基本的服务需求。

(二) 加强农村地区公共养老服务体系建设,实现城乡均衡

在对我国公共养老服务发展存在问题的研究中我们发现,相对于城镇,农村地区公共养老服务体系建设较为滞后,农村地区公共养老服务体系无论在"人""财""物"上均有欠缺。财政资金在养老服务投入中具有明显的边际递减效应,在当前公共养老资源城乡分布不均情况下,增加对农村地区尤其是贫困率偏高地区的投入可以使得本地区老年人整体的"获得感"和"幸福感"增强,同时还有利于解决农村地区老年人"因老返贫"问题。同时必须注意的是,在改善农村养老服务体系的过程中应该科学评估农村老年人养老服务需求,防止盲目地将城市养老服务体系建设经验简单套用到农村,以增强财政资金的使用效率。

(三) 加强养老服务人才队伍建设,引导青年人投身于养老服务行业

养老服务体系的建设离不开人,我们的研究表明当前养老服务行业从业人员数量不足、质量不高以及年龄结构不合理制约了我国养老服务体系的改善。为此财政应该加大对从事养老服务行业从业人员培养的投入,助力培养一大批技能过硬的养老服务从业人员。首先,政府可以设立养老服务人员培训资助支出项目,免费培训有志于从事养老服务行业的社会人员,引导社会闲散人员从事老年人日间照料工作。其次,模仿免费师范生模式,设立免费养老护理生专项资助基金,吸引有志青年报考养老护理专业,为养老服务行业培养一批高素质人才队伍。最后,稳定现有养老服务从业队伍,防止在职养老行业从业人员的大量流失,政府应积极改善公共养老机构人员的工资水平,提高养老护理人员的岗位津贴和职业津贴,优化养老护理人员的工作环境,增强公共养老服务机构的吸引力。

第六章　财政可持续视角下地方公共养老保障体系整体研究

——以江苏省为例

6.1　基于财政可持续视角的地区养老保险水平研究
——以江苏省为例

6.1.1　背景

江苏省作为全国第四人口大省,同时作为少数养老保险基金累计结余大省之一,近期来看养老保险基金收支状况良好。但在人口老龄化和经济增长趋势下,其养老金领取人数的增长以及由生活水平提高导致的养老金支出水平上升必然会使得养老保障支出实现较大增长,历史累计的基金结余是否能够长久维持江苏省不断增长的养老保障支出也未可知。就全国而言,养老保险基金历年实现较大资金结余,但不少学者在对我国的养老保险收支情况进行测算后得出了基本相似结论,认为我国现行养老保障制度存在巨大隐性债务。具体而言,我国养老保险收支状况在 2022 年左右存在拐点,2022 年前后养老保险基金开始出现收支缺口,并于此后呈现不断扩大态势,基金结余不断减少,2030 年左右结余消耗殆尽,此后处于负债状态(刘学良,2014;贾彦东和刘斌,2015)。但在相关测算中,部分学者仅对养老保险体系中的主体——城镇职工养老保险部分进行测算,忽略了农村养老保险部分,同时,由于各地养老保障政策上的差异,全国数据的测算过程就显得较为粗糙,部分指标只能假定各地标准相同以进行测算,而江苏省典型区域的选取和研究可以建立较为全面的精算模型,引入当地特定的有关养老保障政策,从而对地方养老保障进行更为精确地测算。更进一步,江苏省的人口经济结构分布与全国更为相似,江苏省苏南、苏中、苏北区域的划分更像全国东、中、西区域分布的缩小,相似的经济区域分布对后期研究政策的实施应用也更为有利。因此,本章节将对江苏省包括城镇职工和城乡居民在内的养老保险收支建立精算模型,并对现行养老保障制度下江苏省的财政可持续状况进行衡量。

6.1.2　江苏省养老保障发展现状分析

目前,江苏省基本养老保险制度由城镇职工养老保险制度和城乡居民养老保险制度两部分构成。总体而言,江苏省养老保险制度运行状况良好,是全国少数养老保险基金累计结余过亿的省份之一。但近年来,人口老龄化加速发展,江苏省的养老保障支出也年年攀升。

(一) 江苏省养老保险运行状况分析

1. 老龄化状况

江苏省作为全国最早进入老龄化的省份,近年来老龄化不断向纵深发展。据统计,2017 年年末,江苏省常住人口为 8 029.3 万人,其 65 岁及以上人口达 1 786.26 万人,占总人口的 22.25%,与 2016 年的 21.55% 相比,增加了 1%,65 岁及以上老年人口增加 62.33 万,老年人口数量呈较大增长(见表 6.1)。观察江苏省历年老年人口占比数据发现,从 2006—2017 这 12 年间,老年人口占比由最初的 15.43% 增长至 22.25%,年均增长 0.57%,且近年来老年人口占比增长趋势更加明显,2016 年老年人口比 2015 年增长 12%,老龄化速度加快。此外,就老年抚养比来看,江苏省面临较全国水平而言更为严峻的养老负担,就 2017 年数据,意味着江苏省每 100 名劳动年龄人口需要比全国水平多负担 3.29 名老年人的养老问题,存在较大养老压力。

表 6.1　江苏省 2006—2017 年老年人口及其占比、老年抚养比情况表

年　份	老年人口数 (万人)	老年人口占比 (%)	江苏老年抚养比 (%)	全国老年抚养比 (%)
2006	1 181.30	15.43	14.95	11.00
2007	1 250.03	16.19	14.95	11.10
2008	1 290.26	16.62	15.75	11.30
2009	1 361.58	17.34	16.20	11.60
2010	1 257.46	15.98	15.20	11.90
2011	1 332.97	16.88	14.20	12.30
2012	1 400.50	17.68	15.26	12.70
2013	1 502.38	18.92	16.47	13.10

年　份	老年人口数 （万人）	老年人口占比 （％）	江苏老年抚养比 （％）	全国老年抚养比 （％）
2014	1 582.53	19.88	16.26	13.70
2015	1 539.34	19.30	17.21	14.30
2016	1 723.93	21.55	18.56	15.00
2017	1 786.26	22.25	19.19	15.90

数据来源：中国国家统计局、江苏统计年鉴。

2. 江苏省养老保险参保情况

近年来，随着经济水平的提高和养老保险制度的发展，江苏省养老保险参保情况总体而言相对较好。就参保人口数量来看，首先，城镇职工养老保险参保总人口实现大幅增长，从 2005 年的 1 034.89 万人增长至 2017 年的 2 237.99 万人，增长 1.16 倍，但养老保险参保人口增长率却呈逐年下降趋势，从 2006 年 10.32％[＝（1 141.69－1 034.89）÷1 034.89]的增长率降至 2016 年 1.84％[＝（2 137.46－2 098.80）÷2 098.80]的增长率，2017 年出现回升，实现城镇职工养老保险参保人口 4.7％[＝（2 237.99－2 137.46）÷2 137.46]的增长（见表 6.2）。其中，企业职工参保情况同样出现参保总人口逐年增长，而增长率呈逐年下降趋势；机关事业单位参保人口数量总体上稳定，变化不大，仅 2017 年实现了大幅增长，2017 年机关事业单位参保人口数较 2016 年的 91.04 万参保人口增长了 49.65 万人次。其次，城乡居民养老保险仅在制度实施初期实现参保总人口的增长，并于此后持续减少，其养老保险参保人口增长率自 2012 年首次出现负值后一直处于负增长状态，但这并不能成为衡量城乡居民养老保险制度优劣的标准，城乡居民养老保险参保人口的负增长很大程度上是由城镇化发展下，农村人口规模缩小导致。而从参保率来看，城镇养老保险参保率呈现逐年增长，较为稳定。同样，农村养老保险参保率除 2009 年 17.05％的较低参保率外，也基本维持在 50％左右上下波动。对比城镇和农村参保率发现，虽然农村养老保险起步晚，但发展相对较为迅速。

表 6.2　江苏省 2005—2017 年城镇职工养老保险、城乡居民养老保险参保情况表

年　份	城镇人口 （万人）	乡村人口 （万人）	城镇职工 养老保险 参保总人口 （万人）	企业职工 参保人口 （万人）	机关事业 单位参保 人口（万人）	城镇职工 养老保险 参保率（％）	城乡居民 养老保险 参保人口 （万人）	城乡居民 养老保险 参保率（％）
2005	3 832.00	3 756.00	1 034.89	952.31	82.58	27.01	—	—
2006	3 973.00	3 682.00	1 141.69	1 059.25	82.44	28.74	—	—

年 份	城镇人口（万人）	乡村人口（万人）	城镇职工养老保险参保总人口（万人）	企业职工参保人口（万人）	机关事业单位参保人口（万人）	城镇职工养老保险参保率（%）	城乡居民养老保险参保人口（万人）	城乡居民养老保险参保率（%）
2007	4 109.00	3 614.00	1 257.38	1 175.08	82.30	30.60	—	—
2008	4 215.00	3 547.00	1 373.06	1 290.90	82.16	32.58	—	—
2009	4 343.00	3 468.00	1 467.67	1 386.05	81.62	33.79	591.37	17.05
2010	4 767.00	3 102.00	1 583.88	1 503.36	80.52	33.23	1 514.56	48.83
2011	4 889.00	3 009.00	1 740.90	1 659.60	81.30	35.61	1 557.40	51.76
2012	4 990.00	2 930.00	1 880.50	1 796.70	83.80	37.69	1 479.40	50.49
2013	5 090.00	2 849.00	1 968.85	1 882.55	86.30	38.68	1 445.40	50.73
2014	5 191.00	2 769.00	2 047.98	1 968.40	79.58	39.45	1 359.91	49.11
2015	5 305.83	2 670.47	2 098.80	2 013.49	85.31	39.56	1 317.79	49.35
2016	5 416.92	2 582.08	2 137.46	2 046.42	91.04	39.46	1 289.54	49.94
2017	5 520.95	2 508.35	2 237.99	2 097.30	140.69	40.54	1 279.57	51.01

数据来源：《江苏省人力资源和社会保障事业发展统计公报》。

3. 江苏省养老保险基金收支状况

虽然自 2014 年起，为实现社会公平和城乡一体化发展，城镇企业职工养老保险和机关事业单位养老保险制度实行并轨，但由于长久以来企业职工和机关事业单位在养老保障上存在的实际缴费率和替代率存在较大差距，对企业职工养老保险与机关事业单位分别进行考虑有助于实现对城镇职工养老保险更为清晰的认识和了解。表 6.3 显示了江苏省 2005—2017 年城镇职工养老保险基金收支情况，其中，征缴收入是指养老保险基金收入中企业和职工个人按照缴费基数的一定比例缴纳，不包括政府各级财政对保险基金的补贴部分。可以看出，企业职工养老保险基金收支规模远大于机关事业单位，构成了城镇职工养老保险制度的主体部分。由历年征缴收入与基金支出差额可以看出，企业职工养老保险基本能够依靠自身平衡基金收支，实现结余，总体上基金运行状况良好，仅 2016 年出现征缴收入不足以承担支出的局面，收支差额为 −91.65 亿元，但在考虑政府财政补贴后，依旧能够实现收支结余。而机关事业单位养老保险基金收支状况较企业职工而言明显恶化，即使从将财政补贴考虑在内的基金总收入角度来看，自 2012 年首次出现基金收不抵支后，一直处于略有盈余和略有负债的交替状态；若仅从征缴收入考虑其基金收支，则状况更差，从 2008 年开始，基金征缴收入与支出差额持续为负，并呈扩大态势，从 2008 年的 −1.63 亿元扩大至 2017 年的－184.35 亿元,存在较大缺口。因此,虽然从目前来看,历年来江苏省在养老保险基金收支总体上都能够实现基金结余,但仅仅依靠企业和职工个人缴费难以实现基金收支的长久平衡。基金结余的实现还是离不开财政补贴,并且相比于企业职工养老保险,机关事业单位的基金收支平衡更加依赖于政府财政补贴。机关事业单位养老保险基金征缴收支缺口的存在主要由于事业单位人员缴费少,后期养老保障水平高所导致,这也是业内学者长久以来呼吁对机关事业单位养老保险制度进行改革的重要原因之一。

表 6.3　江苏省 2005—2017 年城镇职工养老保险基金收支情况表

单位:亿元

	年　份	2005	2006	2007	2008	2009	2010	2011	2012	2013	2014	2015	2016	2017
企业	基金收入	356.23	456.36	602.82	749.29	865.28	999.8	1 269.2	1 566.2	1 674.8	1 889	2 114.01	2 259.27	2 509.03
	征缴收入	320.48	406.31	541	675.68	779.33	891.02	1 114.6	1 370.8	1 458.7	1 628	1 819.85	1 915.05	2 099.96
	基金支出	281.83	355.28	439.8	524.32	617.65	737.91	884.2	1 078.1	1 309.6	1 554	1 792.82	2 006.7	1 984.79
	基金收入－基金支出	74.39	101.08	163.02	224.97	247.63	261.89	385	488.1	365.2	335.6	321.19	252.57	524.24
	征缴收入－基金支出	38.65	51.03	101.19	151.36	161.68	153.11	230.4	292.7	149.1	74.2	27.03	－91.65	115.17
机关事业单位	基金收入	45.67	48.68	53.8	58.92	67.68	74.62	85.6	149.2	175.1	201	227.62	254.24	537.98
	征缴收入	44.49	47.09	51.23	55.37	62.47	68.62	77.5	120.4	132	143.6	163.15	182.69	314.81
	基金支出	42.61	44.45	50.72	57	65.55	71.13	84.4	149.5	170	190.5	229.19	267.88	499.16
	基金收入－基金支出	3.06	4.23	3.08	1.93	2.13	3.49	1.2	－0.3	5.1	10.5	－1.57	－13.64	38.82
	征缴收入－基金支出	1.88	2.64	0.51	－1.63	－3.08	－2.51	－6.9	－29.1	－38	－46.9	－66.05	－85.19	－184.35

数据来源:《江苏省人力资源和社会保障事业发展统计公报》。

表 6.4 显示了江苏省 2010—2017 年城乡居民养老保险基金收支情况。由表可见,虽然江苏省城乡居民养老保险较城镇职工养老保险基金收支规模小,但历年均能够实现基金结余。此外,需要注意的是,虽然城乡居民养老保险与城镇职工养老保险制度缴费模式类似,即实行基础养老金账户加个人账户,但其中又有区别,即城乡居民养老保险的基础养老金,其最低标准部分需由政府承担,就实际运行状况来看,政府也几乎承担了基础养老金的全部支出。此外,各地政府还需依地方经济状况和财力大小对个人账户进行补贴。就江苏省而言,个人账户缴费的选取有 100～1 200 元 12 个档次,政府部门对 100、200、300、400 元缴费档次分别补贴 30、35、40、50 元,500～600 元缴费档次补贴 60 元、对 700～900 元缴费档次补 70 元、对1 000～1 200 元缴费档次补 80 元,补贴力度较大。因此,对于城乡居民养老保障既要看到其保险基金实现历年结余又要看到基金结余背后的财政补贴。

表 6.4　江苏省 2010—2017 年城乡居民养老保险基金收支情况表

单位：亿元

年　份	2010	2011	2012	2013	2014	2015	2016	2017
基金收入	140.06	140.90	153.50	187.20	211.16	274.78	288.09	312.55
基金支出	76.45	100.50	109.70	147.70	172.39	213.51	244.82	252.01
基金收入－基金支出	63.61	40.40	43.80	39.50	38.77	61.27	43.27	60.54

数据来源：《江苏省人力资源和社会保障事业发展公报》。

(二) 江苏省养老保障水平对比分析

在对江苏省养老保障运行状况分析的基础上，进一步从城乡对比、与全国水平对比以及与其他基金结余省份对比三方面入手，对江苏省养老保障水平进行分析。

1. 江苏省养老保障水平城乡对比分析

目前，我国城镇职工养老保险对象主要是城镇企业职工和机关事业单位员工，城乡居民养老保险对象是未纳入城镇职工养老保险制度的城镇人口以及农村人口。但由于城镇职工养老保险和城乡居民养老保险的保障对象分别是以城镇人口和农村人口为主，因此，仅将城镇职工养老保障与城乡居民养老保障水平差异作为城乡养老保障情况的对比。首先，就养老保障支出占 GDP 比重来看。由表 6.5 可知，城镇职工养老保障支出占 GDP 比重虽然历年变动幅度不大，但呈逐年增长趋势；而就城乡居民养老保障支出占 GDP 比重而言，该占比最初两年数值偏低，不足 1%，但 2012 年实现大幅增长，至 2015 年，期间维持稳定增长，于 2016 年又出现回落。对比之下，城乡居民养老保障支出占比波动较大。

表 6.5　江苏省城镇职工养老保障与城乡居民养老保障
支出占 GDP 比重情况对比

单位：%

年　份	2010	2011	2012	2013	2014	2015	2016
城镇职工养老保障支出占比	1.82	1.830	2.11	2.3	2.43	2.63	2.69
城乡居民养老保障支出占比	0.04	0.08	0.2	0.25	0.27	0.3	0.29

数据来源：中国国家统计局、中国人力资源和社会保障部。

其次，就人均养老保障水平而言，二者差距明显，并且城乡居民养老保障的不稳定在此处也有所体现。例如，2011 年城乡居民人均养老保障水平仅 650.54 元/年,根本无法达到基本生活保障的目的,而在 2010 年至 2016 年间,城乡居民人均养老保障水平最高达 2 149.74 元/年,是 2011 年的 3.2 倍,年度间保障水平波动较大(见表 6.6);反观城镇职工养老保障,依旧是实现逐年稳步增长。并且从二者人均水平对比来看,差距也十分明显。城乡居民养老保障水平最高占城镇养老保障水平的 7.71%,最低仅占 3.5%。因此,就这点来看,城乡居民养老保障水平还是偏低,也反映出依靠政府财政资金维持养老保障制度运行的机制不够稳定,也并非长久之计。

**表 6.6 江苏省城镇职工人均养老保障水平与城乡居民
人均养老保障水平对比**

单位:元/年

年 份	2010	2011	2012	2013	2014	2015	2016
城镇职工养老保障	16 771.81	18 605.40	20 880.86	23 092.69	24 846.30	27 084.17	28 797.21
城乡居民养老保障	1 187.22	650.54	1 227.97	1 575.85	1 778.34	2 087.23	2 149.74

数据来源:中国国家统计局、中国人力资源和社会保障部。

最后,就养老保险制度赡养率来看,城镇职工养老保障制度赡养率由 2010 年的 22.09% 增长至 2016 年的 25.31%(见表 6.7)。所谓制度赡养率,是指某种养老保险制度下离退休参保人口或养老金领取年龄人口占参保人口的比重,能够衡量养老保险制度的养老金支付能力。城镇职工养老保险制度赡养率的变化一定程度上反映出老龄化发展下养老保障支出压力的增长。而城乡居民养老保险制度赡养率较城镇水平更高,基本维持在城镇职工赡养率的 1 倍以上,2010 年最高,达 1.8 倍,并且自 2013 年开始,持续维持在城镇水平的 1.7 倍以上。因此,城乡居民养老保险制度的支付问题还是值得我们关注。

表 6.7 江苏省城镇职工养老与城乡居民养老保险制度赡养率对比

单位:%

年 份	2010	2011	2012	2013	2014	2015	2016
城镇职工养老保障	22.09	21.72	22.53	23.02	23.69	24.5	25.31
城乡居民养老保障	39.71	30.68	37.86	39.52	42.08	43.73	44.78

数据来源:中国国家统计局、中国人力资源和社会保障部。

2. 江苏省养老保障水平与全国水平对比分析

江苏省与全国养老保障水平的对比主要从养老保障支出占 GDP 比重

和人均养老保障水平两个方面入手。首先,就支出占 GDP 比重情况(见表 6.8),江苏省养老总支出和城镇职工养老保障支出占比基本维持在全国水平的 70% 以上,2016 年总支出占比和城镇占比则分别降至全国水平的 63.0% 和 65.3%,即养老保障支出占 GDP 比重低于全国水平,但同时江苏省又能够实现历年养老保险收支一定量的结余,说明江苏省城镇职工养老保险制度运行状况就全国情况而言相对较好。但从城乡养老保障支出占比来看,则基本等同于全国水平,且 2013 年、2014 年以及 2016 年江苏省支出占比高于全国。

表 6.8　江苏省养老保障支出占 GDP 比重与全国情况对比

单位:%

年　份		2010	2011	2012	2013	2014	2015	2016
城镇职工养老保障支出占比	全国	2.555	2.609	2.880	3.103	3.378	3.746	4.281
	江苏	1.818	1.830	2.113	2.297	2.434	2.631	2.695
城乡居民养老保障支出占比	全国	0.049	0.120	0.213	0.227	0.244	0.307	0.289
	江苏	0.038	0.084	0.202	0.248	0.270	0.305	0.291
养老总支出占比	全国	2.604	2.729	3.093	3.330	3.622	4.053	4.570
	江苏	1.856	1.914	2.315	2.545	2.704	2.935	2.985

数据来源:中国国家统计局、中国人力资源和社会保障部。

表 6.9 显示了江苏省 2010 年至 2016 年人均养老保障水平与全国情况对比,由表可知,江苏省城镇职工人均养老保障支出基本能够达到全国水平,在全国水平上下略有波动,但差距不大,2016 年保障水平较低,仅达全国的 91.34%,在此前的 2010—2015 年间,最低也达 96%,其中 2010 年与 2013 年高于全国水平。就城乡居民养老保险而言,江苏省保障水平相对较高,除 2011 年略低于全国水平外,其余年份基本维持在全国水平的 1.5 倍值左右上下波动。总体而言,江苏省对退休人口提供的养老保障水平不低,并且对农村老年人口的养老问题也提供了相对完善的保障,也因此,上述养老保障支出占 GDP 之比的相关分析中,江苏省城乡居民养老保障支出占比会出现部分年份略高于全国的情况。

表 6.9　江苏省人均养老保障水平与全国水平对比

单位:元/年

年　份		2010	2011	2012	2013	2014	2015	2016
城镇职工人均养老保障水平	全国	16 741	18 699.9	20 900.4	22 970.2	25 315.6	28 235.6	31 527.7
	江苏	16 772	18 605.4	20 880.9	23 092.7	24 846.3	27 084.2	28 797.2
城乡居民人均养老保障水平	全国	700.06	658.71	859.15	954.72	1 065.82	1 430.17	1 408.27
	江苏	1 187.2	650.54	1 227.97	1 575.85	1 778.34	2 087.23	2 149.74

数据来源:中国国家统计局、中国人力资源和社会保障部。

3. 江苏省养老保障水平与基金结余省市对比分析

据《中国社会保险发展年度报告 2016》统计,2016 年,城镇职工养老保险基金累计结余过千亿的省份分别为北京、山西、上海、江苏、浙江、安徽、山东、广东和四川,9 个省市累计基金结余之和达总结余的 70.6％。将江苏省的养老保障水平与其他基金结余省份进行对比,就养老保障支出占 GDP 比重情况来看(见表 6.10),其中,将城镇职工养老保障支出占 GDP 比重按升序排列,可见,广东省支出比排名持续位列第一,历年均是 9 个地区中支出比最小的,但其基金累计结余也是其中最高的。江苏省在最初的 2010 年和 2011 年排名第 3,此后位居第 2 保持不变;此外,除 2016 年地区间排名有相对大的变化外,前 6 年排名基本稳定,只个别地区排名发生变化。纵观地区间历年排名变化,总体而言,四川、上海分别位于第 8、第 9 并保持不变,北京、山西的排名在 6、7 间有所转换,浙江省排名不断落后,山东和安徽有所上升。将城乡居民养老保障支出占 GDP 比重按升序排序发现,江苏省城乡居民养老保障支出占比除 2014 年位于第 6 外,基本在第 4、第 5 位间徘徊,处于中等水平。而历年间位于前三位的地区均为北京、广东和上海,安徽和四川基本位于 8、9 两位,可见,地区经济发展状况一定程度上会对以财政补贴为重要资金来源的城乡居民养老保障支出产生较大影响。

表 6.10　基金结余省市养老保障支出占 GDP 情况对比

单位:％

	年　份	2010	2011	2012	2013	2014	2015	2016
	北京	3.42	3.45	3.58	3.71	3.95	4.19	5.76
	山西	2.93	2.93	3.23	3.77	4.36	5.15	5.72
	上海	4.94	5.18	5.59	6	6.39	8.1	7.66
城镇职工养老	江苏	1.82	1.83	2.11	2.3	2.43	2.63	2.69
保障支出占比	浙江	1.55	1.68	2.26	2.5	3.04	3.69	4.57
	安徽	2.18	2.09	2.36	2.34	2.49	2.75	2.76
	山东	1.91	1.96	2.12	2.3	2.62	2.93	3.07
	广东	1.36	1.44	1.58	1.68	1.9	2.03	2.08
	四川	3.54	3.59	3.89	4.2	4.6	5.08	8.14
	北京	0.05	0.06	0.08	0.09	0.1	0.12	0.12
	山西	0.04	0.09	0.17	0.24	0.25	0.35	0.33
	上海	0.04	0.08	0.15	0.16	0.17	0.19	0.19
城乡居民养老	江苏	0.04	0.08	0.2	0.25	0.27	0.3	0.29
保障支出占比	浙江	0.03	0.09	0.23	0.3	0.32	0.33	0.3
	安徽	0.06	0.19	0.31	0.33	0.31	0.43	0.38
	山东	0.05	0.13	0.21	0.25	0.26	0.3	0.3
	广东	0.01	0.03	0.1	0.15	0.16	0.2	0.19
	四川	0.08	0.18	0.29	0.36	0.39	0.48	0.43

续　表

	年　份	2010	2011	2012	2013	2014	2015	2016
	北京	3.47	3.51	3.66	3.8	4.05	4.31	5.88
	山西	2.96	3.02	3.41	4.01	4.61	5.5	6.05
	上海	4.98	5.26	5.73	6.15	6.56	8.29	7.85
养老总支出	江苏	1.86	1.91	2.31	2.55	2.7	2.94	2.99
占比	浙江	1.57	1.77	2.49	2.78	3.35	4.03	4.87
	安徽	2.24	2.29	2.67	2.67	2.81	3.19	3.14
	山东	1.96	2.08	2.33	2.55	2.89	3.23	3.37
	广东	1.37	1.47	1.67	1.83	2.06	2.23	2.27
	四川	3.62	3.77	4.18	4.55	4.99	5.56	8.57

数据来源：中国国家统计局、中国人力资源和社会保障部。

表 6.11 显示了基金结余省市人均养老保障水平情况，同样，将地区人均养老保障水平进行降序排序，其中，历年来，地区间城镇职工人均养老保障最高水平与最低水平的差距从 2010 年的 10 812.88 元/年逐年扩大至 2016 年的 27 622.27 元/年，地区间人均养老保障水平存在明显差异，且差异呈扩大态势。除去个别年份变动外，北京、上海基本排名 1、2 两位；山东和山西年度间排名波动较大；广东省基本稳定在第 5，之后依次为浙江、江苏、安徽和四川。就城乡居民人均养老保障水平来看，2015 年上海 9 941.20 元/年的保障水平是安徽省 1 069.16 元/年的近 9.3 倍，而 2014 年排名第一的上海，其人均保障水平是当年地区保障最低水平（安徽省）的 11.39 倍，相比于城镇职工养老保障，城乡居民养老保障上存在的地区差异更大。

表 6.11　基金结余省市人均养老保障水平对比情况

单位：元/年

	年　份	2010	2011	2012	2013	2014	2015	2016
	北京	24 681	27 877.7	30 385.7	33 399.7	36 771.5	40 781.6	53 718
	山西	18 287	20 731.9	23 187.6	26 465.6	29 120	32 621.9	34 480.8
	上海	21 610	24 441.3	26 608.8	29 900.4	33 278.1	43 732.5	45 313.9
	江苏	16 772	18 605.4	20 880.9	23 092.7	24 846.3	27 084.2	28 797.2
城镇职工养老	浙江	19 188	21 434.7	22 527.7	23 689.5	26 023.9	27 770.8	32 496
保障水平	安徽	15 167	16 707.6	19 802.8	20 494.2	22 380.5	24 548	26 095.7
	山东	21 683	23 772.8	25 437.1	27 670.7	30 453.6	33 283.5	34 413.3
	广东	18 485	20 520.8	23 084.3	24 923.3	28 910.1	31 177.4	32 000.2
	四川	13 868	15 217.4	17 127	18 577.3	20 262.3	22 173.5	34 454.2

续 表

年 份	2010	2011	2012	2013	2014	2015	2016
北京	4 022.2	4 608.05	4 997.18	5 417.99	5 949.72	6 725.33	3 540.76
山西	492.71	466.04	642.28	862.38	897.08	1 206.61	1 112.96
上海	4 789.7	3 881.85	6 483.76	7 364.37	8 511.53	9 941.2	10 987.7
江苏	1 187.2	650.54	1 227.97	1 575.85	1 778.34	2 087.23	2 149.74
浙江	545.58	838.76	1 402.19	1 824.51	2 182.38	2 602.41	2 673.69
安徽	788.93	517.69	659.49	756.37	746.97	1 069.16	1 021.13
山东	573.12	576.49	849.41	1 053.87	1 163	1 354.34	1 431.14
广东	673.71	977.16	753.38	1 149	1 268.11	1 892.62	1 922.95
四川	711.39	617.48	671.41	861.1	980.63	1 316.01	1 271.05

（城乡居民养老保障水平）

数据来源：中国国家统计局、中国人力资源和社会保障部。

6.1.3 基于财政可持续视角的江苏省养老保障水平测度[①]

上述对养老保障运行状况的分析发现，江苏省养老保障水平并不过高，特别是与其他基金结余省市对比，江苏省的保障水平总体上只处于中等或偏上水平，与北京、上海、广东还存在一定差距。近年来，我国多地出现养老金支付危机，人口老龄化加速发展下，江苏省逐年增长的养老保障支出也不得不引起我们的重视，特别是同为基金累计结余过千亿的山东省，于2017年出现了当期养老保险基金的收不抵支。由此，我们不免对江苏省未来的养老保障制度运行存在隐忧，江苏省是否能够在现行养老保障制度下实现养老金收支平衡，维持制度运行良好，未来不断增长的养老保障支出是否会对政府财政可持续产生不利影响。因此，本章内容将从江苏省现行养老保障制度入手，在省内分城乡性别年龄人口数据预测的基础上，对江苏省未来的养老金收支规模进行测算，从而对政府未来财政可持续状况进行衡量，同时对财政可持续发展下的养老保障适度水平进行界定。

（一）江苏省养老保障水平精算模型预测

本节将对养老保障制度下的现收现付模式进行养老保险基金收支总额测算，虽然国家一直以来推行养老保险的统账结合模式，但养老保险基金长期以来以现收现付制运行，何时能够真正实现模式转换还未可知，因此，本

---

① 裴育，史梦昱.养老保障支出增长与财政可持续——以江苏为例[J]，地方财政研究.2019(06)：4—12＋53.

节仅对现收现付制建立精算模型进行预测(刘学良,2014)。首先对城乡分性别年龄人口进行测算,并在此基础上建立养老保险收支精算模型。

1. 江苏省人口预测

目前,我国城镇职工法定退休年龄为男性 60 岁,女干部 55 岁,女性职工 50 岁,文中基准情形测算的退休年龄按此设定,并且考虑江苏省的经济发展状况以及普遍受教育程度情况,设定劳动年龄自 20 岁起。本节人口测算以江苏省第五次(2000)、第六次(2010)人口普查中分性别年龄段人口数据为基础,假定 2000—2009 年以及 2010—2050 年的人口年龄结构分别与五普、六普相同,并在此基础上用 GM(1,1)模型对 2017—2050 年的城乡分性别年龄段人口数据进行预测。

表 6.12 显示了江苏省 2017—2050 年的总人口预测值。据省统计局发布数据,2017 年年末,江苏省常住人口总量超过 8 000 万,达 8 029.3 万人[①]。本节测算 2017 年总常住人口数达 8 041.81 万人,预测结果较好。此外,据《江苏省 2016 年老年人口信息和老龄事业发展状况报告》中经委托第三方的统计与预测认为,江苏省户籍人口在 2027 年将达 8 104.35 万人。本节测算的 2027 年常住人口数据为 8 668.726 万人,存在一定差距,但在考虑户籍人口与常住人口的统计口径差异后,可以认为该测算误差范围合理。

表 6.12　江苏省 2017—2050 年总人口预测值

单位:万人

年　份	总人口	年　份	总人口
2017	8 041.81	2030	8 956.51
2018	8 081.86	2031	9 062.98
2019	8 126.92	2032	9 174.80
2020	8 176.98	2033	9 292.02
2021	8 232.06	2034	9 414.71
2022	8 292.16	2035	9 542.93
2023	8 357.31	2036	9 676.74
2024	8 427.52	2037	9 816.21
2025	8 502.80	2038	9 961.43
2026	8 583.19	2039	10 112.47
2027	8 668.73	2040	10 269.42
2028	8 759.43	2041	10 432.36
2029	8 855.35	2042	10 601.39

---

① 根据《江苏统计年鉴 2018》数据所得。

年　份	总人口	年　份	总人口
2043	10 776.61	2047	11 541.52
2044	10 958.13	2048	11 749.32
2045	11 146.04	2049	11 964.01
2046	11 340.46	2050	12 185.72

数据来源:笔者根据相关统计数据测算而得。

江苏省城镇人口预测的原始数据来源于江苏省统计局网站,对省内 13 个市的城镇人口分别进行 GM(1,1)模型预测,其中,扬州市预测精度最低,也高达 99.69%,预测结果较好。江苏省最终城镇总人口数据由各市城镇预测人口加总,2017 年江苏省城镇人口预测值为 5 527.1901 万人,与《江苏统计年鉴 2018》公布的 5 520.95 万的城镇人口数据基本吻合。此外,本节预测 2030 年城镇人口达 7 264.72 万人,与《江苏省城镇体系规划(2015—2030 年)》中所公布的"到 2030 年,全省城镇化水平达 80%左右,城镇人口约 7 200 万"的人口数据也基本吻合,说明上述模型预测结果良好(见表 6.13)

表 6.13　江苏省 2017—2050 年城镇人口预测值

单位:万人

年　份	城镇人口	年　份	城镇人口
2017	5 527.19	2034	7 917.14
2018	5 642.75	2035	8 090.33
2019	5 761.04	2036	8 267.75
2020	5 882.14	2037	8 449.53
2021	6 006.13	2038	8 635.79
2022	6 133.07	2039	8 826.63
2023	6 263.05	2040	9 022.19
2024	6 396.14	2041	9 222.58
2025	6 532.42	2042	9 427.94
2026	6 671.98	2043	9 638.40
2027	6 814.90	2044	9 854.09
2028	6 961.27	2045	10 075.15
2029	7 111.18	2046	10 301.73
2030	7 264.72	2047	10 533.98
2031	7 421.98	2048	10 772.04 *
2032	7 583.08	2049	11 016.07
2033	7 748.10	2050	11 266.24

数据来源:笔者根据相关统计数据测算而得。

本节同样给出了江苏省 2017—2050 年乡村人口预测值(见表 6.14),可以发现江苏省农村人口在城镇化发展下呈不断减少趋势。江苏省城镇化发展至 2050 年,其农村人口仅为 2017 年乡村人口的近 1/3。

表 6.14　江苏省 2017—2050 年乡村人口预测值

单位:万人

年　份	乡村人口	年　份	乡村人口
2017	2 514.62	2034	1 497.57
2018	2 439.11	2035	1 452.60
2019	2 365.88	2036	1 408.98
2020	2 294.84	2037	1 366.68
2021	2 225.93	2038	1 325.64
2022	2 159.09	2039	1 285.84
2023	2 094.26	2040	1 247.23
2024	2 031.38	2041	1 209.78
2025	1 970.38	2042	1 173.45
2026	1 911.22	2043	1 138.21
2027	1 853.83	2044	1 104.04
2028	1 798.16	2045	1 070.89
2029	1 744.17	2046	1 038.73
2030	1 691.80	2047	1 007.54
2031	1 641.00	2048	977.29
2032	1 591.72	2049	947.94
2033	1 543.93	2050	919.48

数据来源:笔者根据相关统计数据测算而得。

目前,我国养老保险多轨并行,其中城镇职工养老保险由企业职工养老保险和机关事业单位养老保险构成,而根据参保人的工作时间和退休时间又有老、中、新人之分,老人是 2005 年年底前已退休人口;中人是 1997 年前参加工作,2005 年后退休的人口;新人是 1997 年后参加工作的人口。以上述人口数据为基础,进一步对江苏省 2017—2050 年城镇职工参保人口、离退休参保人口、城乡居民养老保险受益人口进行测算。

令 $Z_t^{g,k}$ 为 t 年新增的 g 性别城镇职工养老保险离退休参保人口:

$$Z_t^{g,k} = U_t^{g,k} s_t^g \tag{6.1}$$

其中,k 为职工退休年龄,即开始领取养老金年龄。新增城镇职工养老保险离退休参保人口 $Z_t^{g,k}$ 等于当年达到退休年龄的城镇人口数 $U_t^{g,k}$ 乘以其进入养老保险参保人口的比例 s_t^g。而职工养老保险人口又有老、中、新以及机关事业单位人员之分,令 $Z = Lao, Zh, Xin, Jiguan$ 分别代表老人、中人、新人以及机关事业单位人员。

设 $Z_t^{g,n}$ 为 t 年 n 岁 g 性别城镇职工养老保险离退休参保人口（即已退休人口，$n \geqslant k$），t 年养老保险总离退休参保人口是从退休年龄到 100 岁的养老保险离退休参保人口之和，即：

$$Z_t^{g,all} = \sum_{n=k}^{100} Z_t^{g,n} \qquad (6.2)$$

令 $H_t^{g,l}$ 为 t 年新增农村居民养老金受益人口，其中，l 为养老金领取年龄，基准情形下城乡居民领取养老金年龄均为 60 岁。城镇 t 年 l 岁总人口 $U_t^{g,l}$ 扣除职工养老保险 l 岁的老人、中人、新人和机关事业单位人口，加上农村养老金领取年龄人口，再乘以进入居民养老保险的人口比例 d_t^U，即得城乡居民养老保险受益人口：

$$J_t^{g,l} = (U_t^{g,l} - Lao_t^{g,l} - ZH_t^{g,l} - Xin_t^{g,l} - Jiguan_t^{g,l} + H_t^{g,l})d_t^U \qquad (6.3)$$

t 年城乡居民养老保险受益总人口 ru_t^g 为不同年龄的受益人口之和，即：

$$ru_t^{g,all} = \sum_{n=l}^{100} J_t^{g,n} \qquad (6.4)$$

令 P_t 为养老保险缴费人口估计值，等于从开始工作年龄 20 到 $(k-1)$ 岁的城镇劳动年龄人口乘以城镇人口进入养老保险参保人口的比例 c_t。计算公式为：

$$P_t = \sum_{n=20}^{k-1} U_t^n c_t \qquad (6.5)$$

其中，部分参数和变量测算参考马俊（2012）、刘学良（2014）、李扬等（2013）的研究，具体设定如下：

假定企业职工和机关事业单位人员的年龄结构与其相应年龄段城镇总人口年龄结构相同。利用历年《江苏统计年鉴》数据，以在岗职工参保人口除以相应年龄段城镇总人口，可得企业职工参保人口中男性、女性 2005—2010 年在岗职工养老保险参保人口占城镇相应年龄段人口的比例分别为 56.53％和 53.82％。假定 2010 年后，该占比逐年增长 1％，提高至 76.53％和 73.82％后保持不变。同样，2010 年机关事业单位人员中，男性和女性参保人口占其相应城镇年龄段人口的比例分别为 3.95％和 3.43％，假定该比例此后保持不变。

按同样方法对城镇职工养老保险离退休参保人口进行设定，据江苏省历年数据计算发现，2010 年企业男性职工、女性职工占其相应城镇退休年龄段人口之比分别为 74.67％和 71.97％，假定该比例分别逐年增长 1％，增长 10％后保持不变；而机关事业单位男性、女性职工占相应退休年龄段人口比例分别为 7.49％和 6.51％,并假定该占比此后保持不变。

城乡居民养老保险基础受益人群由未纳入城镇职工养老保险的城镇人口和全部农村人口构成。近年来,城乡居民养老保险推广十分迅速,基本已实现全覆盖。由《江苏省人力资源和社会保障事业发展统计公报》数据显示,2014—2016 年,江苏省城乡居民养老保险覆盖率分别为 93.66％、93.18％和 93.75％,因此,对 2017 年城乡居民养老保险覆盖率取前三年均值,即 93.53％,假定该比例增长至 98％后保持不变。

根据以上设定,可得江苏省 2017—2050 年城镇职工参保人口(见表6.15)、城镇职工离退休参保人口(见表 6.16)以及城乡居民养老保险参保人口预测值(见表 6.17)。其中,关于城镇职工参保人口数据,本节测算 2017年企业参保人口为 2 081.95 万人,机关事业单位参保人口为 129.69 万人,总参保人口达 2 211.64 万人,与《江苏省 2017 年人力资源和社会保障事业发展统计公报》(以下简称《公报》)的实际数据,即 2017 年企业参保人口为 2 097.3万人,机关事业单位参保人口为 140.69 万人,参保总人口为 2 237.99 万人相对比,数据基本吻合,预测结果良好。

表 6.15　江苏省 2017—2050 年城镇职工参保人口预测值

单位:万人

年　份	参保总人口	企业参保人口	机关事业单位参保人口	年　份	参保总人口	企业参保人口	机关事业单位参保人口
2017	2 211.64	2 081.95	129.69	2034	3 763.47	3 577.7	185.77
2018	2 291.98	2 159.58	132.4	2035	3 845.79	3 655.96	189.83
2019	2 374.85	2 239.68	135.18	2036	3 930.13	3 736.14	193.99
2020	2 460.33	2 322.31	138.02	2037	4 016.54	3 818.28	198.26
2021	2 548.49	2 407.56	140.93	2038	4 105.08	3 902.45	202.63
2022	2 639.42	2 495.51	143.91	2039	4 195.8	3 988.69	207.11
2023	2 733.21	2 586.25	146.95	2040	4 288.76	4 077.06	211.69
2024	2 829.95	2 679.87	150.08	2041	4 384.02	4 167.62	216.4
2025	2 929.72	2 776.45	153.28	2042	4 481.63	4 260.42	221.22
2026	3 032.64	2 876.09	156.55	2043	4 581.68	4 355.52	226.15
2027	3 138.79	2 978.89	159.9	2044	4 684.21	4 452.99	231.21
2028	3 248.28	3 084.94	163.34	2045	4 789.29	4 552.89	236.4
2029	3 361.21	3 194.35	166.86	2046	4 897	4 655.28	241.72
2030	3 453.33	3 282.87	170.46	2047	5 007.39	4 760.23	247.17
2031	3 528.09	3 353.94	174.15	2048	5 120.56	4 867.81	252.75
2032	3 604.67	3 426.74	177.93	2049	5 236.56	4 978.08	258.48
2033	3 683.11	3 501.31	181.8	2050	5 355.48	5 091.13	264.35

数据来源:笔者根据相关统计数据测算而得。

将城镇职工离退休参保人口数据预测值与《公报》公布的实际值进行对,2017 年城镇职工养老保险离退休参保总人口为 801.4 万人,其中企业退休参保人口为 720.9 万人,机关事业单位退休人口为 80.5 万人。本节预测总人口为 768.43 万人,企业、机关事业单位离退休参保人口预测值分别为 700.97 万人和 67.46 万人,存在一定差距,但观察江苏省历年离退休参保人口数据发现,2017 年江苏省离退休参保人口数据本身较往年而言就实现了大幅增长。例如,2016 年机关事业单位离退休参保人口为 44.87 万人,而 2017 年高达 80.5 万,是 2016 年的近 1.8 倍。考虑 2017 年数据的异常增长,总体而言可以认为预测结果较好。

表 6.16　江苏省 2017—2050 年城镇职工参保退休人口预测值

单位:万人

年　份	企业退休参保人员			机关事业单位退休参保人员			职工退休参保总人口
	退休参保总人口	男性退休参保	女性退休参保	退休参保总人口	男性退休参保	女性退休参保	
2017	700.97	339.75	361.21	67.46	25.74	41.72	768.43
2018	748.19	362.64	385.55	71.44	27.26	44.19	819.63
2019	797.81	386.69	411.12	75.57	28.83	46.74	873.37
2020	849.92	411.95	437.97	79.84	30.46	49.38	929.75
2021	904.63	438.47	466.16	84.26	32.14	52.11	988.88
2022	962.04	466.29	495.75	88.83	33.89	54.94	1 050.87
2023	1 022.28	495.49	526.79	93.57	35.7	57.87	1 115.84
2024	1 085.45	526.11	559.34	98.47	37.57	60.9	1 183.92
2025	1 151.68	558.21	593.47	103.55	39.5	64.04	1 255.22
2026	1 221.09	591.85	629.24	108.8	41.51	67.29	1 329.89
2027	1 293.82	627.11	666.72	114.23	43.58	70.65	1 408.06
2028	1 370.01	664.03	705.98	119.86	45.73	74.13	1 489.87
2029	1 449.79	702.7	747.09	125.68	47.95	77.73	1 575.47
2030	1 522.02	737.71	784.31	131.71	50.25	81.46	1 653.73
2031	1 587.72	769.56	818.16	137.94	52.63	85.31	1 725.66
2032	1 655.64	802.48	853.17	144.39	55.09	89.3	1 800.03
2033	1 725.86	836.51	889.35	151.06	57.63	93.43	1 876.92
2034	1 798.45	871.69	926.75	157.96	60.27	97.7	1 956.41
2035	1 873.49	908.06	965.42	165.11	62.99	102.12	2 038.59
2036	1 951.06	945.66	1 005.39	172.5	65.81	106.69	2 123.55
2037	2 031.24	984.53	1 046.71	180.14	68.73	111.41	2 211.38

年　份	企业退休参保人员			机关事业单位退休参保人员			职工退休参保总人口
	退休参保总人口	男性退休参保	女性退休参保	退休参保总人口	男性退休参保	女性退休参保	
2038	2 114.12	1 024.7	1 089.42	188.04	71.74	116.3	2 302.16
2039	2 199.79	1 066.22	1 133.57	196.22	74.86	121.36	2 396.01
2040	2 288.33	1 109.14	1 179.2	204.68	78.09	126.59	2 493.01
2041	2 379.85	1 153.5	1 226.36	213.43	81.43	132	2 593.28
2042	2 474.45	1 199.35	1 275.1	222.48	84.88	137.6	2 696.93
2043	2 572.21	1 246.73	1 325.48	231.84	88.45	143.39	2 804.05
2044	2 673.26	1 295.71	1 377.55	241.52	92.14	149.37	2 914.77
2045	2 777.68	1 346.32	1 431.36	251.52	95.96	155.56	3 029.21
2046	2 885.61	1 398.63	I486.98	261.88	99.91	161.97	3 147.48
2047	2 997.14	1 452.69	1 544.45	272.58	103.99	168.59	3 269.72
2048	3 112.41	1 508.56	1 603.85	283.65	108.22	175.43	3 396.06
2049	3 231.52	1 566.3	1 665.23	295.09	112.58	182.51	3 526.62
2050	3 354.62	1 625.96	1 728.66	306.93	117.1	189.83	3 661.55

数据来源：笔者根据相关统计数据测算而得。

同样，《公报》统计数据显示，2017 年，全省城乡居民养老保险参保人数为 1 279.57 万人，而本节预测数据为 1 278.03 万人，预测相对较准。观察发现，在上述随着城镇化发展，农村预测人口规模不断缩减趋势下，虽然城乡居民养老保险参保人口规模增长较小，但仍能够实现逐年增长。

表 6.17　江苏省 2017—2050 年城乡居民养老保险参保人口预测值

单位：万人

年　份	城乡居民养老保险参保人口	年　份	城乡居民养老保险参保人口
2017	1 278.03	2026	1 416.38
2018	1 291.3	2027	1 427.84
2019	1 305.83	2028	1 440.18
2020	1 335.61	2029	1 460.39
2021	1 343.93	2030	1 474.56
2022	1 350.91	2031	1 489.61
2023	1 372.97	2032	1 505.57
2024	1 381.74	2033	1 522.43
2025	1 391.37	2034	1 540.21

年　份	城乡居民养老保险参保人口	年　份	城乡居民养老保险参保人口
2035	1 558.91	2043	1 742.94
2036	1 578.53	2044	1 770.43
2037	1 599.1	2045	1 798.98
2038	1 623.47	2046	1 828.59
2039	1 643.11	2047	1 859.28
2040	1 666.57	2048	1 891.07
2041	1 691.02	2049	1 923.98
2042	1 716.47	2050	1 958.02

数据来源：笔者根据相关统计数据测算而得。

（二）江苏省养老保险收支预测模型

在实现对江苏省城镇职工参保人口、离退休参保人口以及城乡居民参保人口预测的基础上，分别对全省 2017—2050 年间的城镇职工养老保险和城乡居民养老保险基金收支规模进行测算。

构建养老保险收支预测精算模型：

城镇职工养老保险收入方程为：

$$inc_t = P_t \times wage(t) \times pay + GDP_t \times pfr \times s \tag{6.6}$$

其中，inc_t 为 t 期职工养老保险收入。缴费人口 P_t 与全社会平均工资 $wage(t)$ 和缴费率 pay 相乘得到每年职工养老保险征缴收入。GDP_t 乘以财政支出占 GDP 比例 pfr，再乘以养老金补贴占财政支出比例 s，得到每年职工养老保险的财政补贴收入。

职工养老保险的养老金支出等于各部分养老金人口数乘以社会平均工资水平，再乘以替代率 $rep(t)$，即：

$$exp_t = \Big[Lao(t)\,rep_{Lao}(t) + Zh(t)\,rep_{Zh}(t) + Xin(t)\,rep_{Xin}(t) +$$

$$Jiguan(t)\,rep_{Jiguan}(t) \Big] wage(t) \tag{6.7}$$

令 $balance_t$ 为 t 期养老保险的累积结余（赤字），$rate_{t-1}$ 为利息率，职工养老保险收支动态方程为：

$$balance_{t+1} = balance_t(1 + rate_t) + inc_t - exp_{t+1} \tag{6.8}$$

上期养老保险累积结余加上利息收入和本期收入，再扣除本期支出，即得本期养老保险累积结余。注意:本节对基准情形下职工养老保险收支动态方程中所涉及利息率的设定根据基金累积结余大于 0 或者小于 0 而有所不同,后期政策模拟分析中文章进一步设定了不同的收益率进行对比分析。

居民养老保险的基础养老金支出方程为:

$$exp_{rest} = ru_t^{g, all} \times level_t \qquad (6.9)$$

其中,$level_t$ 是人均保障水平,$ru_t^{g, all}$ 代表城乡居民养老保险受益人口。

城镇职工养老保险和居民养老保险的养老总支出方程为:

$$exp_{all} = exp_t + exp_{rest} \qquad (6.10)$$

即城镇职工养老保险基金支出和城乡居民养老保险基金支出之和。

城镇职工养老保险和居民养老保险的财政总补贴支出方程为:

$$govexp_t = GDP_t \times pfr \times s + exp_{rest} \qquad (6.11)$$

其中,$govexp_t$ 为养老保险的财政补贴总额,等于政府分别对职工养老保险和居民养老保险的财政补贴之和。将各期政府财政补贴额折现,即是政府在养老保险上面临的隐性债务。

同样,参考王晓军和任文东(2013)、马俊等(2012)、刘学良(2014)、李扬等(2013),对模型参数做如下设定:

(1) 经济增长率:假定实际 GDP 增长率自 2012 年开始每年降低 0.125 个百分点,此设定符合当期国家为实现经济稳步增长目标而实行经济增速放缓的宏观调控政策现实情况,同时假定未来价格指数,即 GDP 平减指数为 2.3%,保持不变。依照上述设定,基于江苏省地区生产总值历史数据对全省 2012—2050 年的名义 GDP 进行预测,将《江苏统计年鉴 2018》中全省 2017 年的 GDP 实现值与预测值(见表 6.18,表中仅显示 2017—2050 数据)进行对比,以观察模型预测准确度,发现实际值 85 869.76 亿元与预测值 85 088.56 亿元差距不大,说明上述有关 GDP 增长率的设定较为合理。

表 6.18　江苏省 2017—2050 年地区生产总值预测值

单位:亿元

年　份	地区生产总值	年　份	地区生产总值
2017	85 088.56	2022	131 370.57
2018	93 023.22	2023	142 800.05
2019	101 581.53	2024	155 045.41
2020	110 800.24	2025	168 147.04
2021	120 717.06	2026	182 145.59

续　表

年　份	地区生产总值	年　份	地区生产总值
2027	197 081.86	2039	463 509.12
2028	212 996.58	2040	493 985.70
2029	229 930.20	2041	525 848.68
2030	247 922.66	2042	559 109.58
2031	267 013.16	2043	593 775.40
2032	287 239.90	2044	629 848.35
2033	308 639.80	2045	667 325.48
2034	331 248.23	2046	706 198.42
2035	355 098.72	2047	746 453.03
2036	380 222.60	2048	788 069.16
2037	406 648.77	2049	831 020.37
2038	434 403.30	2050	875 273.74

数据来源:笔者根据相关统计数据测算而得。

（2）工资增长率:假定未来社会平均工资增长率等于名义 GDP 增长率。表 6.19 显示了江苏省 2001—2016 年社会平均工资情况。社平工资水平是影响养老保险收支的一项重要因素,一方面影响城镇职工养老保险征缴收入规模,另一方面又决定着职工养老保障支出水平的高低。

表 6.19　江苏省 2001—2016 年社会平均工资水平

单位:元/年

年　份	社会平均工资	年　份	社会平均工资
2001	986.83	2009	2 990.83
2002	1 125.75	2010	3 375.42
2003	1 309.33	2011	3 832.25
2004	1 516.83	2012	4 273.25
2005	1 746.42	2013	4 832.00
2006	1 981.83	2014	5 148.58
2007	2 281.17	2015	5 600.00
2008	2 638.92	2016	6 057.00

数据来源:中国国家统计局。

（3）养老保险财政补贴占比:对于该占比的设定未参考上述部分学者的做法,即取 2012 年数值且假定此后保持不变。观察江苏省 2005—2016 年间历年的养老补贴占财政支出比重数据发现,2012 年之前财政补贴占比基本维持在 2% 以上,2012—2016 年间除了 2014 年数值较为异常仅 1.8%

外,则基本维持在 3％以上,变化较小,数值较为稳定。因此,对于补贴占比的设定取最近值 2016 年的 4.2％,并假定此后保持不变。

(4)养老金缴费率:目前我国法定的养老金缴费率为 28％,但以江苏省历年的养老金征缴收入除以养老金缴费人口和社会平均工资,发现全省2013—2016 年的实际缴费率均值只有 13.7％。实际缴费率与法定缴费率间较为明显的差异最主要是由于社会平均工资水平与职工养老保险缴费工资水平间的统计口径存在差别所导致,前者统计口径较后者更宽。本节假定未来实际缴费率维持均值 13.7％的水平保持不变。

(5)财政支出占 GDP 比重:观察江苏省 2012—2016 年财政支出占GDP 比重数据发现,该占比较为稳定,基本维持在 13％上下,呈微小波动,因此本节取 2012—2016 年间均值,即 13.2％,并假定该数值此后保持不变。

(6)养老金替代率:自 20 世纪 90 年代开始,养老保险的养老金替代率就不断下降。表 6.20 显示了江苏省 2000—2015 年城镇职工养老保险分企业、机关事业单位养老保险替代率数值,同缴费率设定,由于缴费工资与社平工资统计口径差异,该替代率数值偏低。但企业职工的养老金领取待遇水平还是与机关事业单位人员存在较为明显的差距。设定基准情形下,企业替代率降至 40％后保持不变,机关事业单位则在现有基础上逐年降低1％,同样降至 40％后保持不变,该设定符合城乡一体化发展及养老保险制度实行并轨的政策目标。

表 6.20　江苏省 2000—2015 年城镇职工养老保险替代率

单位:％

年　份	企业养老保险实际替代率	机关事业单位养老保险实际替代率
2000	58.21	58.54
2001	56.82	58.06
2002	55.89	57.58
2003	54.71	76.15
2004	51.64	68.4
2005	48.03	61.37
2006	48.84	67.14
2007	46.38	66.66
2008	45.86	66.17
2009	43.32	65.69
2010	41.41	65.2
2011	40.46	64.72

年　份	企业养老保险实际替代率	机关事业单位养老保险实际替代率
2012	40.72	64.24
2013	39.83	63.75
2014	40.22	63.27
2015	40.3	62.78

数据来源：中国国家统计局、中国人力资源和社会保障部。

（7）投资收益率、负债利息率：基准情形设定下，以中国目前1年期固定存款利息收益为基础，参考马俊等（2012），设定投资收益率为3%，若发生亏空，养老金支付需借债完成支付，假定负债利息率为5%。

（8）城乡居民养老保险补贴标准：对城乡居民养老保险的基础养老金最低标准补贴是由各地政府视地区经济状况和财力大小而定，2018年《人力资源社会保障部　财政部关于建立城乡居民基本养老保险待遇确定和基础养老金正常调整机制的指导意见》（人社部发〔2018〕21号）规定城乡居民养老保险的基础养老金最低标准提高至每人每月88元。表6.21整理了江苏省自2011—2018年城乡居民养老保险基础养老金补贴标准情况，相比于全国最低标准，江苏省补贴力度相对较大，2018年补贴标准为每人135元/月。并且观察历年发展数据，全省补贴金额呈逐年增长10元/月的趋势。因此，假定此后江苏省基础养老金补贴标准每年增长10元/月。此外，本节对个人账户补贴的测算按江苏省实际补贴标准，选取最低缴费档次进行保守估计，即对个人账户补贴30元/人。

表 6.21　江苏省 2011—2018 年城乡居民养老保险基础养老金补贴标准

单位：元/月

年　份	基础养老金补贴标准	年　份	基础养老金补贴标准
2011	60	2015	105
2012	70	2016	115
2013	80	2017	125
2014	90	2018	135

数据来源：江苏省人力资源和社会保障局。

根据上述收支模型以及相关参数设定，对江苏省2017—2050年的城镇职工养老保险基金收支、城乡居民养老保险支出规模进行测算。其中，表6.22、表6.23分别显示了全省城镇职工养老保险基金总收入和征缴收入情况。由表可知，2017年江苏省城镇职工养老保险基金总收入为2 876.06

亿元,征缴收入为 2 410.41 亿元,而《公报》实际值为总收入达 3 047.01 亿元,征缴收入为 2 414.77 亿元,对比发现,本节对征缴收入部分数据的测算基本吻合,总收入测算误差主要来源于补贴收入。观察江苏省 2012—2017 年基金收入相关数据,发现 2017 年基金收入与征缴收入之差,即养老保险补贴收入较前 5 年实现了大幅增长,全省 2012—2017 年间养老保险补贴收入年均为 339.17 亿元,而 2017 年当年补贴收入为 632.24 亿元,是均值水平的 1.9 倍,且与 2016 年的 415.77 亿元相比增加了 216.47 亿元,增幅较大。因此,考虑本节对基金总收入的测算在较为稳定的征缴收入部分实现了良好预测,而对受地方政府当年财政收支状况以及相关养老金政策等外因影响较大的养老保险补贴收入部分,虽然存在一定误差,但认为结果可以接受。

表 6.22　江苏省 2017—2050 年城镇职工养老保险基金总收入情况表

单位:亿元

年　份	基金总收入	年　份	基金总收入
2017	2 876.06	2034	17 804.28
2018	3 239.99	2035	19 460.66
2019	3 645.90	2036	21 248.29
2020	4 098.07	2037	23 175.17
2021	4 601.18	2038	25 249.56
2022	5 331.42	2039	27 479.92
2023	5 966.82	2040	29 874.95
2024	6 670.59	2041	32 443.55
2025	7 449.17	2042	35 194.75
2026	8 309.43	2043	38 137.76
2027	9 515.58	2044	41 281.86
2028	10 582.69	2045	44 636.41
2029	11 756.62	2046	48 210.82
2030	12 340.76	2047	52 014.46
2031	13 546.70	2048	56 056.66
2032	14 854.62	2049	60 346.61
2033	16 271.43	2050	64 893.39

数据来源:笔者根据相关统计数据测算而得。

就较为稳定的征缴收入部分,2017 年基金征缴收入为 2 410.41 亿元,至 2023 年,仅 6 年时间实现收入值翻番,达 4 999.26 亿元。到 2050 年,江苏省城镇职工养老保险基金征缴收入达 60 040.87 亿元,是 2017 年的近 25 倍,收入规模增长较快。此外,对比基金总收入的增长,发现养老保险补贴收入(基金收入－征缴收入)规模也不断扩大。文中上述对养老保险补贴收入的测算,即 $GDP_t \times pfr \times s$,式中设定财政支出占 GDP 比重以及养老保险补贴占财政支出比重均为定值,因而,未来养老补贴收入的增长是由 GDP 增长导致,即经济增长使得政府养老支出增加。

表 6.23 江苏省 2017—2050 年城镇职工养老保险基金征缴收入情况表

单位:亿元

年 份	征缴收入	年 份	征缴收入
2017	2 410.41	2034	15 967.84
2018	2 730.91	2035	17 491.99
2019	3 089.98	2036	19 140.34
2020	3 491.71	2037	20 920.71
2021	3 940.54	2038	22 841.22
2022	4 441.31	2039	24 910.22
2023	4 999.26	2040	27 136.30
2024	5 620.07	2041	29 528.24
2025	6 309.87	2042	32 095.05
2026	7 075.29	2043	34 845.87
2027	7 923.44	2044	37 789.98
2028	8 861.97	2045	40 936.76
2029	9 899.10	2046	44 295.66
2030	10 966.28	2047	47 876.13
2031	12 066.38	2048	51 687.60
2032	13 262.17	2049	55 739.44
2033	14 560.33	2050	60 040.87

数据来源:笔者根据相关统计数据测算而得。

城镇职工养老保险基金支出由企业职工中的"老人""中人""新人"以及机关事业单位人员分别乘以各自的养老金实际替代率,再乘以社平工资所得。表 6.24 显示了江苏省 2017—2050 年城镇职工养老保险基金支出规模。由表可知,江苏省 2017 年城镇职工养老保险基金支出金额为 2 703.53 亿元,与《公报》统计数据 2 712.88 亿元基本吻合。

表 6.24 江苏省 2017—2050 年城镇职工养老保险基金支出情况表

单位:亿元

年 份	支出额度	年 份	支出额度
2017	2 703.53	2020	4 066.00
2018	3 101.92	2021	4 645.80
2019	3 552.87	2022	5 302.73

年　份	支出额度	年　份	支出额度
2023	6 046.18	2037	30 853.25
2024	6 884.90	2038	34 200.19
2025	7 831.25	2039	37 865.90
2026	8 897.78	2040	41 880.03
2027	10 097.64	2041	46 271.34
2028	11 449.69	2042	51 071.25
2029	12 964.63	2043	56 307.40
2030	14 567.87	2044	62 013.67
2031	16 070.85	2045	68 219.63
2032	18 143.43	2046	74 960.82
2033	20 220.08	2047	82 273.33
2034	22 510.51	2048	90 191.66
2035	25 030.10	2049	98 754.78
2036	27 804.49	2050	108 000.29

数据来源：笔者根据相关统计数据测算而得。

对比城镇职工养老保险基金收支情况，2050 年，全省城镇职工养老保险基金支出为 108 000.29 亿元，远大于 64 893.39 亿元的基金总收入额度，存在 43 106.90 亿元的收支缺口。就基金当期收支情况来看，江苏省 2021 年首次出现 44.63 亿元的收支缺口，2022 年实现小额度收支结余，2023 年又出现当期养老保险基金的收不抵支，此后长期处于负债状态，缺口不断扩大，至 2050 年，养老保险基金收支缺口（同期赤字）相当于当年 GDP 的 4.9％；将历史累计基金结余考虑在内，江苏省累计基金结余将于 2030 年消耗殆尽，2030 年当期出现 738.78 亿元的累计赤字，此后累计赤字不断扩大，至 2050 年累计赤字达 444 975.80 亿元，相当于当年 GDP 的 50.84％。该测算结果与不少学者对我国养老保险基金收支测算的结论基本一致，即养老保险收支状况在 2022 年左右存在拐点，2022 年前后养老保险基金开始出现收支缺口，并于此后呈现不断扩大态势，基金结余不断减少，2030 左右结余消耗殆尽，此后处于负债状态（刘学良，2014；贾彦东和刘斌，2015）。图 6.1 显示了江苏省城镇职工养老保险基金收支规模变化趋势，发现后期养老金收支缺口呈迅速扩大态势。

图 6.1　江苏省城镇职工养老保险收支规模变化趋势

城乡居民养老保险虽然和城镇职工养老保险缴费模式类似,实行基础养老金账户加个人账户,但城镇职工缴费账户的资金来源分别为企业和职工个人,而城乡居民养老金账户的缴费则是由政府和个人承担,并且政府对城乡养老保险基金的个人账户还进行额外补贴,具体而言,政府承担基础养老金账户的基础养老金最低标准,并对个人账户按照参保个人选取的缴费档次视地方财力大小进行补贴。本节重点研究养老保障支出水平对政府财政状况的影响,同时考虑到城乡居民养老保险基金缴费收入规模较小,且个人对缴费档次的选取差异明显,统计难度大,此外,观察江苏省历年的城乡居民养老保险基金总收入、缴费收入以及基金支出额度数据,发现养老保险基金支出规模基本上等同于政府对基础养老金账户和个人账户的财政补贴总额,综合以上因素,本节仅对城乡居民养老保险支出额度,也即政府对城乡居民养老保险的财政补贴总额度进行测算(刘学良,2014)。表 6.25 和图 6.2 分别给出了江苏省未来城乡居民养老保险支出的具体数值和变化趋势。《公报》显示 2017 年江苏省城乡居民养老保险基金支出为 251.01 亿元,表 6.25 中数据为 248.57 亿元,考虑本节对基金支出的测算选取了最低档次进行保守估计,结果较为合理。城乡居民养老保险基金支出额度与城镇职工养老保险相比规模较小,并且由于城镇化发展下农村人口规模的缩减,基金支出缓慢增长至 2038 年,达到 427.76 亿元的峰值后,又开始出现回落。虽然城乡居民养老保险基金支出规模小,但由于该部分支出基本由财政补贴承担,对政府而言也是一笔不小的负担。

表 6.25　江苏省 2017—2050 年城乡居民养老保险支出情况表

单位:亿元

年　份	支出额度	年　份	支出额度
2017	248.57	2034	416.98
2018	264.26	2035	420.65
2019	279.20	2036	423.28
2020	296.46	2037	424.81
2021	309.91	2038	427.76
2022	322.43	2039	424.34
2023	337.45	2040	422.20
2024	348.02	2041	418.71
2025	357.42	2042	413.77
2026	369.36	2043	407.32
2027	376.24	2044	399.27
2028	381.65	2045	389.53
2029	387.35	2046	378.01
2030	392.94	2047	364.60
2031	400.26	2048	349.21
2032	406.73	2049	331.73
2033	412.32	2050	312.04

数据来源:笔者根据相关统计数据测算而得。

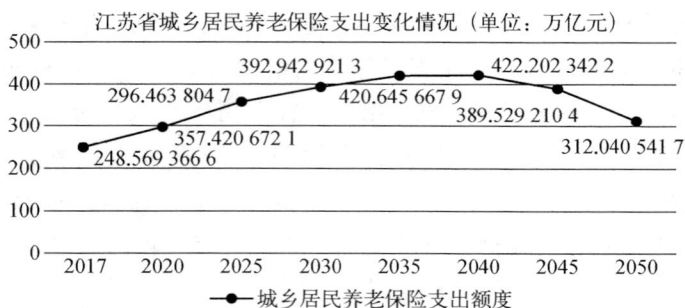

图 6.2　江苏省城乡居民养老保险支出规模变化趋势

(三) 财政可持续下的江苏省养老保障水平测度

建立江苏省财政可持续状况衡量指标——财政可持续性(FS)。本节对地方财政可持续性的衡量主要从国外学者的认定角度去定义,即政府维持现有财政状况不变的能力。具体到养老保障方面而言,即养老保障水平为多少或适度水平为多少才能使得政府维持当前的支出水平而不会导致地方政府债务占 GDP 比重有所上升。结合本节上述财政可持续的相关理论分析部分,本节最终选取单一指标——政府债务占 GDP 之比对地方财政可持续状况进行衡量,但该指标的具体应用还需做相关处理,具体步骤如下:

假定政府在一定时期内的财政资金必须满足基本的收支平衡约束:

$$G_t + rB_t = T_t + F_t + D_t \tag{6.12}$$

其中,G_t 为政府 t 年支出(不包括政府债务利息支出),r 为政府到期债务的名义利率,B_t 为第 t 年政府净债务,T_t 为政府 t 年税收收入,F_t 为政府转移支付收入,D_t 为政府第 t 年的赤字。式(6.12)左边是政府当年使用的资金总额,由项目支出(G_t),即不含债务利息的财政支出和到期政府债务利息支出(rB_t)两部分构成。式(6.12)右边构成政府当年的使用资金来源,包括税收收入(T_t)、转移支付(F_t)以及赤字融资的新债发行收入(D_t)。为简便起见,假定上述收支在当期实现。从 $t+1$ 期开始,政府债务存量为:

$$B_{t+1} = B_t + D_t \tag{6.13}$$

对式(6.12)和式(6.13)进行简单运算,可得地方政府在 t 至 $t+1$ 期的债务变动量 ΔB_t 为:

$$\Delta B_t = B_{t+1} - B_t = G_t - T_t - F_t + rB_t \tag{6.14}$$

其中,$G_t - T_t - F_t$ 是地方政府基本赤字,不包含政府支出中的偿债因素。上式说明了政府在年度内的存量债务变化。债务占 GDP 之比的进一步反映如下:

$$\Delta b_t = b_{t+1} - b_t = \frac{[g_t - t_t - f_t + (r - a)b_t]}{a + 1} \tag{6.15}$$

式(6.15)以小写字母表示相应变量与 GDP 之比,即,$b_t = \dfrac{B_t}{Y_t}$;$b_{t+1} = \dfrac{B_{t+1}}{Y_{t+1}}$;$f_t = \dfrac{F_t}{Y_t}$;$t_t = \dfrac{T_t}{Y_t}$,而 a 为名义 GDP 增长率 $\left(\dfrac{\Delta Y_t}{Y_t}\right)$。该式中反映了地方政府债务占 GDP 比重变动的三个影响因素,分别为基本赤字,即项目支出超过税收与转移支付收入的部分;到期债务利息;GDP 增长率。按前述财政可持续定义,如净债务占 GDP 比例在未来保持不变,则可认为财政可持续。因此,令上式 $\Delta b_t = 0$,通过相应运算,可得:

$$d_t^* = g_t - t_t - f_t + rb_t = ab_t \tag{6.16}$$

上式中 d_t^* 即是维持现有净债务占 GDP 比重刚好不变所需的赤字占 GDP 之比,也是可持续赤字率的表达式,只要实际赤字率小于或等于这一比率 $(d_t \leqslant ab_t)$,债务占 GDP 比重就不会上升。

因此,地方财政可持续指标衡量的最终表达式为:

$$FS = d_t = \frac{(G_t - T_t - F_t)}{Y_t} \tag{6.17}$$

其中,此处 G_t 为上述分析中所言不包含政府的债务利息支出,但考虑到 2015 年前各地政府不可自行发债的现实情况,并且近年来政府债务对其财政收支状况的重要影响,本节会进一步采用与部分学者相同的处理方式,将债务认同为广义上财政赤字概念(贾彦东和刘斌,2015;陈宝东和邓晓兰,2018),将政府债务利息支出考虑在内进行衡量,并呈现两种分析结果的对比。

2015 年地方政府被明确可以自行发债,本节对地方财政可持续性的衡量是以 2015 年的财政可持续值为标准,测算历年养老保险基金收支缺口折现至 2015 年对当期可持续赤字率(即财政可持续值)变动的影响,对为维持 2015 年财政状况不变所需的最小可持续赤字率进行测算,观察历年财政可持续值与 2015 年可持续值的变动差异,从而对地方财政可持续状况的变化进行衡量。值得注意的是,精算模型折现下的财政可持续值已将地方政府债务考虑在内。2015 年,江苏省地方政府债务额为 10 556.26 亿元,2016 年债务额为 10 915.35 亿元[①],将债务额数据带入公式(6.14)和(6.15),通过相关计算可得 2015 年江苏省财政可持续值为 1.16%,该可持续值则是地方维持其 2015 年财政状况能力的衡量标准。将历年养老保险基金收支数额折现至 2015 年,折现因子使用当年名义 GDP 指数(马俊等,2012;刘学良,2014),通过相关计算可得历年将政府债务考虑在内的可持续赤字率(地方财政可持续值)。表 6.26 显示了以收支精算模型数据测算的年度间基准情形养老保障支出水平下的地方政府财政可持续状况。由表可知,2030 年前,由于江苏省养老保险基金的大量累积结余,地方财政可持续状况良好,到 2050 年,地方财政可持续值为 5.45%,远高于 1.16%,说明较 2015 年而言,养老保障支出的不断增长导致江苏省 2050 的财政状况发生较大恶化。

---

① 数据来源:关于江苏省 2015 年预算执行情况与 2016 年预算草案的报告;关于江苏省 2016 年预算执行情况与 2017 年预算草案的报告。

表 6.26　基准情形下的江苏省财政可持续性状况

单位:%

年　份	2017	2020	2025	2030	2035	2040	2045	2050
财政可 持续衡量	0.34	0.52	0.90	1.45	2.11	2.97	4.07	5.45

数据来源:笔者根据相关统计数据测算而得。

图 6.3 显示了基准情形的江苏省养老保障支出下政府财政可持续状况的变化,发现政府债务对其财政状况的影响还是较为明显,基准情形下,江苏省 2028 年的财政可持续值由 2027 年的 1.097％增长至 1.208％,即基准情形测算下的养老保障支出水平使得江苏省的财政状况于 2028 年开始恶化。以不考虑政府债务因素的财政可持续指标进行衡量,江苏省的财政可持续状况将于 2037 年开始恶化,较含债务因素的情况推迟 9 年时间。可见在同一养老保障支出水平下,地方政府债务对其财政状况的变化在时间上有较为明显的影响。

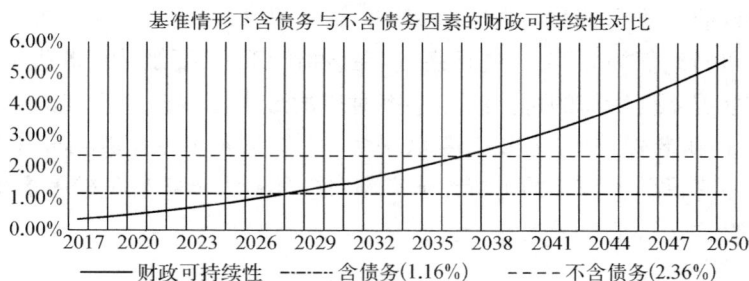

图 6.3　基准情形下含债务与不含债务因素的财政可持续性对比

表 6.27 显示了江苏省养老金总支出以及养老金财政总补贴占当年 GDP 比重情况。其中,养老金总支出是指城镇职工养老保险支出与城乡居民养老保险支出之和,而养老金财政总补贴是指为维持养老保险体系所需的财政补贴,此处假定当城镇职工养老保险出现收不抵支时,政府财政承担责任并以财政补贴形式对基金缺口进行弥补,此外,财政总补贴也包含了城乡居民养老保险的补贴部分。将城镇职工养老保险与城乡居民养老保险项目进行合并,能够更直观地展示养老保险制度的整体运行情况。测算结果显示,2030 年前,由于城镇职工养老保险基金累计结余的存在,此时江苏省所需的财政补贴占 GDP 比重并不高,但 2030 年累计结余消耗殆尽后,为平衡基金收支所需的财政补贴投入加大,至 2050 年,所需政府财政补贴占当年 GDP 比重已高达 5.52％。而就养老金总支出占当年 GDP 比重来看,由最初 2017 年的 3.47％占比提高至 2050 年的 12.37％,翻了近 3.6 倍。基准

情形下,这一占比已基本等同于欧洲一些高福利国家水平,该比例在美国为 6.8%、OECD 国家均值水平为 7.8%、瑞典为 8.2%、德国为 11.3%、法国为 13.7%、意大利为 15.4%(OECD,2013)。

表 6.27　江苏省养老金总支出和政府财政补贴占 GDP 比重

单位:%

年　　份	2017	2020	2025	2030	2035	2040	2045	2050
财政补贴占 GDP 比重	0.84	0.81	1.12	1.61	2.24	3.07	4.15	5.52
养老金总支出占 GDP 比重	3.47	3.94	4.87	6.03	7.17	8.56	10.28	12.37

数据来源:笔者根据相关统计数据测算而得。

在维持江苏省财政状况可持续情况下,即若需维持 2015 年的财政状况不变所需的可持续赤字率对应的最大赤字现值为 847.33 亿元,所对应的最大养老保障总支出水平为 11 831.34 亿元,占当年 GDP 的 5.55%。而以广义的财政收支概念衡量,即不考虑政府债务因素的财政可持续指标(2015年财政可持续值为 2.36%)进行衡量,在该指标下,若要维持江苏省 2015 年的财政状况不变所需的可持续赤字率对应的最大赤字现值 1 703.53 亿元,所对应的养老保障总支出适度水平为 31 281.06 亿元,占当年 GDP 的 7.2%,不考虑债务因素的可持续赤字率对应的最大赤字现值较考虑政府债务因素在内的数值有较大提升。

6.1.4　江苏省养老保障政策模拟

由上述分析可知,随着老龄化发展以及经济水平提高带来的养老保障支出增长会使得江苏省养老保障基金累计结余于 2030 年左右消耗殆尽,累计赤字不断扩大,并且对江苏省财政可持续状况造成不利影响。不少学者在对全国或地方养老保障制度发展问题进行分析后,提出诸如提高经济增长率等措施来改善养老保险基金收支状况及制度运行,以实现养老保障体系自身的可持续发展。但这些改善措施的提出往往有些理所当然,也没有经过相关论证,结论建议并不完全可靠。因此,本节将以目前业内常见的四项养老保障改善措施分别对江苏省的养老保障制度运行状况进行政策模拟分析,以观测相关政策实施效果。

(一) 提高 GDP 增长率

理论上而言,养老保险的统账结合模式比现收现付制在应对由老龄化所导致的养老金支付危机上更有效,统账结合模式下,参保人是自己缴费,自己养老,因此人口结构的变化对其个人的账户养老基金没有影响,而现收现付制是以在岗劳动者的缴费去支付退休人口的养老金,以年轻人养老年人,因此在老龄化加剧时就会出现养老金收支危机,同时,不同的养老保障支出水平也易造成代际间的不公平。然而就我国目前实际运行的现收现付模式,许多学者认为这种模式并不必然意味着养老金收支危机,统账结合模式也并不全然没有问题,关键是经济是否能够持续增长,这才是应对老龄化的根本途径(封进,2004;程永宏,2005;王晓军,2013)。

　　此处改变本节在基准情形下对经济增长率的设定,假定 GDP 增长率较基准情形少降低 2 个百分点,即相当于经济增长率有所提高,对该经济增长设定下的养老保险基金收支状况进行测算。结果显示 GDP 增长率提高的效果并不明显,上述经济增长设定下养老保险基金总收入、征缴收入以及基金支出仅从 2038 年才开始有所变动,表 6.28、表 6.29、表 6.30 分别显示了GDP 增长率提高设定下的江苏省 2037—2050 年城镇职工养老保险基金收入、征缴收入以及基金支出情况。

表 6.28　GDP 增长率提高下的江苏省城镇职工养老保险基金总收入情况表

单位:亿元

年　份	基金总收入	年　份	基金总收入
2037	23 185.97	2044	41 641.77
2038	25 290.88	2045	45 078.70
2039	27 557.13	2046	48 746.03
2040	29 994.04	2047	52 654.10
2041	32 611.12	2048	56 813.18
2042	35 418.12	2049	61 233.54
2043	38 424.98	2050	65 925.28

数据来源:笔者根据相关统计数据测算而得。

　　就保险基金收入来看,经济增长率提高下的基金总收入增长缓慢,发展至 2050 年,才较基准情形下增长了 1 031.89 亿元;相比之下,征缴收入数值变化更小,2050 年较基准情形而言仅增长 954.74 亿元。总体而言,经济增长率提高的政策效果并不明显。

表 6.29　GDP 增长率提高下的江苏省城镇职工养老保险基金征缴收入情况表

单位:亿元

年　份	征缴收入	年　份	征缴收入
2037	20 930.46	2039	24 980.22
2038	22 878.60	2040	27 244.46

年　份	征缴收入	年　份	征缴收入
2041	29 680.76	2046	44 787.41
2042	32 298.75	2047	48 464.87
2043	35 108.30	2048	52 385.16
2044	38 119.45	2049	56 558.65
2045	41 342.39	2050	60 995.60

数据来源:笔者根据相关统计数据测算而得。

就保险基金支出来看,经济增长率提高设定下的支出同样实现了增长,基金支出的增长主要是由于社会平均工资水平的提高。2050年江苏省养老保险基金支出额度为109 587.58亿元,较基准情形下的同期值增长了1 587.29亿元,甚至对于江苏省而言,GDP增长率提高设定下,2050年城镇职工养老保险基金支出较基准情形支出的增长幅度要大于基金收入较基准情形的增长。而就基金收支缺口而言,2050年的养老金当期赤字(即收支缺口)占当年GDP的比例为4.9%,等同于基准情形下的占比,再次说明了经济增长政策收效甚微,但该设定下的养老保险基金累计赤字占GDP比重为37.67%,较基准情形的38.02%有所减小。

**表6.30　GDP增长率提高下的江苏省城镇职工养老保险
基金支出情况表**

单位:亿元

年　份	支出额度	年　份	支出额度
2037	30 853.25	2044	62 480.71
2038	34 216.12	2045	68 814.40
2039	37 927.87	2046	75 703.57
2040	41 997.71	2047	83 186.68
2041	46 455.78	2048	91 300.77
2042	51 335.03	2049	100 087.55
2043	56 664.77	2050	109 587.58

数据来源:笔者根据相关统计数据测算而得。

表6.31显示了经济增长率提高下江苏省养老总支出以及政府财政补贴占GDP比重情况,基准情形下2038年江苏省养老总支出和财政补贴占比分别为2.71%和7.97%,经济增长下的相应占比与此差距较小,发展至2050年,经济增长设定下的总支出以及财政补贴占比分别为5.50%和12.36%,才较基准情形分别缩小2%和1%,占比变动较小。

表 6.31　GDP 增长率提高下的江苏省养老总支出和
政府财政补贴占 GDP 比重

单位:%

年　份	2038	2040	2045	2050
财政补贴占 GDP 比重	2.70	3.06	4.13	5.50
养老金总支出占 GDP 比重	7.96	8.55	10.27	12.36

数据来源:笔者根据相关统计数据测算而得。

　　图 6.4 显示了 GDP 增长率提高设定下的养老保险基金累计结余与基准情形对比,可以发现该政策设定下的基金累计结余变化情况基本与基准情况趋同,累计结余变化曲线与 0 轴的交点均位于 2030 年,也即养老保障支出不断增长情况下,江苏省养老保险的累计结余将于 2030 年消耗殆尽,并于此后呈负债状态,而 GDP 增长率提高的设定对此状况并未明显改善,基本等同于基准情形。

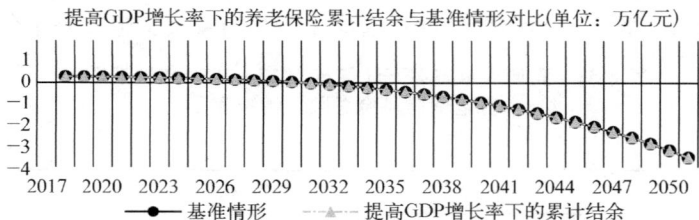

图 6.4　提高 GDP 增长率下的养老保险基金累计结余与基准情形对比

　　而就该设定下的养老保障支出对财政可持续状况的影响,不论是以将政府债务考虑在内的财政可持续衡量指标(1.16%),还是以不考虑政府债务的财政可持续指标(2.36%)对经济增长设定情况进行衡量,江苏省财政可持续状况均未发生改变,既没有改善,也没有恶化。原因在于,如前所述,在假定 GDP 保持更高的增长率时,社会平均工资也在增长,固定替代率下,意味着养老保障的标准也会提升。观察众多讨论在现收现付制下提高 GDP 增长率以实现财政可持续性提高的文献发现,该结论的得出多是建立在 GDP 增长率与养老金增长速度不同步的情况上,当经济增长时,养老金水平未实现同步增长,养老保险基金的缺口问题必然会有所改善,而这是以养老金的替代率下降为代价的。程永宏(2005)也承认,老龄化发展下,若人均产出增长率等同于养老保障水平增速,则养老金支付危机不可避免,GDP 增长率的提高将不会有任何改善效果。

(二)实施延退政策、提高养老金领取年龄

　　近年来,地方养老金收支危机日渐暴露,因而关于养老保障延退政策实施的呼声也越来越高,1999 年《关于制止和纠正违反国家规定办理企业职工提前退休有关问题的通知》(劳社部发〔1999〕8 号)规定男性职工退休年龄为 60 岁,女性为 50 岁,女干部为 55 岁,本节对基准情形下的退休年龄也是按此标准设定,实质上即使是该退休年龄与美国、日本以及一些欧洲国家和地区相比也是偏低的,并且中国在岗职工存在不少提前退休情况,因此实际的退休年龄可能更低。本节对延退政策的设定,设计两种改革方案:高速改革和低速改革方案。高速改革下,退休年龄每三年延迟一岁;低速改革下,退休年龄每五年增长一岁。假定江苏省于 2022 年开始实施延退政策,企业职工与机关事业单位人员分别在基准情形设定的原有退休年龄基础上延长退休时间,直至不分企业与机关事业单位,男性退休年龄统一至 65 岁,女性统一至 60 岁;此外,城乡居民养老保险的养老金领取年龄也逐年延长至 65 岁,之后不再调整。在高速改革方案下对江苏省城镇职工养老保险基金收入、征缴收入、基金支出以及城乡居民养老保险基金支出进行测算(分别见表 6.32、表 6.33、表 6.34、表 6.35),结果显示延迟退休年龄的政策实施效果十分明显。

表 6.32　高速改革方案下江苏省 2017—2050 年城镇职工
养老保险基金总收入情况表

单位:亿元

年　份	基金总收入	年　份	基金总收入
2017	2 876.06	2034	20 164.69
2018	3 239.99	2035	22 097.40
2019	3 645.90	2036	24 189.33
2020	4 098.07	2037	26 732.64
2021	4 601.18	2038	29 205.87
2022	5 271.98	2039	31 873.42
2023	5 909.06	2040	35 137.32
2024	6 615.69	2041	38 270.60
2025	7 553.29	2042	41 637.93
2026	8 442.22	2043	45 710.29
2027	9 425.10	2044	49 631.45
2028	10 744.09	2045	53 829.96
2029	11 974.25	2046	58 954.63
2030	13 246.65	2047	63 811.41
2031	14 911.91	2048	68 992.17
2032	16 386.62	2049	75 196.63
2033	17 987.95	2050	81 132.12

数据来源:笔者根据相关统计数据测算而得。

在高速改革的延退政策以及养老金领取年龄延长设定下,城镇职工养老保险参保人口以及退休年龄人口数均发生变化,因此,相应政策开始实施后各期的养老保险收支额度均发生改变。就养老保险基金收入情况来看,与基准情形相比,延退政策实施10年后,即2032年,养老保险基金收入就较基准情形增加了1 532.0亿元,而到2050年,该政策下江苏省城镇职工养老保险基金收入为81 132.12亿元,较基准情形增加了16 238.73亿元,实现大额增长。可想而知,在延退政策下,即相当于参保人口,同时也是养老金缴费人口增加下的养老金征缴收入也必然会有较大提升。

表6.33　高速改革方案下江苏省2017—2050年城镇职工养老保险基金征缴收入情况表

单位:亿元

年　份	征缴收入	年　份	征缴收入
2017	2 410.41	2034	18 328.25
2018	2 730.91	2035	20 128.73
2019	3 089.98	2036	22 081.38
2020	3 491.71	2037	24 478.17
2021	3 940.54	2038	26 797.53
2022	4 543.66	2039	29 303.73
2023	5 117.38	2040	32 398.67
2024	5 756.12	2041	35 355.30
2025	6 621.08	2042	38 538.22
2026	7 432.40	2043	42 418.40
2027	8 332.48	2044	46 139.57
2028	9 563.24	2045	50 130.31
2029	10 699.52	2046	55 039.47
2030	11 872.17	2047	59 673.07
2031	13 431.59	2048	64 623.11
2032	14 794.16	2049	70 589.46
2033	16 276.85	2050	76 279.60

数据来源:笔者根据相关统计数据测算而得。

就支出情况看,延退政策下2050年江苏省城镇职工养老保险基金支出较基准情形减少43 576.28亿元。该政策设定下,与基准情形设定相比,相当于使本应退休、领取养老金的人口再继续缴纳养老保险,一方面减少养老金支出,同时又增加了养老保险的缴费,这种变化自然会使得养老金收支规模发生较大变化。就基金收支差额来看,该政策设定下,江苏省将不存在养老金收支缺口,并且由于原有的大量基金结余,在后期结余不断累计情况下,到

2050 年,江苏省城镇职工养老保险基金当期结余将达 16 708.11 亿元,占当年 GDP 的 1.91%,累计结余将达 171 441.21 亿元,占当年 GDP 的 19.59%。此处延退政策的设定实施于 2022 年,即基准情形下江苏省出现养老金收不抵支局面的初期,也因此在缺口出现的初期,延退政策开始发挥作用,从而避免了江苏省养老保险基金收支问题的出现,并实现基金结余的不断积累。

表 6.34　高速改革方案下江苏省 2017—2050 年城镇职工
养老保险基金支出情况表

单位:亿元

年　份	支出额度	年　份	支出额度
2017	2 703.53	2034	16 129.25
2018	3 101.92	2035	17 908.50
2019	3 552.87	2036	19 868.58
2020	4 066.00	2037	21 244.34
2021	4 645.80	2038	23 522.65
2022	5 018.61	2039	26 018.24
2023	5 718.86	2040	27 819.73
2024	6 508.52	2041	30 702.13
2025	6 966.63	2042	33 848.99
2026	7 907.00	2043	35 968.20
2027	8 964.31	2044	39 563.12
2028	9 491.68	2045	43 470.85
2029	10 732.51	2046	46 281.26
2030	12 044.26	2047	50 745.45
2031	12 419.35	2048	55 580.14
2032	13 994.26	2049	58 952.16
2033	15 575.58	2050	64 424.01

数据来源:笔者根据相关统计数据测算而得。

表 6.35　高速改革方案下江苏省 2017—2050 年城乡
居民养老保险支出情况表

单位:亿元

年　份	支出额度	年　份	支出额度
2017	248.57	2024	138.43
2018	264.26	2025	151.97
2019	279.20	2026	150.10
2020	296.46	2027	145.09
2021	309.91	2028	162.22
2022	140.07	2029	156.96
2023	140.68	2030	152.04

年　份	支出额度	年　份	支出额度
2031	180.15	2041	224.34
2032	177.92	2042	218.18
2033	174.76	2043	238.36
2034	205.68	2044	231.72
2035	204.54	2045	223.94
2036	201.25	2046	249.43
2037	217.83	2047	241.36
2038	214.06	2048	232.07
2039	209.30	2049	255.37
2040	229.45	2050	245.49

数据来源：笔者根据相关统计数据测算而得。

养老金领取年龄的提高使得原本支出规模不大的城乡居民养老保障支出进一步减少。表 6.35 显示了高速改革延退政策实施下江苏省历年的城乡居民养老保障支出额度，结合城镇职工养老保险基金收支情况，观察该政策实施下江苏省养老总支出与财政补贴支出占 GDP 比重情况（见表 6.36）。发现自该政策发挥作用后，养老金总支出以及财政补贴占 GDP 比重大大减小，就 2022 年政策实施当期，基准情形下的总支出及财政补贴占比分别为 0.92％和 4.28％，但政策实施后，二者占比分别将至 0.66％和 3.93％，政策实施效果十分明显。此外，不同于基准情形，延退政策下财政补贴占比呈不断下降趋势，且 2050 年该政策设定下的养老金总支出占比较基准情形降低了 4.98％。因此，江苏省本身作为全国养老保险基金累计结余大省，在高速延退政策实施下，不论是以 1.16％还是以 2.36％的财政可持续值对其财政可持续性进行衡量，较 2015 年而言，江苏省的财政状况非但不会恶化，反而有所改善，未来将不会出现财政可持续问题，并且其养老保险基金结余会不断累积。

表 6.36　高速改革方案下的江苏省养老总支出和政府财政补贴占 GDP 比重

单位：％

年　份	2017	2020	2022	2025	2030	2035	2040	2045	2050
财政补贴占 GDP 比重	0.84	0.81	0.66	0.64	0.62	0.61	0.60	0.59	0.58
养老金总支出占 GDP 比重	3.47	3.94	3.93	4.23	4.92	5.10	5.68	6.55	7.39

数据来源：笔者根据相关统计数据测算而得。

　　同样,在退休年龄每五年延迟一岁的低速改革方案下,政策实施效果也是十分明显。表 6.37 显示了低速改革下江苏省 2017—2050 年城镇职工养老保险基金总收入情况(见表 6.37),就整体的基金收入规模而言,低速改革方案下的基金收入虽不及高速改革,但还是要高于基准情形,发展至2050 年,低速改革方案下的基金总收入为 77 572.86 亿元,低于高速改革下的 81 132.12 亿元,但比基准情形要高 12 679.47 亿元,主要还是由于延退政策下有更多的城镇职工缴纳养老保险。

表 6.37　低速改革方案下江苏省 2017—2050 年城镇职工
养老保险基金总收入情况表

单位:亿元

年　份	基金总收入	年　份	基金总收入
2017	2 876.06	2034	19 236.48
2018	3 239.99	2035	21 060.55
2019	3 645.90	2036	23 032.85
2020	4 098.07	2037	25 840.19
2021	4 601.18	2038	28 213.45
2022	5 271.98	2039	30 771.42
2023	5 909.06	2040	33 525.02
2024	6 615.69	2041	36 485.46
2025	7 398.49	2042	40 688.11
2026	8 264.59	2043	44 203.58
2027	9 425.10	2044	47 970.42
2028	10 510.50	2045	52 001.35
2029	11 707.61	2046	56 309.27
2030	12 944.87	2047	61 670.50
2031	14 225.68	2048	66 644.97
2032	15 997.16	2049	71 941.33
2033	17 551.59	2050	77 572.86

　　数据来源:笔者根据相关统计数据测算而得。

　　同样,低速改革下的城镇职工养老保险基金征缴收入情况(见表 6.38)也是如此,其征缴收入规模虽不及高速改革方案,但较基准情形还是有较大规模的提升。如表 6.38 所示,低速改革方案下,2050 年,江苏省城镇职工养老保险基金征缴收入为 72 720.35 亿元,是 2017 年 2 410.41 亿元的 30 多倍,同时,比高速改革下少 3 559.25 亿元,但比基准情形多 12 679.48 亿元。

**表 6.38　低速改革下江苏省 2017—2050 年城镇职工
养老保险基金征缴收入情况表**

单位:亿元

年　份	征缴收入	年　份	征缴收入
2017	2 410.41	2034	17 400.04
2018	2 730.91	2035	19 091.88
2019	3 089.98	2036	20 924.90
2020	3 491.71	2037	23 585.73
2021	3 940.54	2038	25 805.12
2022	4 543.66	2039	28 201.73
2023	5 117.38	2040	30 786.37
2024	5 756.12	2041	33 570.15
2025	6 466.28	2042	37 588.40
2026	7 254.77	2043	40 911.69
2027	8 332.48	2044	44 478.54
2028	9 329.65	2045	48 301.69
2029	10 432.88	2046	52 394.10
2030	11 570.39	2047	57 532.16
2031	12 745.36	2048	62 275.92
2032	14 404.70	2049	67 334.16
2033	15 840.49	2050	72 720.35

数据来源:笔者根据相关统计数据测算而得。

　　就低速改革下的城镇职工养老保险支出而言,其基金支出规模大于高速改革,但小于基准情形下的支出额度,如表 6.39 所示。至 2050 年,低速延退政策下江苏省城镇职工养老保险基金支出规模为 73 513.29 亿元,高于高速延退政策下的 2050 年支出值 64 424.01 亿元,低于基准情形下 2050 年的 108 000.29 亿元。主要由于该延退政策的实施使得城镇职工养老金领取人口较基准情形有大幅减少,但其改革实施速度偏慢,养老金领取人口数量的减少速度小于高速改革方案。

**表 6.39　低速改革下江苏省 2017—2050 年城镇职工
养老保险基金支出情况表**

单位:亿元

年　份	支出额度	年　份	支出额度
2017	2 703.53	2021	4 645.80
2018	3 101.92	2022	5 018.61
2019	3 552.87	2023	5 718.86
2020	4 066.00	2024	6 508.52

年　份	支出额度	年　份	支出额度
2025	7 399.26	2038	26 220.88
2026	8 402.86	2039	29 013.95
2027	8 964.31	2040	32 069.87
2028	10 155.59	2041	35 408.51
2029	11 489.50	2042	36 300.59
2030	12 900.24	2043	40 159.51
2031	14 393.12	2044	43 998.09
2032	14 966.86	2045	48 359.02
2033	16 664.46	2046	53 096.58
2034	18 536.72	2047	56 102.37
2035	20 595.71	2048	61 460.18
2036	22 863.54	2049	67 255.36
2037	23 671.09	2050	73 513.29

数据来源:笔者根据相关统计数据测算而得。

表 6.40 显示了低速改革下江苏省 2017—2050 年城乡居民养老保险支出情况,低速改革下的城乡居民养老保障支出要小于高速改革下的城乡养老保障支出,主要是由城乡居民养老保障的基础受益人口是在除去城镇职工退休参保人口,即城镇职工退休人口中领取养老金年龄人口与农村退休年龄人口之和,相比于高速延退政策,延迟退休年龄速度放缓,在同等的退休群体年龄划分下,相当于领取城镇职工养老保险的人口增多,因此在低速延退改革下,城乡居民养老保险的受益人口会较高速改革方案的人口变少,由此,其相应的城乡居民养老保障支出也会减少。

表 6.40　低速改革下江苏省 2017—2050 年城乡居民养老保险支出情况表

单位:亿元

年　份	支出额度	年　份	支出额度
2017	248.57	2026	130.71
2018	264.26	2027	145.09
2019	279.20	2028	138.42
2020	296.46	2029	130.61
2021	309.91	2030	123.26
2022	140.07	2031	117.03
2023	140.68	2032	143.38
2024	138.43	2033	137.45
2025	134.69	2034	130.47

年　份	支出额度	年　份	支出额度
2035	122.11	2043	148.08
2036	112.59	2044	135.48
2037	151.84	2045	121.42
2038	143.27	2046	105.84
2039	133.45	2047	128.79
2040	122.32	2048	112.43
2041	109.80	2049	94.42
2042	159.30	2050	74.68

数据来源:笔者根据相关统计数据测算而得。

即便是低速改革方案,自该延退政策发挥作用后,养老金总支出以及财政补贴占 GDP 比重就较基准情形大大减小。2050 年,该政策下的财政补贴占 GDP 比重与养老金总支出占 GDP 的比重分别为 0.56% 和 8.41%(见表 6.41),其中养老金总支出占 GDP 比重较高速改革方案高 1.02 个百分点。在低改革方案下,由于设定退休年龄每五年变动一次,至本节设定的测算期限末年,即 2050 年,城镇在岗职工人口中的女性职工还未全部完成政策改革,因此,其养老金支出也较高速改革下的规模更大。

表 6.41　低速改革方案下的江苏省养老总支出和政府财政补贴占 GDP 比重

单位:%

年　份	2017	2020	2025	2030	2035	2040	2045	2050
财政补贴占 GDP 比重	0.84	0.81	0.63	0.60	0.59	0.58	0.57	0.56
养老金总支出占 GDP 比重	3.47	3.94	4.48	5.25	5.83	6.52	7.26	8.41

数据来源:笔者根据相关统计数据测算而得。

图 6.5 显示了高低速延退政策方案下江苏省养老保险基金累积结余与基准情形的对比情况。由图可见,江苏省本身作为全国养老保险基金累积结余大省,不论是在高速还是低速改革的延退政策下,只要在保险基金累积结余消耗初期实施延迟退休和提高养老金领取年龄政策,江苏省后期将均不会出现基金缺口问题(由图可见,基金累积结余变化曲线与 0 轴无交点),相反还会实现收支结余。此外,不论是以 1.16% 还是以 2.36% 的财政可持续值对其财政可持续性进行衡量,较 2015 年而言,江苏省的财政状况非但不会恶化,反而有所改善,未来将不会出现财政可持续问题,并且其养老保险基金结余会不断累积。

高低速延退政策下养老保险基金累计结余与基准情形对比(单位:万亿元)

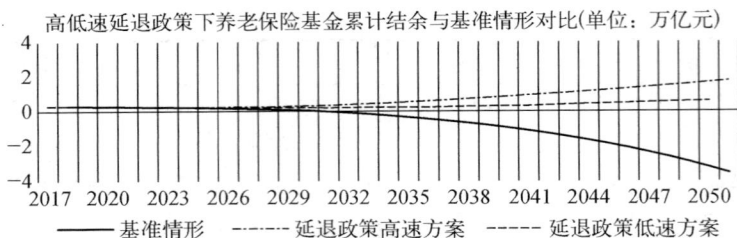

图 6.5 高低速延退政策下养老保险基金累计结余与基准情形对比

(三) 降低养老金替代率

近年来,我国整体的养老金替代率不断下降,社会上关于目前养老金替代率水平是否过低也存在较大争议。实际上,与国际水平相比,我国的养老金替代率并不偏低,以社会平均工资测算的实际替代率虽然低于美国和部分欧洲国家,但要高于日本以及部分发展中国家(张士斌等,2012)。王晓军和米海杰(2013)也认为我国的养老金替代率并不低,实际上是过去的养老金发放得过于慷慨了。因此,本节设定企业职工和机关事业单位员工的养老金替代率在 40% 的基础上进一步降低至 35% 后保持不变。

养老金替代率实质上是离退休参保人口的养老金领取待遇水平,因此并不会对养老保险基金的收入产生影响,只会变动养老保险基金的支出规模。表 6.42 显示了养老金替代率进一步降低设定下江苏省 2017—2050 年城镇职工养老保险基金支出情况。由表可知,该设定下,养老金支出规模较基准情形而言有较为明显的缩小。就 2050 年数据来看,城镇职工养老保险基金支出为 95 563.73 亿元,比基准情形下 108 000.29 亿元的支出缩小 12 436.56 亿元,虽然与延退政策实施效果存在较大差距,并且也无法解决养老金收支缺口问题,但总体上来看,养老金替代率降低虽不及延退政策但也发挥了一定作用,至少要优于提高经济增长率设定的政策效果。

表 6.42 替代率降低下的江苏省 2017—2050 年城镇职工养老保险基金支出情况

单位:亿元

年 份	支出额度	年 份	支出额度
2017	2 703.53	2023	5 895.92
2018	3 097.31	2024	6 674.55
2019	3 538.16	2025	7 548.19
2020	4 033.22	2026	8 527.65
2021	4 584.81	2027	9 624.49
2022	5 202.20	2028	10 855.62

续 表

年 份	支出额度	年 份	支出额度
2029	12 228.09	2040	37 889.52
2030	13 672.81	2041	41 748.22
2031	15 000.32	2042	45 955.19
2032	16 874.07	2043	50 532.68
2033	18 726.05	2044	55 509.69
2034	20 764.73	2045	60 916.69
2035	23 002.78	2046	66 788.82
2036	25 462.46	2047	73 157.45
2037	28 160.45	2048	80 054.15
2038	31 119.40	2049	87 511.17
2039	34 354.12	2050	95 563.73

数据来源:笔者根据相关统计数据测算而得。

结合相应的基金收入数据,养老金替代率降低政策下,到 2050 年,江苏省养老保险依旧存在当期收支缺口,缺口达 30 670.34 亿元,占当年 GDP 的 3.5%,较基准情形下的当期赤字率降低 1.4%;而当期累计赤字为 225 309.45 亿元,占当年 GDP 的 25.74%,较基准情形降低 12.28%。就该政策设定下的养老金总支出及财政补贴占 GDP 比重而言,至 2050 年,总支出和财政补贴占比分别为 4.09%和 10.95%(见表 6.43),与基准情形相比,分别降低 1.43%和 1.42%。

表 6.43 替代率降低下的江苏省养老总支出和政府财政补贴占 GDP 比重

单位:%

年 份	2017	2020	2025	2030	2035	2040	2045	2050
财政补贴占 GDP 比重	0.84	0.81	0.95	1.25	1.67	2.26	3.05	4.09
养老金总支出占 GDP 比	3.47	3.91	4.70	5.67	6.60	7.76	9.19	10.95

数据来源:笔者根据相关统计数据测算而得。

图 6.6 显示了降低养老金替代率政策设定下的养老保险基金累计结余与基准情形的对比。观察二者与 0 轴的交点,即养老金累计结余消耗殆尽的年份,可以发现,改革政策的实施可以使负债出现的时间由基准情形的 2030 年推迟至 2034 年,延缓了 4 年时间,政策实施起到了一定的效果。

降低养老金替代率下的累计赤字与基准情形对比(单位：万亿元)

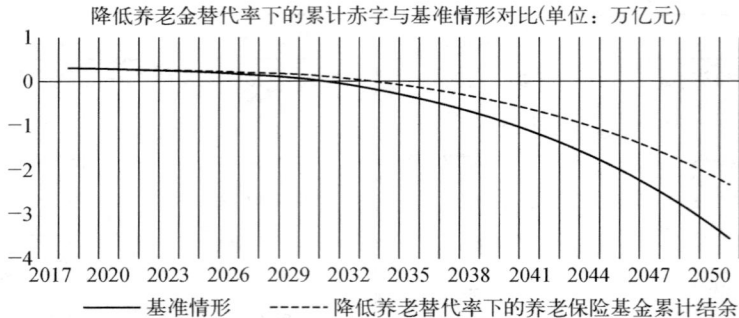

图 6.6 降低养老金替代率政策下养老保险基金累计结余与基准情形对比

图 6.7 显示了养老金替代率降低政策下的财政可持续状况在不同财政可持续衡量指标下与基准情形的对比情况。就财政可持续状况而言,在基准情形下,以含有政府债务因素的财政可持续值(1.16%)对养老保险收支状况进行衡量,则江苏省的财政状况于 2028 年开始恶化;而以不考虑政府债务因素的财政可持续值(2.36%)进行衡量,则财政状况于 2037 年开始恶化。在养老金替代率降低设定下,以 1.16% 的指标进行衡量,则江苏省 2032 年才较 2015 年的财政状况有所恶化,比基准情形下的财政状况恶化时间延缓了 4 年,相应的可持续赤字率所对应的最大赤字现值为 877.00 亿元,对应的最大养老保障支出规模为 17 051.99 亿元,占当年 GDP 的 5.94%;以 2.36% 的指标进行衡量,则财政状况于 2042 年开始恶化,较基准情形下推迟了 5 年时间,相应的可持续赤字率所对应的最大赤字现值为 1 728.94 亿元,适度的养老保障支出额度为 46 173.37 亿元,占当年 GDP 的 8.26%。

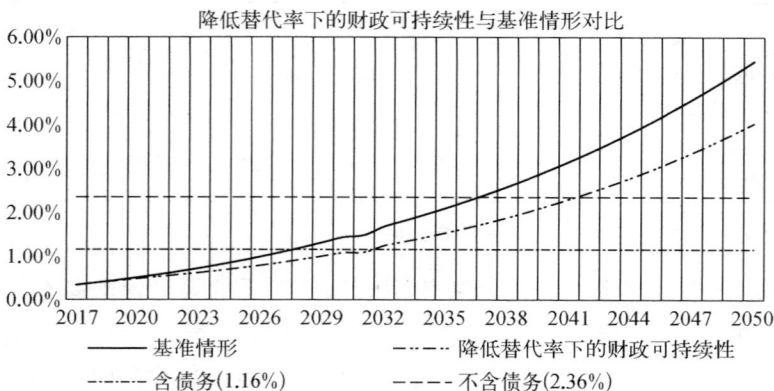

降低替代率下的财政可持续性与基准情形对比

图 6.7 降低养老金替代率政策下的财政可持续性与基准情形对比

(四) 提高养老金投资收益率

我国养老保险资金的低投资收益率问题被诟病已久(曾令波,2006;韩燕和曾令波,2007)。据全国社保基金理事长戴相龙(2011)提供的相关数据,中国养老保险基金的养老金投资近10年间的年均投资收益率不到2%。若能够切实提高养老金投资收益率,必然会对养老金收支状况有所改善。本节此处设定3%、6%、9%三个不同的投资收益率对养老保险基金进行测算,以实现不同投资收益率下养老保险运行状况的对比。表6.44显示了不同投资收益率下养老保险基金累计赤字占GDP比重情况,发现投资收益率越高,累计赤字占GDP比重越小,尽管投资收益率间的变动对该占比影响较小,但较基准情形而言还是有所改善。

表 6.44　不同投资收益率设定下养老保险基金累计赤字占 GDP 比重情况

收益率设定	投资收益率3% (基准情形)	投资收益率6%	投资收益率9%
累计赤字占 当年 GDP 比重	50.84%	50.10%	48.90%

数据来源:笔者根据相关统计数据测算而得。

图6.8显示了不同投资收益率设定下的养老保险累计结余变化与基准情形的对比情况。由图可见,不同投资收益率变化的实施效果虽然不甚明显,但还是起到了一定作用。3%(基准情形)、6%和9%的投资收益率提高使得养老金收支分别于2030年、2031年和2033年首次出现负债,6%和9%的收益率提高使得负债出现时间较基准情形分别延迟了1年和3年。

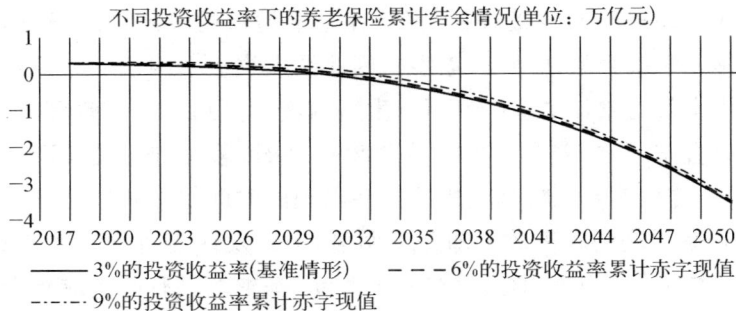

图 6.8　不同投资收益率下的养老保险累计结余情况

6.1.5　结论与政策建议

（一）结论

基于以上分析,将江苏省养老保障制度的四项改善措施进行政策模拟分析后的结果与基准情形进行对比,汇总结果见表 6.45。发现就相关参数设定下的提高经济增长率、高低速延退政策和提高养老金领取年龄、降低养老金替代率、提高投资收益率四项政策中,延退和养老金领取年龄提高的政策效果最为明显,也是相应政策实施下养老金总支出占 GDP 比重最小的一项,并且也是唯一一项能够使江苏省维持原有的基金累积结余状况,不出现赤字的政策,在该政策实施下,即使伴随着养老保障支出的增长,江苏省的财政状况较 2015 年而言也不会有任何恶化,甚至会出现较大的改善,在高速改革方案下,江苏省可实现的养老保险基金累计结余将达 GDP 的 25.07%,而低速改革方案下的数值为 8.43%;其次,从总体上看,政策实施效果次好的是降低养老金替代率,在该政策设定下,养老金总支出占 GDP 比重为 10.95%,比基准情形低 1.42 个百分点,虽然替代率降低的政策实施并不会改变江苏省在基准情形下养老保险基金累计结余会消耗殆尽,并于后期处于负债状态的局面,但累计赤字的出现较基准情形推后了 4 年时间,而就该设定下的财政可持续状况而言,以考虑政府债务的财政可持续指标进行衡量,该设定下的养老保障支出水平使得江苏省的财政状况于 2032 年开始恶化,该指标下的最大养老保障支出水平为当年 GDP 的 5.94%,以不考虑政府债务的可持续值进行衡量,则财政状况于 2042 年开始恶化,养老保障适度支出水平为当年 GDP 的 8.26%;对于投资收益率提高的政策,由于本节在基准情形的设定中对投资收益率的考虑是基于基金累计结余(赤字),因此纳入收益率因素后,在后期政策模拟分析中仅对累计结余(赤字)产生影响,但即便如此,该政策也起到了一定的改善作用,在养老金投资收益率提高时,累计赤字占 GDP 比重会逐渐降低,首次养老保险基金累计赤字出现的时间也会相应延迟;而关于 GDP 增长率提高的政策效果却并不明显,可以发现经济增长率提高设定下的各项指标较基准情形只存在微小变动,基本上没有起到改善作用,刘学良(2014)在对我国的养老保险基金收支缺口进行政策情景模拟分析后,也得出了养老保险运行下的经济增长率提高政策实施效果较差的类似结论。

表 6.45　江苏省养老保障政策模拟实施效果

	基准情形	提高经济增长率	延退、提高养老金领取年龄		降低养老金替代率	提高投资收益率		
			高速改革方案	低速改革方案		3%(基准)	6%	9%
财政补贴占比 GDP 比重(%)	5.52	5.5	0.58	0.56	4.09		5.52	
养老金总支出占 GDP 比重(%)	12.37	12.36	7.39	8.41	10.95		12.37	
累积结余耗殆尽年份	2030	2030	无	无	2034	2030	2031	2033
累积赤字(结余)占 GDP 比重(%)	50.84	37.67	25.07(结余)	8.43(结余)	33.4	50.84	50.1	48.9
财政可持续状况　考虑政府债务(1.16%)	2028 年开始恶化	2028 年开始恶化	改善	改善	2032 年开始恶化		不影响	
财政可持续状况　不考虑政府债务(2.36%)	2037 年开始恶化	2037 年开始恶化	改善	改善	2042 年开始恶化		不影响	
养老保障适度支出水平(占 GDP 之比%)　考虑政府债务(1.16%)	5.55	5.55	无	无	5.94		5.55	
养老保障适度支出水平(占 GDP 之比%)　不考虑政府债务(2.36%)	7.2	7.2	无	无	8.26		7.2	

数据来源：笔者根据相关统计数据整理而得。

（二）政策建议

一般而言，当出现养老金收支危机时，国际经验上为解决或缓解基金收支缺口，政府部门常做的政策选择有：① 采取提高职工退休年龄和降低养老金替代率等方法对养老保障体系的内部结构进行改革，以实现养老金支出规模的降低，缩小养老金缺口；② 通过对国有企业或国有资产进行改革或划转的方式进行融资，为养老保险提供现金流；③ 通过发债等形式募集资金以实现国有资产和养老保险债务间的转换，从而对基金缺口进行弥补。本节基于以上全部研究内容，并参考相关国际经验，对江苏省养老保障制度的运行提出如下政策建议：

（1）实施延退政策、提高城乡居民养老金领取年龄。

从养老保险缴费个人而言，提高退休年龄的改革方案会使得参保人利益受损。尽管参保职工不赞成延迟退休方案是世界上普遍现象，但几乎所有老龄化严重并且不断加剧的国家最终都提高了职工的退休年龄。因此，政府部门要提前做好养老保险制度改革的政策宣传工作，对制度改革下的相关变动做出明晰的解释，如虽然退休年龄提高，但领取养老金时间越晚，相应的养老金替代率也会有所提高等，从而缓解群众心理上的抵制，降低后期改革阻力。其次，退休年龄提高的改革方案设计可以将速度放缓，实行较为温和的低速改革，上述政策模拟分析中高低速延退政策均对养老保障收支状况的改善起到了很大的作用，即便是低速改革，基于前期大量的基金结余，江苏省也不会出现养老金收支缺口。因此，可考虑逐步提高退休年龄，以保证制度改革稳步过渡，避免出现大批参保职工退保的局面。

（2）提高养老金投资收益率。

尽管上文分析中，提高养老保险基金的投资收益率在解决基金收支缺口问题上的效果并不十分显著，但对于降低养老基金的累计赤字起到了一定作用。目前，实现养老保险基金保值增值的有效方式是进行多元化投资。而我国对于养老保险基金入市的首次探索是于 2012 年，将广东省 1 000 亿元的城镇职工基本养老保险结存资金投资于固定收益类产品中。2015 年出台的《基本养老保险基金投资管理办法》（国发〔2015〕48 号）也明确养老保险基金参与股指期货、国债期货等交易，只能是以套期保值为目的。目前，我国的养老保险基金投资除了为满足养老金支出而预留的两个月支付资金外，其余资金委托给国务院授权的机构进行投资运营，基本用于银行存款和购买国债，收益率普遍较低。关于后期养老保险投资收益率提高的运作可以参考国际经验。国际上较为稳妥的养老金投资方案有日本和智利等投资模式。例如,日本通过规定养老保险基金的最低收益率来委托相关机构进行信托投资,保证投资的基本收益;智利在进行多元化投资的同时也以最低收益率来保障资金安全,实际运作中,当养老基金的实际收益率超过过去三年养老保险基金收益率的 50%,则投资公司就需将超额部分留存为养老金的储备基金,用于弥补后期收益率降低的缺口,若缺口不能弥补,公司就要宣告破产。

(3)建立地方养老保险精算体系。

目前多数研究集中在全国层面的养老保障收支状况及缺口问题,但实质上我国现行的养老保障统筹层次依然停留在省级层面。虽然我国早在1987 年就提出养老保险要实施省级统筹,后来政府部门也多次要求养老保险省级统筹落实落地,但截至 2012 年,审计署 8 月公布的社会保障审计报告显示,我国尚有 17 个省份因延压养老保险费收入、调剂金管理不规范以及部分农民工未参保等原因被认定为未能按照规定真正实现养老保险的省级统筹。在这种制度运行下,建立起更低一级的养老金管理部门精算体系更有利于实现养老保险资金的管理。此外,我国地区间养老保障发展差异巨大,就省级层面建立起养老保险精算体系能够更有针对性地解决区域内的养老保障发展问题。同时,精算体系的建立也能对未来的养老保障缺口起到预警作用,如上文预测结果,江苏省虽然就目前来看是养老保险基金累计结余大省,但在现行养老保障制度运行下,不久的将来就会出现养老保险收支缺口,并且累计结余迅速消耗。区域内精算体系的建立有助于地方政府及早预防养老基金收支缺口问题,为政府部门留有政策有效实施的时间。

(4)发展养老服务产业。

由上述城镇职工和城乡居民养老保险发展现状的相关分析可以看出,城乡居民养老保险制度的运行基本上依赖于政府财政资金的扶持。这种发展模式下,一方面使得历年间养老保障支出波动较大,参保人养老金领取待遇水平高低不一,降低群众的参保积极性,不利于养老保障制度自身的发展;另一方面,由于个人缴费规模小,制度运行过度依赖于财政资金,老龄化发展下养老金领取人口增加也会对地方政府财政造成负担。而养老服务产业的发展不失为应对人口老龄化的良方,世界各国也普遍认为养老服务在解决老年人养老问题上具有较好的积极性。目前,江苏省是全国养老服务体系建设相对较早的地区,并且其养老服务发展也在不断完善的过程中。截至 2017 年,江苏省共建各类养老床位 63.7 万张,由社会力量举办或经营的各类养老床位已达 38.3 万张,占床位总数的 60.1%,同时当年新建街道老年人日间照料中心 127 个,新建或改建城乡社区居家养老服务中心 1 200 个①。总体而言,江苏省的养老服务发展相对较好,社区养老床位以及日间照料中心的建设能够满足老年人的家庭养老兼社会养老需求。因此,在江苏省原有养老服务发展较好的基础上,进一步发展社会养老模式,引入社会资本参与到养老服务体系建设中来,既能够减轻政府财政负担,又能够激发市场活力,有助于多层次养老保障体系的构建。

6.2 地方公共养老服务改善与财政可持续发展研究 ——以江苏省为例

同样选取养老服务发展走在全国前列的江苏省为典型区域进行研究,对该区域内养老服务改善与其相应改善下地方政府的财政状况进行研究。本章节首先就江苏省养老服务发展现状、问题及其对策进行阐述,其次对该区内的养老服务改善与地方财政可持续的关系进行研究。

6.2.1 江苏省公共养老服务发展现状及其对策

(一) 江苏省公共养老服务发展现状

据统计,2017 年年末江苏省常住人口为 8 029.3 万人,其 65 岁及以上人口达 1 073.2 万人,占总人口 13.37%,与 2016 年的 12.77% 相比,增加了 0.6%,65 岁及以上老年人口增加 51.57 万,老龄化程度不断加深。此外,江苏省较全国情况而言面临更为严峻的养老问题。表 6.46 反映了 2011—2016 年江苏省及全国老年抚养比变化情况,由表可知,江苏省负担老年系数由 2011 年的 14.20% 增长为 2016 年的 18.56%,增长 4.36%,高于全国 2.66% 的增长。此外,数据显示,2016 年,江苏省每 100 名劳动年龄人口相比于全国水平需要多承担 3.6 名老年人的养老负担。

表 6.46 江苏省 2011—2016 年老年抚养比(负担老年系数)情况表

单位:%

年 份	江苏抚养比	全国抚养比
2011	14.20	12.30
2012	15.26	12.70

---

① 数据来源于《江苏省 2017 年老年人口信息和老龄事业发展状况报告》。

年　份	江苏抚养比	全国抚养比
2013	16.47	13.10
2014	16.26	13.70
2015	17.21	14.33
2016	18.56	14.96

数据来源：中国国家统计局。

　　一方面，就全省而言，江苏面临老年人口不断增长，劳动人口养老负担不断加重问题；另一方面，就省内而言，较大的城乡养老服务发展差距不可忽视。农村经济发展和基础设施建设的相对滞后致使农村劳动力流失严重，无疑会加剧城乡养老服务发展的不均衡。表 6.47 显示，2004—2010 年，江苏省城镇单位就业人员中从农村招收而来的人员占比由最初的 24.85% 增长为 39.03%，且始终是城镇就业增加的最大比重来源。此外，考虑多数农村户籍学生毕业后选择留在城市寻求就业机会这一现实情况，农村劳动力将面临更为严重的流失，粗略参考由农村招收和大、中、技工学校毕业生这两项就业人员增加来源占总人数比重，可见 2010 年时此两项之和占比高达 67.16%，占城镇就业增加来源的七成左右。

表 6.47　江苏省 2004—2010 年城镇单位就业人员增加来源情况表

单位：人

年　份	农村招收	占比(%)	城镇招收	占比(%)	大、中专、技工学校毕业生	占比(%)	农村及毕业生之和	占比(%)
2004	193 704	24.85	166 398	21.35	175 376	22.5	369 080	47.36
2005	272 200	30.86	191 772	21.74	206 304	23.39	478 504	54.25
2006	378 846	34.2	194 028	17.52	323 309	29.19	702 155	63.39
2007	570 246	43.2	268 800	20.36	283 669	21.49	853 915	64.68
2008	542 082	38.57	252 237	17.95	371 282	26.42	913 364	64.99
2009	487 938	34.72	236 572	16.84	447 364	31.84	935 302	66.56
2010	677 048	39.03	333 524	19.23	487 847	28.13	1 164 895	67.16

年　份	复员转业军人	占比(%)	城镇调入	占比(%)	其　他	占比(%)
2004	11 932	1.53	93 378	11.98	138 586	17.78
2005	15 151	1.72	70 854	8.03	125 830	14.26
2006	13 907	1.26	74 784	6.75	122 759	11.08
2007	11 533	0.87	69 255	5.25	116 625	8.83
2008	11 621	0.83	76 257	5.43	151 962	10.81
2009	8 686	0.62	72 776	5.18	151 850	10.81
2010	9 239	0.53	82 357	4.75	144 541	8.33

数据来源：中国国家统计局、中国人力资源和社会保障部。

农村劳动力甚至是人力资本的流失很大程度上会不断拉大城市与农村的养老服务供给水平差距,加剧城乡区域间的发展不均衡,更不利于政府统筹城乡发展的战略政策引导。

(二) 江苏省农村养老服务发展存在的问题

虽然江苏省政府为应对不断加剧的老龄化做出了包括出台《规划》等政策指导文件在内的一系列努力,但农村养老服务发展滞后的现实还是不容忽视,至少农村在"人""财""物"三个方面落后于城市养老服务发展上的问题值得我们重视。

1. 财力保障方面

政府在养老服务保障上投入的财政性资金不足几乎是各个地方公共养老服务发展的通病,而就江苏省而言,农村养老服务发展的保障资金不足问题同样存在,主要表现为社会资本参与缺失和政府投入机制不足。

1) 社会资本参与缺失,运营效率低下

地方养老服务体系的建设系统十分复杂,若仅有政府存在于系统中,不仅其所能提供的财政资金相比于体系建设需求而言只是杯水车薪,还会形成其经营无竞争的环境,造成机构普遍运营效率低下。而在农村,作为养老服务资金重要来源之一的社会资本缺失更甚。表 6.48 统计了不同性质的城乡养老服务机构初期投资规模情况,表中不同性质单位划分以其所执行的不同类型会计制度为参考,以固定资产原价高低简单衡量不同类型单位初期投资规模大小。由表可知,不论是城市还是农村养老服务机构,政府对其的建设投资规模逐年递减、民间非营利组织投资规模逐年增长,说明政府职能转变、全面开放养老服务市场的政策要求取得了一定成效,总体上社会资本参与度有所提高。

但与此同时,农村养老服务机构的发展情况却并不乐观。就目前而言,农村养老服务的资金投入基本上还是依靠政府财政。由表 6.48 可见,2016年农村养老机构资金投入中政府投入占 68.14%,是城市相应占比的 4.6倍,甚至高于城市 2007 年最初 63.18% 的比值。同样,农村养老服务机构中企业投资 2016 年也仅有 0.34%,几乎为城市占比的 1/28,可见社会资本在农村养老服务领域的参与度之低。而市场竞争者参与的缺失必然导致行业运营效率的低下,也由此造成有关农村养老机构殴打虐待老人等现象屡禁不止。

表 6.48　江苏省 2007—2016 年城乡不同性质养老服务
机构固定资产原价情况表

单位:万元

年　份	城市养老服务机构					农村养老服务机构				
	企业	行政事业单位	民间非营利组织	行政事业单位占比(%)	企业占比(%)	企业	行政事业单位	民间非营利组织	行政事业单位占比(%)	企业占比(%)
2007	988.1	37 435.6	20 824.6	63.18	1.67	436	128 897	15 752.4	88.84	0.3
2008	123.3	76 737.3	23 416.5	76.53	0.12	50	130 374	29 480.1	81.53	0.03
2009	4 004.5	88 519.6	101 902.9	45.53	2.06	3 342	171 776	24 094.8	86.23	1.68
2010	7 211	84 498.8	73 414.4	51.17	4.37	4 352.5	159 634	37 745.5	79.13	2.16
2011	5 744.8	118 272.1	102 716.1	52.16	2.53	16 490	177 160	37 078.3	76.78	7.15
2012	9 921.8	160 226.3	133 269.5	52.81	3.27	17 720	196 645	57 309.8	72.38	6.52
2013	17 512.2	189 577.3	138 669.6	54.83	5.06	6 610	201 965	54 029.4	76.91	2.52
2014	47 089.2	140 958.5	109 288.7	47.41	15.84	151	216 825	51 475.1	80.77	0.06
2015	40 906.2	166 821	196 130.9	41.31	10.13	330	236 431	55 315.8	80.95	0.11
2016	52 745.2	83 333.4	427 496.1	14.79	9.36	980	199 208	92 183.5	68.14	0.34

数据来源:中国民政部。

2) 政府投入机制不足

政府投入机制不足作为农村养老服务发展财力保障上存在的问题之一,主要体现在政府于社会保障领域投入的财政总量相对较少,以及最低生活保障投入不足两方面。

(1) 公共服务财政支出比重小。政府要求开放养老服务市场无可厚非,但政府财政作为民生发展的兜底保障线,其支出责任不可缺失。表 6.49 统计了江苏省由 2008 至 2016 年历年的社会保障和就业支出及其占政府一般公共预算支出比重的变化情况。由表可知,社会保障和就业支出比重与其他支出相比占比较小,虽然从 2008 年到 2016 年政府历年社会保障和就业支出额均有增加,但其占总预算支出比重却变化不大,9 年间增长率仅为 1.74%,且历年增长率普遍偏低,2016 年实现最大年增长,依旧仅为 0.36%,其增长可谓是微乎其微。

表 6.49　江苏省 2008—2016 年社会保障和就业预算支出情况表

单位:万元

年　份	社会保障和就业支出	一般预算支出	占比(%)
2008	2 607 634	36 173 968	7.21
2009	3 280 408	44 889 288	7.31
2010	4 034 100	55 132 900	7.32
2011	5 277 800	68 997 900	7.65

续　表

年　份	社会保障和就业支出	一般预算支出	占比（%）
2012	6 156 800	77 319 100	7.96
2013	6 845 200	84 662 300	8.09
2014	7 596 800	91 229 200	8.33
2015	8 894 200	103 524 600	8.59
2016	9 626 200	107 499 800	8.95

数据来源：中国财政部、中国国家税务总局。

（2）最低生活保障投入不足。我国城乡最低生活保障制度发展普遍比较缓慢。地方财政作为城乡最低生活保障资金的主要来源，并且中央未对地方城乡最低生活保障制定统一标准，由此取决于地方政府财力大小而实现的保障水平高低差距就显得尤为明显。不仅体现在各省区市间存有差距，就是省内各地区、城乡之间的补贴保障水平也各有高低。如表 6.50 所示，江苏省城乡最低生活保障预算资金支出从 2008 至 2016 年间均有增长，且增幅不小，就总体保障水平而言位于全国前列。但省内存在的城乡补贴水平差距也不小，虽然城市和农村每人每年补贴水平绝对量在持续增长，但城市补贴标准几乎维持在农村的 1.5 倍以上，其中，2008 年城市补贴水平是农村补助水平的 2.01 倍。这种补贴标准的差距对于年收入本身就远低于城市的农村居民而言，无异于是需要承担更大的养老负担。

表 6.50　江苏省 2008—2016 年城乡最低生活保障预算资金总体支出和补助水平情况表

年　份	城市支出（万元）	农村支出（万元）	城市补贴水平（人/年）	农村补助水平（人/年）
2008	88 522.2	121 570.7	1 904.6	946.2
2009	98 909.1	161 065.3	2 108.2	1 168.6
2010	107 929.8	205 153	2 412	1 332
2011	132 169	294 395.6	3 139.8	2 095.2
2012	137 489.9	307 468.6	3 020.9	1 940.8
2013	148 901.2	342 565.9	3 745.45	2 256.05
2014	143 732.6	341 407.8	4 243.68	2 640.54
2015	135 762.7	361 095.4	4 513.65	2 979.39
2016	140 018.7	390 315.3	5 214.1	3 339.7

数据来源：中国民政部。

2. 物质资源方面

农村庞大的老年人口催生了巨大的养老服务需求,但在农村养老服务发展过程中,养老机构入住率低、公共养老资源闲置等现象却并不少见。

1) 床位空置率高,养老资源浪费

自养老服务体系建设以来,养老机构设施建设一直是政府财政性资金投入最多的发展项目。虽然按照《规划》提出的每千名老人拥有 40 张床位的建设标准来看,目前所能提供的养老床位数远远不够,但在床位总量无法匹配老年人口的情况下,江苏省养老床位的利用率却总体偏低。如图 6.9 所示,相比于城市养老服务机构年末在院人数在总体上呈现逐年增长趋势,农村养老机构住院人数虽然始终占据总人数上的绝对优势,但其于 2012 年达到住院人数的最高值之后便持续呈下降趋势。由城市和农村的住院人数增长率曲线可以看出,除 2011 年外,农村增长率普遍低于城市,甚至在 2013 年到 2016 年这四年间呈现负值增长。

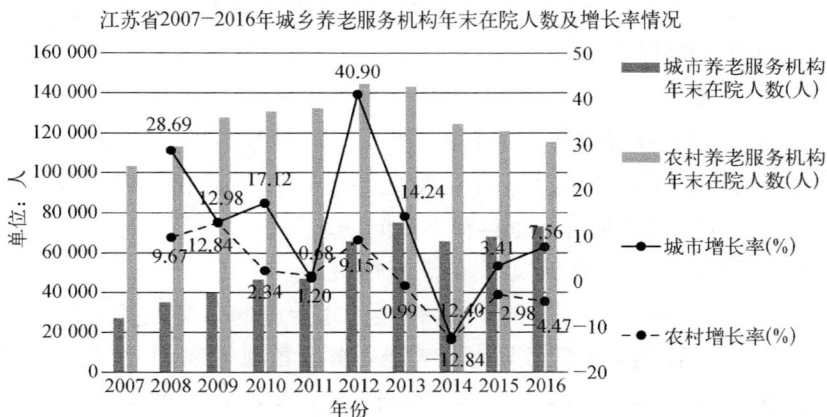

图 6.9 江苏省 2007—2016 年城乡养老服务机构年末在院人数及增长率变化
数据来源:中国民政部。

2) 床位资源配置不合理

一份基于江苏老年人口的调查数据显示:在生活照料、医疗护理、精神慰藉、文化娱乐以及法律援助这五项养老服务内容中,选择机构养老的老年人对于前三项服务需求占有绝对优势比,也因此实质上老年人对于养老服务的需求绝不仅仅是局限于住宿需要。此外,相关实证数据显现,经济状况越好的老年人其健康状况也越好。而就城乡而言,一方面农村老年人口较多,其所需的相应服务量也更大;另一方面,农村老人收入水平明显低于城市老人,出于健康状况,农村老人在养老服务需求中会更加倾向于医疗、护理等服务。但表 6.51 中数据显示,2016 年在农村养老机构中介助、介护在院人数占

比几乎是城市的一半,而在最初的 2009 年,农村占比仅为城市比例的 1/3。由此可见农村养老床位资源配置与当地老人养老需求的现实差距。

表 6.51　江苏省 2009—2016 年城乡不同在院人员类型分布情况表

单位:人

年　份	城市养老服务机构				农村养老服务机构			
	自理(完全自理)在院人数	介助(半自理)在院人数	介护(不能自理)在院人数	介助、介护人员占比(%)	自理(完全自理)在院人数	介助(半自理)在院人数	介护(不能自理)在院人数	介助、介护人员占比(%)
2009	19 285	11 586	8 758	51.34	106 985	16 391	4 329	16.22
2010	26 546	12 402	7 464	42.8	107 531	17 569	5 587	17.72
2011	27 828	9 271	9 627	40.44	103 287	22 078	6 893	21.9
2012	33 253	15 449	17 135	49.49	110 916	26 214	7 223	23.16
2013	40 843	18 669	15 703	45.7	110 453	25 704	6 769	22.72
2014	34 639	14 873	16 379	47.43	94 996	22 984	6 594	23.74
2015	33 193	17 623	17 325	51.29	87 250	26 431	7 185	27.81
2016	34 538	20 721	18 035	52.88	82 354	25 408	7 702	28.68

数据来源:中国民政部。

3)人员素质及观念方面

机构、体制的良好运行离不开人,相反,其运行过程中产生的许多问题也往往是由人员素质及观念等因素诱发。同样,江苏省农村养老服务在其发展过程中在相关人员方面也存在不少问题。

(1)基层政府服务意识淡薄,缺乏反馈机制。

养老作为一项基本公共服务,其有关具体措施的落实主要是由地方基层政府负责,从而地方政府领导对于养老服务的重视程度、工作人员的服务意识和业务素质高低等因素就直接影响到当地养老服务供给质量的优劣。在农村,老年人受受教育程度、生活阅历以及精力等限制,面临政府工作人员不尽职、服务不到位等情况,极少会选择有效的维权途径,从而使得政府养老服务供给活动缺少反馈机制,造成有关工作人员长期不作为,根本无法满足农村老年人日益增长的养老需求。

(2)专业服务人员不足,人员流失严重。

农村养老机构的服务质量大大低于城市的服务水平,主要表现在农村就业人员的受教育程度以及人员的年龄构成比上。表 6.52 统计了江苏省 2008—2016 年城乡养老服务机构职工中受教育程度在专科、本科及以上学历人数及其占职工总人数之比的情况。对比发现,在城市养老服务机构中高学历职工占比始终是农村该项数值的 2 到 3 倍,甚至农村 2016 年所达到的比重还低于城市早于 2008 年就已达成的 14.31% 的比值,仅为 13.55%。

此外,单就本科及以上学历职工人数而言,农村每年就业人员增加值均为两位数,甚至于 2009 年、2010 年和 2014 年呈现负增长,出现人员流失。

表 6.52　江苏省 2008—2016 年城乡养老服务机构职工受教育程度情况表

单位:人

年　份	城市养老服务机构				农村养老服务机构			
	职工总人数	专科人数	本科及以上学历	占比(%)	职工总人数	专科人数	本科及以上学历	占比(%)
2008	7 042	732	276	14.31	8 781	405	139	6.2
2009	6 975	884	274	16.6	8 482	424	127	6.5
2010	7 723	1 155	482	21.2	8 342	407	118	6.29
2011	9 239	1 412	538	21.11	9 000	511	153	7.38
2012	12 486	2 372	886	26.09	10 997	634	215	7.72
2013	14 539	2 631	977	24.82	11 209	922	233	10.3
2014	13 762	2 403	1 257	26.59	10 840	1 099	231	12.27
2015	14 384	2 844	1 432	29.73	11 855	1 168	258	12.03
2016	16 851	3 424	1 616	29.91	12 098	1 293	346	13.55

数据来源:中国民政部。

在城乡养老服务机构职工年龄构成对比中发现(见表 6.53),农村 46 岁及以上职工占比普遍高于城市,二者差距不大。但此二者年龄构成均不年轻化,说明整体上年轻人对养老服务行业的就业意愿不高。而农村养老服务机构职工中 35 岁及以下的年轻工作人员占比明显低于城市,农村 2016 年才达成的 16.37% 的占比依然低于城市 2008 年的 21.70%。由此可见,农村养老服务机构的就业人员主要由中年人士构成,年轻劳动力流失严重。

表 6.53　江苏省 2008—2016 年城乡养老服务机构职工年龄构成情况表

单位:人

年　份	城市养老服务机构						农村养老服务机构					
	35 岁及以下	36 至45 岁	46 至55 岁	56 岁及以上	35 岁及以下占比(%)	46 岁及以上占比(%)	35 岁及以下	36 至45 岁	46 至55 岁	56 岁及以上	35 岁及以下占比(%)	46 岁及以上占比(%)
2008	1 528	2 814	2 229	471	21.7	38.34	1 676	3 511	3 037	557	19.09	40.93
2009	1 459	2 722	2 097	697	20.92	40.06	1 669	3 471	2 818	524	19.68	39.4
2010	1 601	3 012	2 349	761	20.73	40.27	1 729	3 167	2 869	577	20.73	41.31
2011	1 927	3 358	2 979	975	20.86	42.8	1 869	3 404	3 003	724	20.77	41.41
2012	3 150	4 374	3 883	1 079	25.23	39.74	2 183	3 845	3 971	998	19.85	45.19
2013	3 320	5 260	4 475	1 484	22.84	40.99	2 172	4 004	3 994	1 039	19.38	44.9
2014	3 223	4 827	4 348	1 364	23.42	41.51	2 005	3 923	3 628	1 284	18.5	45.31
2015	3 360	4 935	4 457	1 632	23.36	42.33	1 996	4 082	4 319	1 458	16.84	48.73
2016	4 079	5 510	5 235	2 027	24.21	43.1	1 981	4 172	4 406	1 539	16.37	49.14

数据来源:中国民政部。

（3）农村养老观念难以转变。

与城市相比，农村老人对于社会养老模式的接受度明显偏低。许多农村老人对有关养老政策了解程度不够，观念陈旧，始终认为只有那些家庭无力承担养老支出的老人才会被迫入住养老机构。此外，有些子女出于传统孝道观念也不愿老人接受社会养老。就目前而言，伴随着城镇化进程、家庭规模缩小、农村劳动力流失的发生，农村老年人对社会养老模式有所改观，对其需求量有一定增长，但这很大程度上是由于机构养老、社区养老等模式对家庭养老的替代所形成，并非是农村养老观念实现了真正的转变，在有可能实现家庭养老的情况下，极少有老人愿进行社会养老。

（三）江苏省农村养老服务发展问题原因分析

针对上述目前江苏农村养老服务发展过程中"人""财""物"三个方面存在的问题，进行具体原因分析，以期寻得农村养老服务发展落后于城市的根源所在。

1. 城乡二元体制制约

我国长期以来实行的城乡二元体制使得农业积累不断转化为城市工业发展动力，城乡发展差距不断拉大，农村地区包括经济建设、基础设施、物质资源在内等各方面发展普遍落后于城市。城市较高的工资水平吸引农村青壮年劳动力不断流入，使得农村基础经济建设劳动力不足，且发展缓慢，老年人大量留守，被迫进行自我养老。一方面，农村地区的养老服务体系建设晚于城市，相关养老资源匮乏，整体服务水平不高；另一方面，农村居民普遍依赖于土地获得微薄收入以维持基本生活需要，收入储蓄少，且积累缓慢，远不及城市居民收入水平。随着年龄增长、劳动能力的丧失，农村老人的养老需求不断增长，在面临多数与城市养老服务机构相比并不存在明显价格优势的机构养老费用时，其微薄的储蓄积累根本无法承担长期的养老服务支出。由此造成在农村老人养老服务需求高于城市居民的情况下，反而农村养老机构入住人数比长期低于城市，甚至近年来出现住院人数逐年减少情况。

2. 制度保障不完善

据 2016 年统计数据显示，江苏省老龄化程度在全国省市中排名第三，老龄化形势严峻。省政府为应对不断增长的养老服务需求，出台了包括《规划》在内等不少养老服务建设指导文件及政策法规，但养老服务市场的制度保障还是存在诸多不完善。首先，在养老服务制度设立和落实上，养老服务体系建设的政策规划基本是由省级政府颁布,而更为了解群众具体养老服务需求的基层政府通常只是作为下发文件的执行者,这就往往会导致政府大力投资建成的项目与老年人的真实需求相偏离。其次,政府对于社会资本引入的保障机制不完善。目前江苏省为全面开放养老服务市场,对于社会办养老机构制定了不少优惠政策,但实质上可以发现,这些政策真正能对社会资本产生的吸引力并不大。例如,江苏省民政厅 2017 年 3 月颁布"对不同社会主体投资兴办的护理院和护理型养老机构,实施同等的建设补贴、运营补贴和医保进入等政策",将其投资建设对象明确规定为护理型设施建设才能享受优惠政策,而该类设施建设前期要求的投入成本较高,该规定无异于是对小规模社会资本设立了一道门槛,使得社会资本真正要进入养老服务市场困难重重。尤其是对于农村地区,其基础设施建设落后,投资环境差,养老场所基本是由政府出资建成的公办性质养老机构,相关收费标准由政府定价,存在稳定的价格优势,造成社会资本在农村地区的发展较城市而言更为艰难。

3. 宣传引导力度不够

在农村社会化养老服务体系建设过程中,相对于兴建养老机构、投资养老服务设施以及基础养老金发放等常规工作而言,政府对养老服务的宣传引导略显不足。由上文可知,虽然江苏省农村老年人对于养老服务机构的入住意愿有明显提升,但很大程度上是由于农村劳动力流失以及家庭规模缩小带来的家庭养老功能弱化造成的,可以说并非是农村养老观念实现了真正转变。与农村相比,城市对于社会化养老的接受程度就明显较高,但有基于江苏数据的实证分析表明,对于经济发展程度等不同的苏南、苏中、苏北地区,其农村老人对于社会化养老需求并不具有统计意义,不存在明显的地区差异。也因此,可以说农村老人与城市相比对社会化养老需求偏低并不是由明显的地域差异造成的,政府部门可以通过加强养老服务政策的引导转变农村老人传统的养老观念。

4. 管理监督弱化

对于养老服务体系建设管理监督的弱化很大程度上决定了养老服务整体水平难以实现较大提升。地方基层政府虽然在公共服务供给上有了解需方真实需求偏好的独特优势,但就养老服务而言,即使不少基层政府了解老年群体真实的养老服务需求倾向也还是熟视无睹,只按上级文件下放使用资金,该拨款拨款,该建设建设,按预算走完财政资金了事,不存在项目后期跟踪,更没有反馈意见处理。管理监督的弱化使得政府有关部门长期公式化办公,基层群众服务窗口形同虚设,多数养老服务机构处于运营无监督状态,必然导致养老服务机构效率低下。机构收费存在较大随意性,工作人员行为难以有效规范,养老机构整体上的服务水平和质量偏低。特别是在农村地区,本身对机构养老意愿并不强烈的农村老人一旦无法获得质量较高的养老服务,普遍会对社会养老产生排斥心理,使得机构入院人数不多,造成养老机构经营困难,形成经营不善和服务水平偏低的恶性循环。

5. 政府财力有限,投入不足

分税制改革以来形成了中央与地方政府财权事权划分不匹配的格局,地方政府需要以有限的财力承担较大的事权支出责任,地方公共养老服务体系建设发展缓慢。江苏省养老服务发展相对较早,建设水平也较高,政府持续投入大量财政资金推动养老服务体系建设。但省政府有限的财力依然无法避免成为养老服务发展的桎梏。江苏省城乡低保水平已位于全国前列,据 2017 年统计,经济较为发达的苏南地区城乡保障标准基本为每人700~800 元/月,其中镇江偏低为每人 655 元/月,苏中地区为 600 元左右,经济发展相对落后的苏北地区也普遍实现 400~500 元的最低保障水平。此外,江苏 13 个市中,仅苏州、常州和镇江实现了城乡一体化最低生活保障。可见,由地方政府财力高低所决定的保障金支出差异无法避免,并且即使作为低保支出水平较高的江苏也无法保障老年人,特别是农村无收入老人的养老支付,将老年人社会养老意愿转化为有效需求。

(四) 促进农村养老服务发展的相关建议

针对上述江苏省农村养老服务建设过程中存在的问题及其原因,提出促进农村养老服务发展的相关建议,缩小城乡养老发展差距,促进城乡区域统筹发展。

1. 制定地区差异的养老服务优惠政策

在地方政府财力有限情况下引入社会资本参与养老服务体系建设不失为良策,虽然包括江苏在内的许多省市都会在引入社会资本时采取优惠政策,却常常在政策制定时包含隐性条件,普遍对社会资本吸引力不够。首先,政府需要引入社会资本就要做到真正的市场开放,对公办、民办养老机构一视同仁,而不是一边开放一边设限。说好社会资本参与养老机构设施建设享受与公办机构同等补贴待遇,就不再设有诸如社会资本必须投资如护理型等特定类型的设施时才能享受同等优惠的门槛。优惠政策的相关细节在发布文件中规定明确,公开透明,做到不设"陷",不设"限"。其次,政府在制定诸如土地优惠政策时,要考虑城乡经济发展的现实差距,优惠政策可适当地向农村地区倾斜。例如,农村与城市相比其用地成本相对较低,政府可加大农村养老服务用地优惠力度,此外考虑到农村基础设施落后,居民收入水平低,农村养老服务机构经营利润有限,政府可允许机构经营利润在扣除成本、预留发展基金以及其他相关费用,经审计合规后,将较大比例的结余资金反馈奖励投资人,以激励社会资本积极参与到养老服务体系建设中来。

2. 培养服务人才,加强志愿者团队建设

首先,不论农村还是城市都存在养老服务行业就业歧视现象,青壮年劳动力普遍对养老服务行业就业意愿不高,政府需要加强宣传引导力度。其次,农村青壮年劳动力流失情况严重,养老机构职工构成主要为中年人士,且受教育程度总体偏低,需要加强就业人员在岗培训,定期考核,不断培养、提升人员专业素质,优化养老机构服务供给质量。农村养老机构可与当地学校或其他社会组织建立合作关系,建设长期稳定的志愿者服务团队,考虑实施"时间储蓄"计划,志愿者在养老服务机构志愿服务时长可由该志愿者父母等家人在此机构享受同等时长的免费服务或费用折扣,提升社会群众对养老服务活动的参与度。此外,医疗卫生等资源相对丰富的医院可考虑定期实施对外援助计划,参与对外援助人员可享受相应补助,帮助提升农村养老机构服务质量。

3. 探索互助养老模式,满足"在地养老"需求

农村养老服务需求大,同时农村老年人对社会养老模式意愿度偏低,政府虽然能在宣传引导以转变农村传统养老观念上努力,但长久以来形成的养老观念并非一朝一夕所能改变。政府可考虑发展互助养老模式,既能为农村老年人提供其所需的养老服务,又能满足农村老人"在地养老"的心理需求,不改变老人对土地的本质需求和其对原生家庭的依赖。互助养老模式本质上类似于社区居家养老,但该模式的实施需要地方相关社会组织较高的参与度以及政府财政、社会资本的扶持,真正落实还存在一定难度。农村在互助养老模式上的探索可考虑以原村镇为单位,由政府出面组织提供农村废旧学校等改造而来的集体住所,按自愿原则选择是否入住;年龄较小的老年人帮助年长的,健康状况好的帮助需要照顾的;当地卫生机构定期提供医疗护理服务,建立医疗紧急呼叫系统;志愿者服务团队等社会组织定期开展老年文化娱乐活动,关注老年人精神文化发展。

（4）建立省级养老金制度，实现初步统筹

省级养老金制度的建立主要参考日本《国民年金法》的实施经验，地方政府对该项制度的探索可以从较低的养老金保障水平开始实施。就江苏而言，省政府可考虑适当缩小入住率普遍偏低的养老机构兴建规模，将该资金作为养老资金补充来源之一，同时适当扩大社会保障支出占财政总支出比重，保障养老金来源稳定。基本养老金的发放不分城乡，同等地提供给居民，实现政府对老年人最低生活需求的保障，缩小城乡养老服务发展差距，有效保障农村老年人的合法权益。同时，自身经济状况较好的个人可以自行增加购买额外的商业养老保险等，与基础养老金领取并不矛盾，以便在晚年享受更好的养老待遇。

6.2.2 江苏省养老服务改善与财政可持续发展研究[①]

（一）背景

随着经济的发展，人口老龄化程度不断加深，养老问题已经成为学者越来越重视的社会问题之一。虽然目前养老服务获得了一定发展，但其存在的问题也越来越突出。Davey 和 Patsios(1999)通过对英国和美国的正式和非正式社区养老服务供应进行比较分析，并调查老年人社区养老服务满意度，发现社区养老服务存在的局限性，认为它不能取代传统家庭养老模式；Bartlett 和 Phillips(1997)对中国快速老龄化和家庭规模变小情况等现状进行分析后指出了老年人口照料需求对城市福利的巨大压力，并且大多数老年人不能享受到政府福利性质的养老服务；同样在那些社会保障制度发展相对完善的国家，养老服务发展问题也仍存在，如 Komisar 和 Niefeld (2000)指出，美国长期关心的政策是医疗卫生保健，但政府在长期护理上存在的压力较大，需要建立平衡机制来平衡长期护理和保健间的关系，以确保为老年人提供高质量服务。由上可知，就养老服务本身而言其体系改革和完善还远未完成，同时随着老年人口数量的增加，老龄化趋势不断加深，很多国家感受到养老的沉重负担，财政支持难以为继。有些国家还发现，伴随家庭规模变小，家庭结构简单化，导致养老资源不充分和养老功能的弱化。Eskesen(2002)指出，人口老龄化严重危害澳大利亚社会福利制度和财政可持续性，为解决人口老化带来的财政问题，很有必要改革现有的养老保障制

---

① 裴育,史梦昱.地区公共养老服务资源利用影响因素分析——以苏南地区为例[J].江苏社会科学,2018(1):50-57.

度;Puhakka(2005)通过实证发现,在养老保险现收现付制模式下,政府最大可持续性财政赤字水平受人口增长率下降引发的人口老龄化影响;Ewijk et al.(2006)的研究发现,荷兰人口老龄化严重损害了政府的财政可持续性;而 Hauner(2007)认为在进行财政支出调整时适当考虑老龄人口将有助于保持财政的可持续发展;Heylen et al.(2013)和 Bergman et al.(2016)通过OECD 成员国测试数据获得,当财政效率高时,可以降低政府债务比例,促进财政可持续性运作。

我国整体养老服务体系建设起步较晚,在发展过程中面临的问题更加突出。周康和邢伟(2010)指出:虽然我国越来越重视老年养老问题,并在养老服务发展领域取得较大成效,但目前我国养老服务还是处于严重的供不应求状态;耿香玲和冯磊(2009)研究表明:老年人的精神需求对于养老服务整体质量影响较大,而目前针对老年人精神生活的服务很不到位,社区机构在精神养老服务上的供给几乎空缺,服务人员和服务设施不仅量不足同时质也不高;吴琼辉(2011)研究了我国农村老人居家养老服务问题,发现相比于城市而言,农村养老服务面临的问题更加严重,存在财政投入规模严重不足、区域发展不平衡等问题。耿亚男和宋言奇(2011)探讨为全面覆盖城镇养老服务供给,拟创新一种一个中心多个站点的供应方式,但在实际落实过程中,面临着成本高、资源短缺的现实障碍;赵建国等(2016)指出,人口老龄化带来的需求压力使得社会保障财政负担显著增加,凸显出我国人口老龄化进程不断加快的现实背景下有效提高社会保障财政支付能力的紧迫性。因此,在老龄化不断加剧的情况下,实现我国养老服务改善必然会对财政造成一定影响。但国内鲜有研究探讨人口老龄化对政府整体财政运行状况的影响,相关文献研究重点集中于促进我国养老服务发展的财税政策研究,少数关注人口老龄化对社会养老保障制度或政府养老保障支出的影响。比如,曾毅(2005)研究发现,人口老龄化导致了农村养老保障支出的巨大资金缺口;李敏和张成(2010)基于老龄化发展趋势,依据人口变化情况预测了中国未来养老金支出的合理水平。杨胜利和高向东(2012)认为,人口老龄化将会增加财政负担水平,并提出要建设社会保障预算制度和公共服务体系以提升财政负担能力。

就上述观点来看,许多福利国家均致力于养老服务水平的提高,同时关注老龄化背景下的财政可持续问题,追求福利水平改善和财政可持续的平衡。例如,在日本实行的看护保险制度,看护保险制度属于强制性保险,要求 40 岁以上的国民全部缴纳看护保险金,以此作为养老机构支出费用的主要来源,承担老年人入住养老机构 90% 的费用,剩余的 10% 部分则由个人承担,从而确保了养老机构的入住率,同时缓解了日本政府发展养老保障的财政压力;但就目前中国而言,我国现行的保险体系中还没有"看护保险"这一项,因此就养老服务体系上学习日本发展经验并不可取;同样对于德国,其较高的社会福利水平是在国家财政多年稳定发展基础上,实行财政扩张来应对老龄化带来的社会福利与医疗卫生支出的不断增加。但就中国目前的经济运行状况而言,盲目地进行财政扩张容易形成不断扩大的财政赤字,损害财政可持续性。付伯颖(2008)认为:为了应对人口老龄化,财政政策必须以发展中国家这一国情为基本判断依据,应积极研究发达国家应对老龄化人口的经验,充分考虑中国人口老龄化的特点和金融、经济形势变化发展情况,探索可持续的财政发展模式。基于中国养老服务发展和经济运行的整体状况,本节认为国外的养老服务发展经验并不适用于江苏省养老服务改善的现实情况。因此,立足于江苏省现实发展情况提出的养老服务改善对策和建议,对于在维持省财政可持续发展的前提下,实现公共养老服务改善,促进社会养老服务体系建设具有重要的实践意义。

(二) 研究设计

人口老龄化是人口发展到一个特定阶段才会产生的现象,一般而言,老龄化的出现同时伴随着区域经济达到一个相对发达和完善的高度。例如,发达国家普遍是在城市化和工业化发展到一定阶段,各方面条件相对成熟、经济发展也比较完善的状态下迎来人口老龄化的。比如日本在其实际人均收入为中国目前人均收入3倍时,才达到目前中国人的平均年龄,属于经典的"先富后老"型。但是,中国却是"未富先老",其老龄化是在国家整体综合实力相对落后、经济不够发达的背景下进入的,并且老龄化程度日趋加深。联合国研究报告指出,世界上没有一个国家像中国这样,还处于发展阶段便开始老龄化的。进入老龄化社会后,政府相对而言承担起较大的社会和经济发展压力,一方面是劳动力人口的削减,另一方面是所需社会供养人口的急剧增加,社会抚养比发生较大变化。而政府需要为老年人口提供生活所必需的经济保障及其相应的生活条件和环境。在此情形下,政府面临着由于税收主体减少所导致的财政收入下降和由于老年人口增加带来的老年事业领域对财政投入需求快速增加的矛盾,从而引起社会资本投入和生产扩大相对减少,使社会和经济发展承受极大的压力。因此,基于我国现阶段人口老龄化的特殊性,本节拟结合江苏省的现实情况进行分析,有针对性地研究老龄化趋势加剧的情况下,江苏省养老服务改善对省财政可持续性产生的影响,以促进在政府财政健康可持续发展情况下实现养老服务的持续改善。

1. 研究方法和模型设定

由于财政可持续性的衡量没有特定且直接的指标,为使公共养老服务改善对财政可持续性产生的影响可量化,本节选取公共养老服务财政支出效率为衡量指标。缪小林等(2016)用统计模型验证了财政资金配置效率与地方政府债务负担的负相关关系,财政资金较低的配置效率会导致地方政府较高的债务负担,从而影响财政可持续发展。因此,财政支出效率指标的选取相对比较合理,该指标能建立起养老服务改善与财政可持续性之间的关系。

1)马尔萨斯人口模型和回归分析

以江苏省总人口数据和各市的老年人口数据为基础,利用马尔萨斯人口模型预测 2025 年江苏省总人口数,其次根据老年人口的线性增长趋势,利用 Stata 软件进行回归模型分析,分别预测 2017—2025 年江苏省各市的老年人口数量。马尔萨斯模型由英国人口学家马尔萨斯于 1798 年提出,模型假设:人口数量在恒定增长率的设定下,将随着时间的变化按照指数增长无限增加。

具体模型:$y = A(1+n)^t$

其中,A 表示初始年份人口总数,n 为年自然增长率,t 为增长期数。本节选取历史年份的平均年增长率 3.498‰为该模型测算的年增长率,以 2015 年为基期,测算 2017—2030 年的江苏省人口总数(见表 6.54)。

表 6.54 2017—2030 年江苏省总人口预测表

单位:万人

年　份	人口总数(万人)	年　份	人口总数(万人)
2017	8 032.23	2024	8 231.10
2018	8 060.34	2025	8 259.91
2019	8 088.56	2026	8 288.82
2020	8 116.87	2027	8 317.83
2021	8 145.27	2028	8 346.94
2022	8 173.78	2029	8 376.16
2023	8 202.39	2030	8 405.47

数据来源:《江苏统计年鉴》、江苏省民政厅网站。

老年人口根据其历史数据的线性变化趋势建立回归模型:$y = c + Bt$。

其中,y 表示老年人口数,t 表示年份,c 为常数项,B 为参数系数。利用 Stata 软件对江苏省 13 个市分别进行回归,得出相应数据,回归结果显示设定的线性模型可以较好地解释各地老年人口数量变化情况。就相关系数而言,除无锡为 0.7711 外,其他市均在 0.98 以上,说明存在很强的正相关关系。江苏省 2017—2025(t=17,18,…)年各市老年人口的预测值具体见表 6.55。

表 6.55　江苏省 2017—2025 年各市老年人口数预测表

单位:万人

年　份	2017	2018	2019	2020	2021	2022	2023	2024	2025
南京	146.36	152.3	158.24	164.19	170.13	176.07	182.02	187.96	193.9
无锡	124.86	130	135.13	140.27	145.4	150.53	155.67	160.8	165.94
常州	95.2	98.83	102.47	106.1	109.74	113.37	117.01	120.64	124.28
苏州	179.26	186.2	193.15	200.09	207.03	213.98	220.92	227.86	234.81
镇江	70.83	73.51	76.19	78.87	81.55	84.23	86.91	89.6	92.28
南通	222.75	229.57	236.38	243.2	250.02	256.83	263.65	270.46	277.28
扬州	116.91	121.17	125.43	129.69	133.95	138.21	142.46	146.72	150.98
泰州	132.12	136.21	140.3	144.39	148.49	152.58	156.67	160.76	164.85
徐州	198.92	207.93	216.95	225.96	234.98	243.99	253.01	262.02	271.04
连云港	95.36	100	104.63	109.27	113.9	118.54	123.17	127.8	132.44
淮安	113.18	118.58	123.99	129.39	134.79	140.2	145.6	151.01	156.41
盐城	185.2	192.61	200.02	207.44	214.85	222.26	229.68	237.09	244.51
宿迁	99.03	103.41	107.78	112.16	116.53	120.9	125.28	129.65	134.03
总　计	1 779.98	1 850.32	1 920.67	1 991.01	2 061.36	2 131.7	2 202.05	2 272.39	2 342.73

数据来源:《江苏统计年鉴》、江苏省民政厅网站。

2) 公共养老服务费用测算

本节旨在测算政府在养老服务领域的财政支出费用,主要包括养老机构(养老床位数)、养老服务设施(社区服务中心、日间照料中心等)、养老护理员培训补贴和基本养老服务补贴四个项目支出,该测算费用以江苏省政府 2015 年在各市公共养老服务领域的支出情况为基础,以《江苏省"十三五"养老服务业发展规划》(简称《规划》)为养老服务改善的主要参考指标①,测算在人口老龄化背景下江苏省各市公共养老服务得到改善时政府所需投入的财政性资金。

目前,江苏省积极推进公办养老机构运营机制改革。推进公办养老机构"公建民营""公办民营",在确保服务质量的前提下,以总体承包、分部承

---

① 注:本节主要完善指标以《江苏省"十三五"养老服务业发展规划》为依据,费用测算指标,如每张床位在苏南、苏中、苏北城市地区分别为 30、15、5 万张等,则是参考胡祖铨《养老服务业领域政府投资规模研究》中的费用测算标准,并根据江苏省现实情况做出相应调整后给出。

包、委托运营、合资合作等方式,促进民间养老机构发展,逐步调整公办、民办养老机构比。依据《规划》的相关发展指标,首先养老床位数的需求量由省"十三五"发展规划提出的每千名老人拥有 40 张床位为指标求得,按公办与民办比例为 30∶70 得出政府于 2025 年在 2 342.73 万老年人口的情况下所需承担的养老床位供给数,政府在养老床位建设上的一次性投入标准为:公办养老机构每张床位投入金额,苏南 30 万元、苏中 15 万元、苏北 5 万元;民办养老机构每张床位补贴金额,苏南 3 万元、苏中 1.5 万元、苏北 1 万元。其中,苏南城市分别为南京、无锡、苏州、常州、镇江,苏中城市为南通、扬州、泰州,苏北城市包括徐州、连云港、淮安、盐城和宿迁。同时,我们利用上述指标分别求得江苏省 13 个市公共养老服务获得改善时对政府财政资金的需求量。

江苏省近年来重视社区养老服务发展,社区养老机构和家庭护理服务水平不断提高,民营养老机构逐步完善服务功能,扩大养老服务范围。不仅在城乡建立了老龄化工作委员会,并且从投资到运营建立了相对有效的监管体系。本节所称的养老服务设施主要指社区服务中心和日间照料中心等设施,由于 2015 年社区服务中心指标得到改善,社区服务中心实现江苏省城市全覆盖,苏南、苏中、苏北农村地区覆盖率分别为 90%、80%、70%,已经完成"十三五"期间计划指标,因此,养老服务设施建设在结构上不需再做调整,财政支出费用占总支出费用比例直接按固定比例测算。

养老服务从业人员素质低下、专业技术人才缺乏是江苏省养老服务目前发展中存在的主要问题,因此,有必要加强养老护理员培训,提高养老服务质量,促进养老服务整体建设。养老护理员需求量以每 3 张床位配备一个护理员的标准确定,按《规划》标准,养老护理员上岗持证率达到 90%,政府对参与培训人员给予 1 000 元/人/月的补贴。

基本养老服务补贴主要是省财政针对老人提供的基本生活补贴,全国暂无统一标准,各省市均视自身财力和发展状况而定。由于养老机构的目前财政负担责任主要是地方政府,在构建养老机构财政补贴机制时,需要充分结合地区经济发展水平和财政负担能力。而目前江苏省补贴标准为 80 周岁及以上老人每人 80 元/月。因此,在考虑江苏省经济发展情况后,设定该项目改善指标为 80 周岁及以上 100 元/人/月。

根据上述标准,江苏省各市在人口老龄化背景下,各地区公共养老服务完成省"十三五"规划改善目标所需的省级政府财政资金投入的总费用和分地区、项目费用支出预测如表 6.56 所示。

表 6.56　2025 年江苏省各市公共养老服务费用支出预测表

单位:万元

项　目	养老床位	养老服务设施	护理员培训补贴	基本养老服务补贴	总费用
南京	860 926.68	2 577 471.59	2 326.83	4 088.97	3 444 814.07
无锡	736 756.79	1 228 009.87	1 991.23	2 872.13	1 969 630.03
常州	551 800.62	1 611 415.87	1 491.35	1 501.06	2 166 208.91
苏州	1 042 540.31	1 879 720.82	2 817.68	6 243.63	2 931 322.44
镇江	409 708.7	920 015.5	1 107.32	826.13	1 331 657.65
南通	615 562.27	1 074 013.05	3 327.36	9 681.6	1 702 584.28
扬州	335 178.02	1 262 937.9	1 811.77	2 290.13	1 602 217.83
泰州	365 972.04	3 537 179.14	1 978.23	3 195.94	3 908 325.34
徐州	439 084.67	719 977.98	3 252.48	10 236.73	1 172 551.86
连云港	214 549.36	1 039 086.32	1 589.25	1 963.7	1 257 188.64
淮安	253 384.82	2 325 045.24	1 876.92	3 003.48	2 583 310.46
盐城	396 100.28	865 243.99	2 934.08	6 354.45	1 270 632.79
宿迁	217 120.71	707 277.51	1 608.3	2 362.55	928 369.08
总　计	6 438 685.26	19 747 394.8	28 112.81	54 620.5	26 268 813.37

数据来源:江苏省民政厅网站、《江苏省 2015 年社会养老服务体系建设项目绩效评价报告》。

3) 数据包络分析 DEA 模型

前沿分析法是效率分析的常用方法之一。在这种方法中,决策单位的相对效率值是通过构建生产前沿面,并且观察决策单元所处位置与前沿面之间的距离来确定。处于生产前沿面上则为有效率,离生产边界越远,效率越低。根据确定生产前沿面的不同确定方法,分别有参数和非参数方法。参数分析方法估计生产可能性的前沿时,需要事先设定输入和输出之间的关系,给出具体的函数形式,然后运用计量经济学的相关方法估计参数来确定生产可能性的前沿,并进行效率估计。非参数方法仅需要对样本单元进行经验观察。通过将效率与生产前沿面进行比较来获得效率,因此,通过非参数方法获得的效率是相对效率。

DEA 模型是一种非参数分析方法,非常适合于具有多输入和多输出的复杂系统,其测算的效率是指决策单元加权情况下的产出与投入之比。它克服了传统参数评估方法对变量之间函数关系的严格要求,避免了复杂的函数模型构建过程,同时提高了效率评估的客观性。DEA 模型中最常用的是规模报酬不变模型(CCR 模型)和规模报酬可变模型(BCC 模型)。CCR 模型由 Charnes、Coopor 和 Rhodes 提出,通过 CCR 模型所求的技术效率值

为综合效率值。而规模报酬可变模型(BCC 模型)描述规模报酬可变的情况,模型具体形式如下:

$$\begin{cases} \min_{\theta,\delta}\theta \\ s.t. - Y_i + Y\delta \geqslant 0 \\ \theta X_i - X\delta \geqslant 0 \\ \theta \geqslant 0, I\theta = 1 \end{cases} \quad (6.18)$$

BCC 模型将纯技术效率和规模效率从综合效率中分离出来,用公式表示为:

$$综合技术效率 = 纯技术效率 \times 规模效率$$

通过 BCC 模型求得的效率为纯技术效率。

本节基于规模报酬可变模型,研究公共养老服务财政支出效率在一定财政投入下,实现养老服务资源的最优配置,达到产出最大化;或者在公共养老资源满足老年人养老需求的情况下实现成本最小化。本节涉及的效率包括综合技术效率、纯技术效率和规模效率。其中综合技术效率表示江苏省各地公共养老服务财政支出的总体效率;纯技术效率表示政府公共养老服务财政管理水平和规划养老资源可利用水平;规模效率则表示政府公共养老服务支出规模的有效性,一般分为规模报酬递增、不变和递减。

2. 样本选择和指标选取

1) 样本选择

对于江苏省未来老龄化趋势的测算是基于江苏省 2010—2015 年的总人口以及老年人口变动情况的历史数据,同时参考历年《江苏省老年人口信息和老龄事业发展状况报告》,以江苏省各个城市的人口情况为样本,用 Stata 软件进行线性回归,分别得出 2017—2025 年江苏省各市的老年人口数。关于养老服务包含的养老床位数、养老服务设施建设、养老护理员培训及基本养老服务补贴这四个项目所需费用以及总费用的测算,以《江苏省 2015 年社会养老服务体系建设项目绩效评价报告》统计的 13 个城市分别对于机构养老、社区居家养老、信息建设以及其他类四项支出比重为基础,对数据进行初步处理以解决统计口径差异问题。本节所研究的机构养老类别主要统计养老床位数,而养老服务设施建设主要统计的是社区服务中心(站)以及日间照料中心这两类,也与社区居家养老服务相对应[①]。主要差

---

① 机构养老和社区居家养老统计指标主要参考了胡祖铨的《养老服务业领域政府投资规模研究》。

异在于《江苏省 2015 年社会养老服务体系建设项目绩效评价报告》中各市财政投入将养老护理员培训和基本养老服务补贴同时归为其他类。由于这两类各自的统计数据获取难度均较大，因此，在后期预测 2025 年支出费用时，先按护理员培训补贴和老年人口生活服务补贴各自的标准进行改善费用预测，在进行效率测算时，将其归为一类，作为投入指标之一，其中老年人生活服务补贴的测算相对复杂，由于该项补贴全国暂无统一规定，而江苏省现行标准为 80 周岁以上老年人 80 元/人/月，因此对于改善费用的测算也要以 80 周岁老年人口为样本主体，分别对 13 个市进行 80 周岁以上老年人口数进行回归、预测，从而得出江苏各市对于基本养老服务补贴的财政支出费用。本节选取财政支出效率作为公共养老服务改善影响财政可持续发展的衡量指标，因此针对江苏省公共养老服务财政支出效率的测算是分析重点，所以选择了江苏省 13 个市的养老服务系统作为决策单元样本，本节将分别根据每个城市相关指标数据来分析各自的效率得分。

2）投入与产出指标选取

选择江苏省各市人均公共养老服务支出作为唯一投入变量，该指标既能反映公共养老服务支出过程中人力、物力和财力的投入，又考虑社会和经济方面的效益产出。同时选取代表公共养老服务能力的养老床位数、养老服务设施以及养老护理员培训与基本养老服务补贴之和这三种养老服务资源作为产出变量。选择这些投入产出指标的另一个重要原因是相关数据及统计口径较为准确且相对容易获取。

3）财政可持续性衡量指标的选取

通过公共养老服务财政支出效率指标建立江苏省养老服务改善与政府财政可持续发展的关系，该衡量指标的选取具有其合理性。若公共养老服务改善使得财政支出效率下降，表明此改善会对省财政的可持续发展造成不利影响。而政府在公共养老服务改善过程中是需要加强财政支出结构的优化，还是对财政支出规模进行调整，加强对养老资源的管理和控制，可从综合效率、技术效率和规模效率的具体变动中得出。

4）数据来源

基于预测的数据主要来源于历年的《江苏统计年鉴》《江苏省老年人口信息和老龄事业发展状况报告》及江苏省民政厅公布的历史数据。DEA 模型基于公共养老服务财政支出效率的计算数据，分别来源于《江苏省 2015 年社会养老服务体系建设项目绩效评价报告》和上述模型预测得出的人口以及财政支出费用数据。其中对于江苏省历史数据的采取主要来自江苏省民政厅发布的相关报告。

（三）实证结果

选用 DEAP.21 软件测算所有效率得分,对效率的分析使用产出导向模型。下文将分别对 2015 年和 2025 年江苏省政府公共养老服务财政支出的三种效率得分结果进行描述性分析,并寻找三种效率得分的变化趋势以及是否存在地区差异。

表 6.57 为 2015 年江苏省政府公共养老服务财政支出平均值以及各城市的公共养老服务财政支出效率值情况。从表中可以看出,江苏省 13 个城市中镇江、泰州、连云港和宿迁 4 个城市的综合技术效率、纯技术效率和规模效率均达到了最优,即这些城市公共养老服务财政支出规模、对整体养老服务资源配置和使用具有效率。

表 6.57 2015 年江苏省公共养老服务财政支出效率

地 区	综合技术效率	纯技术效率	规模效率
南京	0.63	0.87	0.72
无锡	0.65	0.92	0.7
常州	0.92	1	0.92
苏州	0.49	0.64	0.77
镇江	1	1	1
南通	0.37	0.39	0.95
扬州	0.75	0.76	0.99
泰州	1	1	1
徐州	0.47	0.57	0.83
连云港	1	1	1
淮安	0.79	1	0.79
盐城	0.59	0.68	0.87
宿迁	1	1	1
均 值	0.74	0.83	0.89

数据来源:《江苏省 2015 年社会养老服务体系建设项目绩效评价报告》。

苏南地区 4 个城市公共养老服务支出未达到最优规模效率,都处于规模收益递增阶段,说明政府要扩大对公共养老服务的资金投入;此外,相似的投入规模下,苏州市的综合技术效率和纯技术效率偏低,说明苏州市要加强养老服务资源配置,提高系统运行的技术和管理水平,注重提高资源使用效率。

苏中、苏北地区的效率得分普遍比苏南高。就苏中地区而言,泰州和扬州的效率得分较高,其中泰州处于有效状态;而扬州则是规模报酬递减,观察具体数值发现,扬州市规模效率为 0.99,接近有效,说明纯技术效率偏低影响了财政支出的综合技术效率。对比南通市发现,纯技术效率拉低综合效率的情况更加严重,说明这两个城市对养老服务资源制定的制度政策、管理水平与当前在养老服务领域投入的财政规模存在脱节现象,导致其养老资源投入使用缺乏效率。

观察苏北地区 5 个城市,连云港和宿迁的公共养老服务财政支出有效,而淮安市纯技术效率为 1、规模效率小于 1,说明其公共养老服务的技术效率不高,但同时其综合技术效率没有达到有效状态,说明其规模和投入、产出不相匹配,政府应该相对降低对淮安市公共养老服务的财政投入规模。徐州市的效率得分状况在苏北城市中最差,其三种效率数值均不高且规模报酬递减,可能的原因是徐州高龄化程度比较严重,即 80 周岁以上老年人比重较大,2015 年时高达 18.45%,在江苏省排名第一,从而造成政府养老资金支出结构与徐州市老龄化现状不相适应,导致其整体财政支出缺乏效率。

通过相关模型预测、发展指标和效率分析求得 2025 年江苏省政府公共养老服务财政支出的三种效率得分(见表 6.58),对比 2015 年的效率得分发现,一方面,观察整体数值,综合技术效率和规模效率的平均值有所降低,而纯技术效率的均值有所提高,前后效率得分的对比在考虑模型预测误差后,其结论也相对合理,即省《规划》改善指标有助于提高整体公共养老服务支出的技术和管理水平,相对优化了资金的支出结构,提高了整体财政支出效率。但是,随着未来老龄化趋势的加剧,同时由于各地区在初期(2015 年)养老服务发展水平及财政投入规模存在差异,在公共养老服务改善后,财政投入大小与实际发展需要不适应的问题有所加剧。另一方面,就各地区效率而言,2015 年基本处于规模收益递增阶段的苏南城市与规模收益递减的苏北城市,到 2025 年反而是苏南城市递减,苏北城市递增。这种变化可能的原因是苏南城市在初期时,本身公共养老服务已经发展得相对完善,政府财政投入支持力度相对较大,后期持续的资金投入反而造成养老资源浪费,财政资金使用效率偏低。

观察发现,苏南 5 个城市中,只有镇江财政支出依旧有效,说明镇江未来养老服务的改善可以参考《规划》指标,逐步应对人口老龄化趋势的加剧。其中常州市的纯技术效率在 2015 年和 2025 年均为有效,但综合技术效率随规模效率变动有所下降。因此,政府在落实有关政策和管理制度的前提下,要适当削减对该市的养老服务投入。而南京、无锡和苏州在适当削减调整其财政投入规模时,要更加注重适时优化支出结构,创新管理体制,提高对养老服务体系的管理水平。

苏中、苏北城市 2025 年基本有所改善,普遍由规模收益递减或不变改变为收益递增或不变,说明对这两个地区的城市加大资金扶持是相对合理的,但是在此发展过程中大部分城市会出现综合技术效率的降低。其中泰州市依然有效,淮安则是从养老服务改善中实现了财政支出效率的提高,这两个城市的发展可以参考镇江的情况。而就南通和扬州市而言,南通市改善前后均为规模报酬递增,但其规模效率得分值由 0.95 下降为 0.55,实质上说明南通市作为目前江苏省人口老龄化最高的第一大市,其老龄化程度在未来会不断加剧,造成对养老资金的需求量不断扩大。而扬州市在改善前后变化不大,但其由规模报酬递增变为递减,说明其发展过程中,技术和管理水平未获得较大提升,反而资金供给由初期的投入不足变成规模过大。所以,政府在未来发展过程中需要加强对扬州市的关注。而苏北地区的五个城市情况基本相似,受到未来老年人口数量增加的影响,对政府公共养老服务财政投入的需求量都有所增加。因此,政府在后期需要在财政资金投入过程中调整支出结构,同时加强对公共养老服务体系建设的管理,在养老资金投入规模上适当地向苏北地区倾斜。

表 6.58　2025 年江苏省公共养老服务支出效率

地　区	综合技术效率	纯技术效率	规模效率
南京	0.54	0.67	0.81
无锡	0.62	0.69	0.89
常州	0.84	1.00	0.84
苏州	0.42	0.46	0.92
镇江	1.00	1.00	1.00
南通	0.36	0.66	0.55
扬州	0.76	0.79	0.96
泰州	1.00	1.00	1.00
徐州	0.38	0.98	0.39
连云港	0.95	1.00	0.95
淮安	1.00	1.00	1.00
盐城	0.38	0.82	0.47
宿迁	0.81	1.00	0.81
均　值	0.70	0.85	0.82

数据来源:来源于上述模型测算数据。

综上所述,通过对江苏省公共养老服务改善前后的财政支出效率得分进行对比,可以看出苏南地区公共养老服务改善导致政府产生债务风险的可能性较大,易对省财政可持续发展造成不利影响;苏中、苏北地区的财政支出规模扩大相对有利于财政支出效率的提高,基本不会影响财政可持续健康发展。此外,江苏省各市公共养老服务财政支出效率均受技术和管理水平的较大限制。因此,在"十三五"期间,政府总体上要适当削减对苏南地区的财政投入规模,注重财政支出结构的调整;对苏中、苏北地区的投入可按《规划》指标逐步改善。同时,政府整体上的养老资金支出均要注重提高养老服务体系的管理水平,加强政府制度和运行体制创新,提高财政资金使用效率。

(四) 政策建议

根据上述江苏省各地公共养老服务支出效率情况的对比分析,为促进公共养老服务的改善与财政的可持续健康发展,提出如下针对性建议。

1. 完善社会养老服务体系建设

未来江苏省面临的养老压力较大,根据《规划》提出的公办民办比,社会养老服务体系建设在下阶段需要获得较大发展。因此,努力建设社会养老服务体系,以居家养老为基础、社区服务为依托、机构养老为支撑,着手转变传统养老观念,坚持政府财政主导,鼓励、引导社会力量参与。着眼于老年人的实际需求,注重提高老年人精神服务需求水平,加强老年活动开展,加快城市居家社区服务中心和农村老年娱乐活动室的建设,满足老年人对改善和提高养老服务生活质量的要求。

2. 增加政府财政性资金投入

要按照江苏省委、省政府提出的总体要求和目标,加大对社会养老服务体系建设的投入,努力建设和完善江苏省养老服务体系。此外,老龄化趋势加剧势必对政府公共养老服务资金投入量提出更高的要求。建议政府针对不同的老年群体设立专项资金,为老年人的基本生活需求提供托底保障。

3. 提高养老服务从业人员能力

积极推动规范化、制度化的养老服务人才培训体系,政府可考虑与当地高校进行专业人才联合培养;通过整合行业资源,建立专业研究服务团队,实时、有针对性地解决当地养老服务发展过程中存在的现实问题,组织相关研究机构和专家学者对老年科学理论进行深入研究,同时向周边一些在养老服务领域发展相对比较完善、积累了一定经验的地区学习,开展专业研讨会交流活动,为养老服务发展提供有针对性的有效建议和策略。

4. 规范养老机构行为

养老机构行为规范是政府养老服务资金后期落实到位的关键环节,从业人员素质低下等问题容易对养老机构造成负面影响,很大程度上会降低老年家庭选择入住养老服务机构的欲望,造成养老机构入住率低,床位空置,降低财政资金的支出效率。因此,养老服务机构的经营运行必须严格遵守行业市场规范,健全完善基础设施,营造良好的环境氛围,满足老年人最基本的生活需求的同时多开展老年娱乐活动。同时,对于养老护理人员的选取要设定一定的标准和门槛,坚持做到持证上岗,改变养老护理员普遍由城乡失业人员顶替的现状,并且定期加强业务培训,提高养老护理人员的理论素养,切实提高养老机构的服务水平,真正做到让老年人入住养老机构没有后顾之忧。

5. 加强苏中、苏北地区养老服务设施建设

切实加大对苏中、苏北处于公共养老服务财政支出规模报酬递增状态地区的社会养老服务体系建设投入,在公共养老服务资源投入上向农村等经济发展相对落后同时老龄化趋势比较明显的区域倾斜。同时,苏中、苏北要加快农村居家养老服务中心的建设,进一步完善农村敬老院设施,加大力度建设社区服务中心和日间照料中心,使其成为农村机构养老的主体,关注经济发展相对落后地区老年人的生活状况和精神需求。

6. 扩大养老服务资金筹措渠道

在加大政府专项财政资金投入的基础上,可采取多种渠道筹措资金用于社会养老服务体系建设。我国未来的老龄化程度不断提高,养老服务改善对财政造成的负担较为沉重,仅靠政府财政拨款远远不够。因此,养老服务资源供给要拓宽社会资金来源。首先,福利彩票公益金作为现行养老服务体系建设资金的重要来源之一,可考虑进一步提高福利彩票公益金比例以支持社会养老服务事业的建设。其次,鼓励各类经济组织和个人积极参与慈善事业,引导社会力量参与其中,提高公民的社会责任感,完善社会养老服务体系建设,促进社会公平。

7. 建立绩效考评制度

创新管理理念,促进养老服务行业的健康有序发展,离不开业内的竞争机制和奖惩机制。政府相关部门应创新管理理念,建立养老服务产业评估制度,实行定期考核制度,加强监管,不仅对从业人员,对相关机构部门的管理人员、管理体制等也要进行综合评定,并且做到信息公开透明,及时将评定结果反馈给社会,接受社会和舆论监督。同时,切实转变养老机构盈利性功能,强化其非盈利性功能,不断完善养老服务设施建设和服务功能,切实关注老年人的服务需求。

6.2.3　地区公共养老服务资源利用率分析
——以苏南典型地区为例[①]

上述研究结论认为,苏南城市在改善过程中,由于财政投入规模过大,可能对财政可持续性造成不利影响,而苏中、苏北城市则需相对扩大规模,并且政府在整体财政投入过程中需要注重优化支出结构。因此,本节进一步对江苏省苏南地区的养老服务资源利用率进行深入研究,以其自身养老服务发展历程为其他地区提供借鉴和经验。

(一) 背景

截至 2016 年,江苏省 65 岁以上人口数为 1 021.63 万人,占常住人口的 12.77％,老龄化程度在全国省份中排名第三[②]。养老模式转型期间,家庭养老功能不断弱化,政府不得不承担起社会养老保障责任,以确保"老有所养"。党的十九大报告明确要求加强人口发展战略研究,积极应对人口老龄化,构建养老、孝老、敬老政策体系和社会环境,加快老龄事业和产业发展。江苏省政府也出台多个政策规划,以应对不断加深的养老压力。2016 年 9月 7 日,江苏省政府发布《江苏省"十三五"养老服务业发展规划》,将每千名老年人拥有养老床位数达到 40 张以上定为发展目标之一,要求大力加强养老机构床位建设。截至 2015 年年底,江苏省每千名老年人拥有养老床位数达 35.2 张,与规划目标存在一定差距。但不可忽视的是,目前江苏省养老服务发展存在一种现象:一方面养老床位总量不足,一方面许多养老机构床位空置,入住率不高,甚至在省老龄办调研中出现一家农村养老机构入住率不足 20％的情况。说明就现阶段而言,江苏省养老服务建设还是存在较大问题,一味地增加养老床位总量的发展要求也不尽合理,同时在省政府事权支出责任不断加大情况下,养老床位建设投入持续增加也必然对政府财政支出造成一定压力。

因此,本章节拟针对江苏省目前养老服务建设现状,以省内城市中经济发展水平较高、老龄化程度较为相似的苏南城市为例,从政府政策定位和养老服务发展现状分析,选取当前养老资源中最具代表性的床位资源为研究对象,深入分析养老床位空置率的影响因素,提出相应政策建议,以期通过

---

① 裴育,史梦昱.地区公共养老服务资源利用率影响因素分析——以苏南地区为例[J].江苏社会科学,2018(1):50-57.

② 数据由中商产业研究、智研咨询整理获得。

优化养老资源配置和支出结构,提高现有养老资源利用率,提升江苏省养老服务建设水平,缓解地方财政支出压力。

(二)苏南地区公共养老服务资源现状分析

养老床位资源作为目前江苏省公共养老服务体系建设中的重要项目,该资源的合理配置能够有效提高公共养老服务资源利用率。根据苏南地区各市统计年鉴数据显示,镇江、苏州、常州、南京和无锡 2015 年的养老床位总量分别较 2005 年增长了 6.60、6.32、6.19、3.04 和 2.80 倍[①],床位数增长较快。截至 2015 年,苏南地区每千名老年人拥有的养老床位数达 34.8 张[②],低于江苏省"十三五"老龄事业发展规划目标,更是远低于国际规定的"每百名老人 5 张床位"的最低标准。因此,苏南地区床位供给存在供不应求状况,但同时养老机构床位入住率率偏低,空置率过高问题也较为突出。从 2005 年到 2015 年,苏南各个城市整体床位入住率普遍呈下降趋势,南京、苏州、无锡、常州、镇江分别从 2005 年 79.14％、66.33％、79.13％、67.80％和 74.89％的入住率变为 2015 下 34.63％、44.01％、46.29％、38.68％以及 31.40％的入住率。至 2015 年,入住率最高的无锡也只有 46.29％,而镇江仅为 31.4％[③]。南京市不少养老院入住率不足五成,甚至有个别公办养老机构入住率只达 10％,床位供需失衡问题比较严重(见图 6.10)。

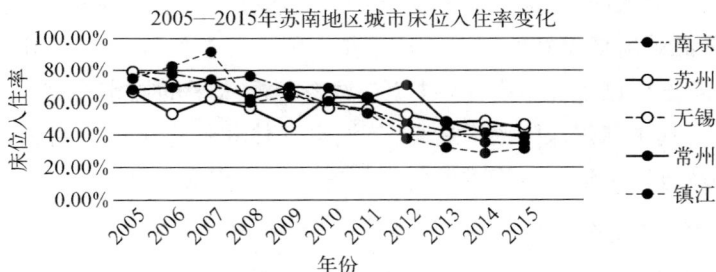

图 6.10　2005—2015 年苏南地区城市床位入住率变化情况
数据来源:南京、苏州、无锡、常州、镇江统计年鉴。

(三)苏南地区床位空置率高的原因分析

不同于公共养老服务资源中的养老护理员培训和基本养老服务补贴项目,养老床位作为固定资产缺乏流动性,该资源一旦存在供需失衡、配置错

---

①　数据由中商产业研究、智研咨询整理获得。

②　由《江苏统计年鉴》数据计算所得。

③　图表数据来源于江苏省各市统计年鉴。

位问题,很难在短期内实现调整。因此,针对目前苏南地区养老床位入住率偏低现象进行原因分析,理清相关可控影响因素。

1. 家庭养老观念束缚

受中国传统观念影响,很多老年人还是不愿意接受机构养老,甚至十分抗拒。一方面是出于自身对于亲情的需求,希望儿孙绕膝,享受天伦之乐,而入住养老院让老年人感觉自身被家庭抛弃,心理上难以接受;另一方面是出于为子女考虑,不希望子女承担自己住院费用,增加子女赡养的经济负担。因此,很多老年人把入住养老机构作为是一种迫不得已的选择。潘金洪(2000)对江苏省城乡 1 011 位居民的抽样调查显示,处于 40~59 岁年龄段的潜在老年人较 60 岁以上老人想要居家养老的占比低 6.97%,愿意接受社会养老的老人明显增多。由此可见,传统养老观念是造成机构养老床位入住率低的原因之一。

2. 老年人收入水平限制

老年人的收入水平差距是造成目前床位空置率高和"一床难求"局面并存的直接原因。首先,对于那些拥有退休工资、经济状况较好或者子女经济能力较强的老年人来说,承担每月千元以上的住院费用问题不大,甚至有很多老年人看中某些养老机构提供的心理慰藉、休闲娱乐和医疗护理服务,并不在意住院费用,只求住得舒心。而对于一般老年人而言,特别是那些低收入甚至没有收入的"三无"和"五保"老人,虽然有强烈的入住需求,但其收入来源仅依靠政府低保补贴根本无法承担一般的养老机构入住费用。苏南地区 2014 年五个城市在全省保障标准、城乡分配水平的城市排名上,依次位于前五位,其中苏州保障水平最高,其城乡一体化低保标准为每人每月 700元,但仍然难以保障经济困难老年人的迫切入住需求。

3. 资源配置不合理

养老服务资源的配置不合理主要表现为政府财政支出政策向养老服务硬件设施倾斜,注重养老床位设施建设,机构服务质量落后。普遍而言,极少有老年人因为住宿服务而接受机构养老,老年人入住养老机构一方面是能和同龄老人聊天,排解孤独情绪,一方面是希望享受机构提供的医疗、护理和康复服务。但是,就目前而言,江苏省整体在养老服务质量上的建设不容乐观。据统计,截至 2015 年,江苏全省的养老护理员总数仅为 3.09 万人,根本达不到每 3 个床位配备一名养老护理员的标准①。因此,对于那些健康状况较好,自理能力较强的老年人而言,并不愿意入住养老机构,而高

---

① 数据来源于《江苏省 2015 老年人口信息和老龄事业发展状况报告》。

龄老人随着年龄增长,自理能力下降,健康状况较差,需要机构护理人员提供专业化的护理服务。但如果养老机构缺乏专业护理人员,只能提供简单看护,很多高龄老人更愿意选择在医院接受治疗。

4. 补贴政策不合理

政府对公办养老机构进行建设补贴和运营补贴的初衷是要让因家庭、经济条件等原因没有能力居家养老的失能和半失能老人获得价格实惠的机构养老服务。但由此造成公办养老机构过低的收费标准,挤占了民办养老机构的生存空间,导致很多民办养老机构只能不断压缩运营成本,造成运营的恶性循环。此外,政府对养老机构的补贴本该是由弱势老年群体享受,但实际上公办养老机构的低价优质服务加剧了老年人对于公办养老服务资源的竞争,最后入住公办养老机构的反而是那些经济社会条件较好的老年人,而本该是由政府兜底保障的弱势老人群体由于支付能力不足住不起民办养老机构,床位大量空置,由此造成公共养老服务资源配置失衡。

(四) 床位空置率影响因素实证分析

基于上述苏南地区乃至江苏全省普遍存在的养老床位供需失衡现状,本节以苏南地区各市数据为基础,选取相应指标进行养老床位入住率影响因素分析,并结合实证结果针对性地提出改善床位空置现象的建议。

1. 数据来源

本节实证部分采用 2005—2015 年苏南地区五个城市的面板数据进行分析,数据来源于各市级历年统计年鉴,同时参考各市历年《国民经济和社会发展统计公报》以及 2008—2015 年《江苏省老年人口信息和老龄事业发展状况报告》。由于各市年鉴存在统计口径差异,本节对数据进行初步处理,文中所涉及的人均统计量均按照国家统计局规定的更为合理的常住人口核算,并非年鉴原始数据。此外,南京市 2005 年养老机构工作人员数据缺失。最后,本节采用 Stata 13.0 软件。

2. 指标选取

本节通过对养老服务相关政策梳理,结合养老服务的历史发展和现状,选取养老床位入住率作为目前公共养老服务资源利用率衡量指标。我国养老服整体起步晚,发展慢。1994 年全国老龄委等机构联合发布《中国老龄工作七年发展纲要(1994—2000)》将养老服务发展的总体原则确立为"保基本、广覆盖、可持续",才开始使得养老服务对象的目标群体从"三无""五保"以及特殊老年群体向一般老年人扩展,也因此政府部门在公共养老服务发展中的起点相对较低,政府对于养老服务的支持基本是通过设立和兴建老年福利机构的方式以收养老年人来实现,正是这种长期以来主要针对特殊老年群体的补缺型社会福利引导理念,形成了包括城镇敬老院供养、农村分散供养和集中供养的"五保"等制度设置,较少涉及老年群体情感需求服务。并且一直以来,政府把养老政策重点放在兴建养老项目上,而对养老设施的运营和服务提供过程则较少关注,政府部门有关养老服务体系建设的政策和相关规划多数直接以养老床位、养老服务设施建设为发展目标和任务或是真正能够细化落实的硬性指标。

目前政府在公共养老服务领域投资支出项目主要包括养老床位、养老服务设施①、养老护理员培训以及基本养老服务补贴四项,而前两项养老服务硬件设施投资涵盖了大部分养老服务资源。据《江苏省 2015 年社会养老服务体系建设项目绩效评价报告》显示,江苏全省机构养老扶持和社区居家扶持两项占全部养老服务专项资金支出的 72.07%,包括在其他类中的护理员培训、老年人服务补贴、困难老年基本服务补贴等多项之和仅为 26.40%,常州、无锡和苏州前两项资金支出占比分别高达 75.56%、73.74% 和 66.53%②。机构养老服务建设大多直接以养老床位数为建设指标,优先给予用地保障,而社区居家服务建设同样与养老床位数相挂钩,合理安排用地需求,划定建设用地规模。

由此可见,养老服务床位使用情况在一定程度上能够反映出养老服务资源利用现状,虽然从该指标本身来看就是目前养老资源配置问题的缩影,但正是希望通过对该指标的研究,能够对政府已投资建设完成的养老资源进行优化,提高其利用率。随着日后养老服务体系建设发展日益完善,公共养老服务资源利用率衡量指标也必然会更加多样化,但就目前政策定位和发展现状来看,以床位入住率作为现有养老资源利用率衡量指标有其合理性。

3. 变量定义

1) 被解释变量

选取 5 个城市 11 年的养老床位入住率为被解释变量,养老床位建设作为各地养老服务体系建设的重要目标,也是最为重要的养老资源之一,目前发展存在结构供需失衡问题,将该变量作为现有公共养老服务资源利用率的衡量指标,有其合理性和经济意义。

---

① 养老服务设施主要是指专门为老年人提供生活照料、康复护理、托管等服务的房屋和场地设施,主要强调社区和居家养老服务设施两类。

② 根据《江苏省 2015 年社会养老服务体系建设项目绩效评价报告》基础数据计算所得。

2）解释变量

老龄化程度反映经济体中老年人口占总人口比重。随着老年人口不断增加，中国"四二一"家庭结构中的年轻夫妇需要承受四名老年人的抚养负担，同时要对子女悉心教育和培养，很难再有精力照顾老人，让老年人入住养老机构也就成为家庭养老功能弱化情形下的较好选择。

人均 GDP 和人均消费支出通常反映居民收入水平，杨玉萍（2014）利用中国家庭追踪调查数据（CFPS）和分位数回归法研究健康和收入的关系，顾和军等（2011）也利用"影响老年人年龄的因素"数据重点测算了收入、婚姻状况、居住安排等因素对健康不平等的贡献，得出一致结论，收入水平越高，健康状况越好。

婚姻状况会影响个人经济状况，离婚、配偶的丧失通常导致其经济状况恶化。

政府投资举办的养老机构应该以保障弱势老年群体的养老需求为主，根据《江苏省养老服务条例》第 31 条，最低生活保障家庭、最低生活保障边缘家庭中的失能、失智、高龄、独居、重度残疾的老年人和计划生育特殊家庭、优抚对象、劳动模范等老年人，申请入住政府投资举办的养老机构的，应当优先收住。因此，纳入政府保障对象范围的人数也该是床位入住率影响因素之一。

工作人员数是指在养老机构工作的人数，并不是养老护理员人数，并不能反映养老机构医疗、护理等服务质量高低。机构工作人员包括少数卫生技术人员，只从事简单的卫生清洁工作，因此只能作为养老机构住宿环境的衡量指标。

表 6.59　变量定义表

变量类型	变量名称	变量符号	变量定义
被解释变量	床位入住率	BOR	养老资源利用率衡量指标，年末收养人数/养老机构床位数
	城镇化率	UR	衡量经济发展水平，城镇人口/常住人口数
	老龄化程度	DA	衡量城市老龄化进程，60 周岁以上老年人口比重
	人均 GDP	ln PGDP	衡量经济发展和健康状况，取人均 GDP 的对数
解释变量	人口密度	ln DP	人口密度值，取对数
	低保	ln DLA	衡量政府保障力度，取纳入低保范围内保障对象的对数
	人均可支配收入	ln PCDI	衡量居民支付能力，取对数
	人均消费支出	ln PCCE	衡量消费能力，取对数
	净离婚率	DR	计算方法为结婚率－离婚率
	工作人数	W	作为住宿环境的衡量指标

4. 模型设定

为分析苏南地区养老床位入住率影响因素,本节设定模型如下:

$$BOR_{i,t} = \beta_0 + \beta_1 UR_{i,t} + \beta_2 DA_{i,t} + \beta_3 \ln PGDP_{i,t} + \beta_4 \ln DP_{i,t} +$$
$$\beta_5 \ln DLA_{i,t} + \beta_6 \ln PCDI_{i,t} + \beta_7 \ln PCCE_{i,t} + \beta_8 DR_{i,t} +$$
$$\beta_9 W_{i,t} + \gamma_{i,t} \qquad (6.19)$$

(五)床位入住率影响因素实证结果分析

1. 描述性统计分析

表 6.60 为本节对所有变量的描述性统计分析。由表 6.60 可以看出,苏南地区养老床位入住率平均值为 0.578,入住率最高时为 0.916,最低时仅为 0.286,说明养老床位入住率变化比较明显。此外,通过上文分析可知,南京等五个城市入住率随时间下降趋势比较明显,未来苏南地区养老床位资源利用情况可能不容乐观。从城镇化率、人口密度、人均 GDP、人均可支配收入等变量来看,其最大值和最小值差距不大,说明以各个城市为代表的经济体较为相似,城市间存在的差异并不明显,该研究对于其他相似经济体的发展也有一定借鉴意义。

表 6.60　所有变量描述性统计分析

变量名	样本数量	均　值	标准差	最小值	最大值
床位入住率	55	0.577 7	0.148 739 4	0.285 533	0.916 438 3
城镇化率	55	0.690 4	0.065 567 8	0.589	0.814
老龄化程度	55	0.193	0.029 435 9	0.143 3	0.248 8
人均 GDP	55	11.191	0.419 216	10.302 56	11.824 99
人口密度	55	6.834 5	0.217 499 8	6.545 35	7.249 215
低保	55	11.065 7	0.433 221 7	10.447 64	11.894 1
人均可支配收入	55	11.488 8	1.791 456	9.465 7	14.653 14
人均消费支出	55	10.943 3	1.639 898	9.120 12	13.895 17
净离婚率	55	1.195 8	0.067 858 5	0.082 407	0.463 262 4
工作人数	55	2 014.37	1 216.867	307	4 837

2. 相关性分析

本节对模型中的所有变量进行了 Pearson 相关性分析。结果如表 6.61所示,其中,人均 GDP 与养老床位入住率在 1‰ 的水平上显著负相关,初步表明经济发展水平越高,养老机构床位入住率越低;而低保人数与养老床位入住率在5%的显著性水平上正相关,初步表明政府保障人数增加,老年人入住养老机构的支付能力获得一定保障,床位入住率上升;此外,净离婚率与床位入住率在1%的水平上显著负相关,说明离婚率越高,养老机构床位入住率越低。但表中相关系数显示,人均消费支出和人均可支配收入之间的相关系数高达0.999 4,系数大于0.5,说明可能存在多重共线性问题,需进行共线性检验。

表6.61　各变量间相关性分析

	床位入住率	城镇化率	老龄化程度	人均GDP	人口密度	低保	人均可支配收入	人均消费支出	净离婚率	工作人数
床位入住率	1									
城镇化率	−0.351 0*** (−0.008 6)	1								
老龄化程度	−0.736 7*** 0	0.186 8 (−0.172 1)	1							
人均GDP	−0.808 4*** 0	0.467 6*** (−0.000 3)	0.877 5*** 0	1						
人口密度	−0.459 0*** (−0.000 4)	0.735 7*** 0	0.499 9*** −0.000 1	0.641 4*** 0	1					
低保	0.284 6** −0.035 2	0.552 7*** 0	−0.585 5*** 0	−0.251 4* −0.064 1	0.087 6 −0.524 8	1				
人均可支配收入	−0.201 0.141 2	−0.564 5*** 0	0.331 8** 0.013 3	−0.001 8 0.937 7	−0.305 1** 0.023 5	−0.643 2*** 0	1			
人均消费支出	−0.199 6 −0.143 9	−0.564 1*** 0	0.327 8** −0.014 6	−0.001 65 −0.904 8	−0.303 5** −0.024 3	−0.639 6*** 0	0.999 4*** 0	1		
净离婚率	−0.501 0*** −0.000 1	0.718 7*** 0	0.155 2 −0.257 8	0.414 4*** −0.001 7	0.533 5*** 0	0.414 0 −0.001 7	−0.177 1 −0.195 8	−0.177 −0.196 2	1	
工作人数	−0.407 6*** −0.002 2	0.808 8*** 0	0.410 9*** −0.002	0.658 0*** 0	0.746 6*** 0	0.265 4* −0.052 4	−0.610 8*** 0	−0.608 5*** 0	0.465 6*** −0.000 4	1

3. 回归分析

本节首先进行最小二乘回归,发现该回归结果具有统计学意义,F值为17.06,模型的拟合优度为77.72%,调整的R平方为73.17%,说明纳入变量对床位入住率的影响力为77.72%。模型通过了Wald检验、BP检验以及序列相关检验。此外,对模型存在的异方差和多重共线性问题进行检验,发现固定效应模型存在明显的异方差现象,其卡方值为72.20,p值=0.000 0,拒绝模型无异方差原假设,需要在面板回归中考虑到异方差处理。通过对最小二乘回归进行共线性检验,发现人均可支配收入和人均消费支出两个变量的VIF值明显高于10,说明二者存在明显的共线性关系,符合上文相关性分析得出的初步结论。因此,本节将人均可支配收入变量剔除。本节最

终回归模型如下:

$$BOR_{i,t} = \beta_0 + \beta_1 UR_{i,t} + \beta_2 DA_{i,t} + \beta_3 \ln PGDP_{i,t} + \beta_4 \ln DP_{i,t} +$$
$$\beta_5 \ln DLA_{i,t} + \beta_6 \ln PCDI_{i,t} + \beta_7 DR_{i,t} + \beta_8 W_{i,t} + \gamma_{i,t}$$

$$(6.20)$$

通过上述多项检验,本节最终采用面板 GLS 回归进行方程拟合。回归结果如表 6.62 所示。

表 6.62　广义最小二乘法 GLS 回归

变量代码	回归系数	标准差	z 值
城镇化率	−0.604 8	0.395 5	−1.53
老龄化程度	1.839 4*	1.068 7	1.72
人均 GDP	−0.317 2***	0.061	−5.2
人口密度	0.071 7	0.076	0.94
低保	0.105 6**	0.052 2	2.02
人均消费支出	−0.029 0***	0.011	−2.63
净离婚率	−0.472 3***	0.172 8	−2.73
工作人数	−3.59E−06	0.000 018 2	−0.2
_cons	2.949 6	0.952 4	3.1

表 6.62 提供了各解释变量对养老床位入住率的广义最小二乘回归结果,由结果可以看出:人口老龄化程度与床位入住率的相关系数在 10% 的显著性水平上为正。说明在目前老龄化趋势不断加剧情况下,政府要求增加养老床位以应对老龄化进程的发展规划有其合理性。

(六) 结论与政策建议

1. 结论

(1) 人均 GDP 和人均消费支出两个变量均能反映地区经济发展状况,以及居民收入、消费等生活水平高低。结果显示两个变量与床位入住率的相关系数均为负,且在 1% 的水平上显著。说明一地区经济发展水平越高,养老床位入住率越低。如上文在苏南地区床位空置率偏高的原因分析中所言,经济发展水平越高,居民收入越多,从而居民健康状况越好。也因此,收入较高的老年人拥有较好的健康状况,有较强的生活自理能力,养老机构提供的一般性看护,以及医疗、护理等服务对其吸引力并不大。此外,生活水平高的老年人社会交往范围较大,通常会培养一两项兴趣爱好来度过空闲时间,也就不需要通过心理慰藉等服务来排解自身孤独情绪。总体而言,经济发达地区老年人对于养老机构床位的入住需求偏低。

(2) 低保人数与床位入住率的相关系数在 5% 的显著性水平上为正,说明纳入政府低保对象的人数越多,床位入住率越高。这也反映了造成目前苏南地区床位入住率偏低,空置率过高的原因之一是老年人收入水平限制。低收入老年人对于养老机构还是存在较大的潜在入住需求,但是收入过低难以形成有效需求,一旦纳入政府保障范围人数增加,床位入住率也会明显上升。

(3) 净离婚率与养老床位入住率的相关系数为负,且在 1% 的水平上显著,说明离婚率越高,床位入住率越低。造成这种结果可能的原因是:离婚会导致老年人收入下降,并且收入来源变为包括家人、亲戚、朋友等成员在内的社会支持,其中社会支持同时包括情感支持和实际支持。陶璐(2011)对南京市城市老年人养老方式的研究表明,离婚会导致社会支持增加。对子女而言,出于老人的孤独情绪和独住发生意外的风险,也通常会增加对老年人的照料,有时也会选择让老人与自己同住。

2. 政策建议

根据上述苏南地区养老床位入住率影响因素分析,为提高苏南城市养老床位资源利用率,改善整体养老服务资源使用情况,促进养老服务体系建设,我们提出如下针对性建议:

(1) 调整公共养老服务财政支出投向,注重均衡发展。

床位入住率指标的构建一方面有其衡量公共养老服务资源利用率的合理性,一方面反映出目前养老服务体系建设支出失衡现状,苏南城市普遍将养老服务资源的七成左右用于硬件设施建设,造成医疗、护理、康复等软服务发展相对落后。苏南地区步入老龄化时间较早,养老服务建设时间也相对较长,总体上养老服务体系建设比较完善。虽然床位数建设与省发展指标还存在差距,但苏南城市的床位入住率却在逐年下降,利用率只有四成左右。因此,就省政府的财政支出投向,可以考虑适当向苏中、苏北地区倾斜,对苏南地区的投入也应当以养老护理员培训和基本养老服务补贴支出为重点,不应以床位建设指标为依据,盲目兴建床位设施,造成大量空置资源。同时,在居家养老服务发展较好的区域,也可以适当减少机构养老建设支出。

(2) 减少养老机构运营补贴,加强需方补贴,提高有效需求。

目前公共养老服务资源配置存在供需失衡现象,很大程度上是由于政府对公办养老机构进行建设和运营补贴造成。何文炯等(2008)对公办养老机构的调查发现,现行政府对床位供给方进行补贴的制度在实行过程中易造成公办和民办养老机构错位现象,导致社会上真正有迫切养老机构入住需求的老年人无法入住。这违背了政府部门对公办养老机构实行补贴制度的初衷,政府部门可考虑将对养老床位供给方补贴转变为需方补贴,按照养老机构老年人入住数量给予相应优惠和支持。此外,目前政府部门根据新建床位数进行的建设补贴会刺激养老床位数的大量增加,虽然在养老床位总量供不应求情况下,增加床位数以应对加速的老龄化趋势有其合理性,但如果新增床位一直空置,或者入住率过低,会造成养老资源的浪费,也不利于地区整体养老服务发展。

(3)转变家庭养老观念,提高对机构养老认识。

随着老龄化进程加快、程度加深,普遍而言,年轻子女一面要忙于工作、学习,养育下一代,一面需要承担四名老年人的赡养负担,承受较大压力。此外,由于存在代际差异,老人和子女一起生活容易造成代际冲突,老年人的生活照料问题也常常是夫妻间引发争吵的根源。公共养老服务的发展一方面可以减轻子女照料老人的生活负担,一方面可以带动养老服务产业的发展,增加就业岗位,促进经济增长。目前许多老年人出于心理因素十分抗拒养老院,认为离开子女和家庭会产生被抛弃的感觉。但孙颖心等(2007)对大连城区的居家养老者和机构养老人员所做的调查问卷显示,两类养老方式下的老年人心理健康状况并无显著差异。因此,未来政府可以加强机构养老模式的宣传,加强养老机构的管理,不断完善机构设施建设,关注老年人的精神文化生活。

(4)提高服务质量,推行医养结合。

养老机构真正对老年人入住具有吸引力的是其所能提供的专业护理康复服务,以及具备的专业养老护理人员;机构硬件设施条件对老年人的入住选择并无显著影响。所以对于一些医疗护理服务等"软实力"不强的养老机构,很多老年人宁愿选择出钱请保姆、看护上门服务,而健康状况较差的老年人甚至选择在医院长住也不愿入住养老机构。因此,就养老床位建设资源大量空置的情况,政府需要加强专业护理人员培训,提高老年人对养老机构的入住欲望。但是,目前而言,苏南地区乃至江苏全省拥有的养老护理员人数远不能满足养老需求,并且要求护理人员短期内大量增加也存在较大难度。政府部门可考虑推行医养结合,解决养老机构医护人员不足的现状,而"医养结合"政策也是十九大提出构建养老、孝老、敬老政策体系和社会环境,以积极应对人口老龄化的方式之一。

（5）逐步提高低保标准，加强"五保"和"三无"人员供养。

造成目前苏南地区养老床位空置率高的原因并非是老年人并不存在养老机构入住需求，而是受到收入水平限制，无法形成有效需求。党的十九大报告也提出统筹城乡社会救助体系，完善最低生活保障制度，保障低收入群体。政府增加对低收入甚至无收入老年人的供养，能够有效改善老年人生活状况，提高其入住养老机构的支付能力，充分利用起现有养老床位资源。因此，政府部门在未来养老服务建设资金支出上，可适当提高对老年人的基本服务补贴和对"五保""三无"老人的供养。

第七章 我国地方公共养老保障体系发展对策研究

7.1 地方基本公共服务发展不均①

7.1.1 背景

自 2006 年 3 月《中华人民共和国国民经济和社会发展第十一个五年规划纲要》首次明确提出基本公共服务均等化以来,党的十六届六中全会中"完善公共财政制度,逐步实现基本公共服务均等化",党的十七次代表大会:"缩小区域发展差距,必须注重实现基本公共服务均等化"以及"围绕推进基本公共服务均等化和主功能区建设,完善公共财政体系",党的十八大报告中"进一步强化政府公共服务职能,加快建立基本公共服务体系,至2020 年实现基本公共服务均等化的总体目标"等要求相继提出,将基本公共服务均等化建设作为我国经济社会发展目标之一,明确后期基本公共服务均等化发展方向和任务。不可否认,通过各级政府的努力建设,我国基本公共服务均等化发展取得了一定成就,但不可忽视的是,目前基本公共服务均等化发展现状距离均等化目标的达成还存在较大差距,发展过程中存在的非均衡问题也比较严峻。而 1994 年分税制改革后形成的中央与地方财权事权支出责任划分格局很大程度上加剧了我国基本公共服务的非均衡,面对新一轮财税体制改革,以此为契机加快现代财政制度建立,借中央与地方财权事权划分改革促进基本公共服务均等化实现,达成国务院《"十三五"推进基本公共服务均等化规划》目标,响应十九大报告中提出的"城乡区域

---

① 裴育,史梦昱.加快建立现代财政制度 促进基本公共服务均等化[J].财政监督,2018(03):10-16.

发展差距和居民生活水平差距显著缩小,基本公共服务均等化基本实现,全体人民共同富裕迈出坚实步伐"建成社会主义现代化强国第一步目标的发展要求。

7.1.2　基本公共服务均等化现状

政府作为公认的基本公共服务最佳提供主体,承担我国基本公共服务项目资金支出。随着我国经济快速发展,政府财政收入总量不断增长,基本公共服务投入水平随之上升,公共服务供给体系处于不断完善过程。但是,就目前而言,我国基本公共服务供给在全国区域以及城乡分布上还存在比较严重的非均衡问题。

(一) 全国区域基本公共服务发展不均衡

我国的基本公共服务领域主要包含国防、外交、社会保险、公共安全、教育以及医疗卫生等方面,国防外交等涉及全国范围的纯公共物品由中央政府提供,而如教育、市政建设等地区性、由地区供给方受益的准公共物品则由地方政府提供。表 7.1 反映了 2016 年全国 31 个省区市在教育、医疗卫生、社会保障和就业领域的财政支出情况,以及由此显示的各地区之间的均等化现状。

表 7.1　2016 年各地区基本公共服务财政支出情况表

单位:亿元

地　区	教　育		医疗卫生		社会保障和就业	
	总支出数	人均数(万元)	总支出数	人均数(万元)	总支出数	人均数(万元)
北京	887.37	0.408 4	397.95	0.183 1	716.2	0.329 6
天津	502.49	0.321 7	203.23	0.130 1	377.92	0.241 9
河北	1 134.9	0.151 9	547.86	0.073 3	839.27	0.112 4
山西	606.97	0.164 8	300.86	0.081 7	542.28	0.147 3
内蒙古	554.97	0.220 2	284.63	0.112 9	642.54	0.255 0
辽宁	633.96	0.144 8	307.31	0.070 2	1 145.49	0.261 6
吉林	499.7	0.182 8	273.62	0.100 1	497.59	0.182 1
黑龙江	558.87	0.147 1	280.56	0.073 9	732.41	0.192 8
上海	840.97	0.347 5	383.1	0.158 3	988.81	0.408 6
江苏	1 842.94	0.230 4	712.77	0.089 1	897.93	0.112 3
浙江	1 300.03	0.232 6	542.44	0.097 0	631.19	0.112 9

地　区	教　育		医疗卫生		社会保障和就业	
	总支出数	人均数(万元)	总支出数	人均数(万元)	总支出数	人均数(万元)
安徽	910.87	0.147 0	480.12	0.077 5	761.59	0.122 9
福建	789.11	0.203 7	377.58	0.097 5	348.99	0.090 1
江西	848.88	0.184 9	438.72	0.095 5	582.23	0.126 8
山东	1 825.99	0.183 6	790.19	0.079 4	992.66	0.099 8
河南	1 343.76	0.141 0	778.01	0.081 6	1 067.4	0.112 0
湖北	1 047.37	0.178 0	588.9	0.100 1	978.82	0.166 3
湖南	1 032.37	0.151 3	546.27	0.080 1	874.41	0.128 2
广东	2 318.47	0.210 8	1 121.83	0.102 0	1 146.31	0.104 2
广西	854.55	0.176 6	468.18	0.096 8	538.95	0.111 4
海南	214.24	0.233 6	114.17	0.124 5	184.01	0.200 7
重庆	575.18	0.188 7	331.18	0.108 7	640.55	0.210 2
四川	1 301.85	0.157 6	772.24	0.093 5	1 320.17	0.159 8
贵州	843.54	0.237 3	392.51	0.110 4	367.23	0.103 3
云南	871.14	0.182 6	466.98	0.097 9	692.38	0.145 1
西藏	169.64	0.512 5	69.97	0.211 4	208.47	0.629 8
陕西	777.53	0.203 9	381.66	0.100 1	655.48	0.171 9
甘肃	548.95	0.210 3	273.25	0.104 7	464.81	0.178 1
青海	171.36	0.289 0	103.06	0.173 8	196.17	0.330 8
宁夏	152.57	0.226 0	82.03	0.121 5	164.24	0.243 3
新疆	664.52	0.277 1	256.43	0.106 9	504.37	0.210 3

数据来源：中国国家统计局网站。

　　由上表可知，各地方政府在不同公共服务项目上的总财政投入和人均水平存在较大差距。就三类基本公共服务项目来看，教育投入的地区差距最为明显。教育投入总量和人均水平反映出与地区经济发展水平存在较为明显的线性关系，人均财政投入水平最高的北京(除西藏外)为 0.408 4 万元，是人均财政投入水平最低省份河南的 2.90 倍(河南人均财政投入水平为 0.141 0 万元)，差距较大；而有些地区，如西藏、新疆等西部省份，由于国家转移支付等扶持政策的倾斜，即使自身经济发展水平相对落后，还是保持较高的人均水平，高于一般中部地区省份，甚至超过部分东南沿海地区，如西藏教育人均财政投入于 2016 年已高达 0.512 5 万元，为全国最高；但是考虑到不同地区之间存在的人均教育成本差距,东部地区还是在绝对水平上占有一定优势。医疗卫生虽然在投入总量上存在差距,但人均财政投入水平比教育投入反映出的差距相对较小,基本处于 0.1~0.2 万元范围。社会保障和就业的地区投入差距也较为明显,同样,除去像西藏、青海等国家政策扶持力度较大地区(西藏最高,为 0.629 8 万元;青海为 0.330 8 万元)外,上海、北京分别以人均财政投入水平为 0.408 6 万元和 0.329 6 万元,依次位于前两名,其值明显高于 0.1~0.2 万元的普遍均值水平,说明经济发展水平对基本公共服务均等化推进还是存在较大影响。总体而言,区域间基本公共服务均等化水平还有待于进一步提高,在注重质和量提升的同时不能忽视区域间公共服务使用的成本差距。

(二) 城乡基本公共服务非均等化现象

我国城乡之间基本公共服务存在的差距也不容忽视。首先是基础教育上的差距,根据《2016 年全国教育经费执行情况统计公告》与 2011 年相关统计数据对比,2016 年全国普通小学生人均公共财政预算教育事业费支出为 9 557.89 元,而农村普通小学生人均公共财政预算教育事业费支出为 9 246.00 元;2011 年全国普通小学生人均公共财政预算教育事业费支出为 4 966.04 元,而农村普通小学生人均公共财政预算教育事业费支出为 4 764.65 元;从量上看增长近一倍,发展较快,但是农村生均水平与全国水平的差距从 2011 年的 201.39 元扩大到 2016 年的 311.89 元,差距拉大;同样,2016 年全国普通小学生人均公共财政预算公用经费支出为 2 610.80 元,而农村普通小学生人均公共财政预算公用经费支出为 2 402.18 元;2011 年全国普通小学生人均公共财政预算公用经费支出为 1 366.41 元,而农村普通小学生人均公共财政预算公用经费支出为 1 282.91 元,但农村与全国水平差距从 2011 年的 83.5 元变成 208.62 元,差距拉大了近 2.50 倍;此外,相对于小学义务教育而言,普通初中教育上农村与全国水平的差距更为明显。2016 年全国普通初中学生人均公共财政预算教育事业费支出为 13 415.99 元,而农村普通初中人均公共财政预算教育事业费支出为 12 477.35 元,2011 年全国普通初中学生人均公共财政预算教育事业费支出为 6 541.86 元,而农村普通初中人均公共财政预算教育事业费支出为 6 207.10 元,农村与全国水平差距从 334.76 元扩大为 938.64 元,翻了近三倍;同样,2016 年全国普通初中学生人均公共财政预算公用经费支出为 3 562.05 元,而农村普通初中人均公共财政预算公用经费支出为 3 257.19 元,2011 年全国普通初中学生人均公共财政预算公用经费支出为 2 044.93

元,而农村普通初中人均公共财政预算公用经费支出为 1 956.66 元,2016 年农村与全国水平差距 304.86 元,是 2011 年 88.27 元差距的 3.45 倍。由此可见,我国城乡基础教育差距比较明显,虽然教育支出总量不断增长,但是城乡差距也在不断扩大,其中,公共财政预算公用经费城乡差距大于公共财政预算教育事业费,普通初中公共财政预算教育事业费、公用经费城乡差距均大于普通小学费用。

其次是社会保障上的城乡差距。我国社会保障起步较晚,发展也相对缓慢,社会保障体制在不断探索和完善中,但是社会保障的城乡差距是不可否认的历史问题。2012 年 8 月起,新型农村社会养老保险和城镇居民社会保险制度全覆盖工作全面启动,合并为城乡居民社会养老保险,实行一体化。由此,从 2011 年的中国统计年鉴数据来看,城镇职工参保人数为 28 391.3 万人,基金支出为 12 763.9 亿元,人均 0.45 万元;而农村新型养老保险参保人数虽有 32 463.5 万人,但基金支出仅为 587.5 亿元,人均 0.066 万元;城镇人均基金支出为农村的 6.82 倍,差距之大可见一斑。

三是医疗卫生服务上存在的城乡差距。2015 年,全国每千人医疗卫生机构床位数为 5.11 张,其中城镇人口为 8.27 张,而农村仅为 3.71 张,低于全国水平,甚至连城镇标准的一半都未达到;就 2015 年每千人卫生技术员标准来看,全国为 5.8 人,农村 3.9 人,城镇 10.2 人,城镇是农村的 2.62 倍。由此可见,虽然近年来政府致力于提升居民的医疗卫生服务水平,也相对注重医疗卫生资源分配,但是卫生资源供给上的城乡配置失衡问题依然需要得到足够重视。

四是城乡就业差距。影响劳动力就业的因素比较复杂,造成城乡就业差距的因素更是不胜枚举。例如,户籍制度限制,农村劳动力在家乡失业后往往选择外出务工,但由于户籍的限制,失业人员在城市获得就业的可能相对较小,与城市劳动力相比,农村人口在就业机会获得上就存在相对劣势。其次,包括对农村劳动力歧视,教育水平差距,公共就业服务体系和网络在农村地区的建设缺失,以及再就业信息的普及问题等,都在一定程度上拉大了城乡就业服务水平的差距。

7.1.3　基本公共服务非均衡化成因

政府需要承担起基本公共服务供给责任是毋庸置疑的,虽然公共服务的生产形式比较多样化,可以由政府自行生产,可以选择社会化以及市场化方式来实现。但公共财政是政府实现基本公共服务提供的主要手段,合理规范的中央与地方财政关系是基本公共服务均等化提供的基础和关键,而公共服务均等化是央地财政关系健康发展的目标之一。造成我国目前基本公共服务非均衡化的原因较多,但由 1994 年分税制改革后形成的央地财政格局能够在一定程度上为这种非均衡局面提供相应解释。

(一)分税制改革影响

目前,我国中央与地方的财政关系基本是由 1994 年分税制改革奠定。虽然新一轮财税体制改革已经开始,但是相对于预算改革、税制改革而言,以央地财政关系为主的财政体制改革推进相对滞后,因而,分税制对央地财政关系,继而对基本公共服务均等化带来的影响较为深远。

1. 经济目标定位

1994 年分税制改革明确提出"提高财政收入在国民生产总值中的比重"和"提高中央财政收入占财政总收入的比重"两个改革目标。在这种改革目标驱动下,中央财政收入大幅提高,地方政府收入随之减少,为实现财政收入总量增长,即使在中央政府强调要求统筹和协调发展情况下,以地方经济总量为财政收入来源的地方政府,也只会将其目标定位于地方经济总量增长上,财政收入总量提高的要求致使中央与地方财政关系避免不了以往以经济总量为导向的怪圈。表 7.2 反映了我国 1994 年到 2016 年财政收入占 GDP 比重的变化,由表可知,在我国经济不断增长情况下,财政收入总量同步增长,其占 GDP 比重也在不断提高,2016 年财政收入占 GDP 比重达 21.45%,将近是 1994 年占比 10.73%的两倍。在这种发展模式下,地方经济整体上的协调发展要求也难以达到,基本公共服务等高投入、微收益甚至无收益项目的实施更是滞后;经济发达地区其自身经济建设能力较强,基本公共服务前期建设基础较好,在实现经济总量增长基础上兼顾基本公共服务发展游刃有余,但是对于那些本身经济发展相对落后地区,要维持经济增长目标已经较为艰难,在此基础上要求发展基本公共服务困难较大,这种发展无疑是拉大了地区间公共服务水平差距。

表 7.2　1994—2016 年国家财政收入占国内生产总值的比重

年　份	财政收入(亿元)	GDP(亿元)	财政收入占 GDP 的比重(%)
1994	5 218.1	48 637.5	10.73
1995	6 242.2	61 339.9	10.18
1996	7 407.99	71 813.6	10.32
1997	8 651.14	79 715	10.85

年　份	财政收入(亿元)	GDP(亿元)	财政收入占GDP的比重(%)
1998	9 875.95	85 195.5	11.59
1999	11 444.08	90 564.4	12.64
2000	13 395.23	100 280.1	13.36
2001	16 386.04	110 863.1	14.78
2002	18 903.64	121 717.4	15.53
2003	21 715.25	137 422	15.8
2004	26 396.47	161 840.2	16.31
2005	31 649.29	187 318.9	16.9
2006	38 760.2	219 438.5	17.66
2007	51 321.78	270 232.3	18.99
2008	61 330.35	319 515.5	19.19
2009	68 518.3	349 081.4	19.63
2010	83 101.51	413 030.3	20.12
2011	103 874.43	489 300.6	21.23
2012	117 253.52	540 367.4	21.7
2013	129 209.64	595 244.4	21.71
2014	140 370.03	643 974	21.8
2015	152 269.23	689 052.1	22.1
2016	159 604.97	744 127.2	21.45

数据来源:国家统计局网站。

2. 中央与省级政府财权事权不匹配

财权和事权支出责任划分是央地财政关系最为核心的问题。1994年分税制改革使得政府财权不断上移、事权支出责任不断下移,造成中央与地方财权事权划分呈现出不均衡、不科学的局面。简而言之,中央政府需要办的事少,但是拥有更多的钱,而省级政府的钱少,却要办更多的事。表7.3显示了2007年到2015年中央与地方基本公共服务财政支出情况,可以看出,在中央政府掌握财权优势的情况下,地方政府承担的事权在不断加重。中央与地方政府在全国基础教育事权支出上的划分比例相对稳定,从2007年到2015年,地方政府承担的教育资金支出占比基本稳定在94%左右,比例较高,但是变化不大,其原因主要在于教育行业存在人才流失问题,地方政府对于教育行业的投资建设激励不足,只能由中央政府承担起一部分固定的教育经费,如九年制义务教育等。但是在医疗卫生服务上,地方政府承担的资金支出占比从 2007 年的 98.28％上升到 2015 年的 99.29％,几乎全部由地方政府承担,造成地方政府承担事权责任过重,特别是那些人口数量较多的省市,医疗卫生服务资金总量庞大,地方政府普遍只能按医疗卫生达线标准提供服务,也因此全国医疗卫生服务人均支出差距不大,但是整体上医疗服务水平也难以提升。最后,在社会保障和就业服务供给方面,地方政府承担的资金支出占比基本上也呈逐年增长趋势,2015 年地方政府承担的社会保障和就业支出是其 2007 年支出总量的 3 倍多,到 2015 年,地方政府承担起全国社会保障和就业资金支出的 96.20％。也因此,该项公共服务提供水平受到不同地区经济发展水平较大的影响,造成上述区域间均等化发展不均衡局面。

表 7.3　2007—2015 年中央与地方基本公共服务财政支出情况表

单位:亿元

| | 教　育 | | | | 医疗卫生 | | | | 社会保障和就业 | | | |
	中央	占比(%)	地方	占比(%)	中央	占比(%)	地方	占比(%)	中央	占比(%)	地方	占比(%)
2007	395.26	5.55	6 727.06	94.45	34.21	1.719	1 955.75	98.28	342.63	6.29	5 104.53	93.71
2008	491.63	5.46	8 518.58	94.54	46.78	1.697	2 710.26	98.3	344.28	5.06	6 460.01	94.94
2009	567.62	5.44	9 869.92	94.56	63.5	1.59	3 930.69	98.41	454.37	5.97	7 152.31	94.03
2010	720.96	5.74	11 829.06	94.26	73.56	1.531	4 730.62	98.47	450.3	4.93	8 680.32	95.07
2011	999.05	6.06	15 498.28	93.94	71.32	1.109	6 358.19	98.89	502.48	4.52	10 606.92	95.48
2012	1 101.46	5.19	20 140.64	94.81	74.29	1.025	7 170.82	98.97	585.67	4.65	11 999.85	95.35
2013	1 106.65	5.03	20 895.11	94.97	76.7	0.926	8 203.2	99.07	640.82	4.42	13 849.72	95.58
2014	1 253.62	5.44	21 788.09	94.56	90.25	0.887	10 086.56	99.11	699.91	4.38	15 268.94	95.62
2015	1 358.17	5.17	24 913.71	94.83	84.51	0.707	11 868.67	99.29	723.07	3.8	18 295.62	96.2

数据来源:中国财政部、中国国家税务总局网站。

3.基层政府负担过重

分税制改革对中央与省级政府之间的财权事权做出了划分,却没有规定省级以下政府的划分标准,造成省级政府普遍沿用中央与自身的财权事权划分格局,因此,在省以下的基层政府也呈现出事权下沉局面,造成基层政府负担过重。以社会保障服务中的农村低保金支出为例,由表 7.4 可以看出,县及其以下政府承担着与省级政府资金支出趋同的比例,2016 年县及其以下政府低保金支出承担比重比省级政府高 5.3％,从 2008 年到 2016 年该级政府承担的年均资金支出水平也比省级政府高出 1.24％,而市级政府负担比重最小。就地方政府而言,财力较强省级政府较多地依赖中央转移支付,却没有承担起更多的资金支出,而财力薄弱的基层县级政府却负担起过重的低保金支出责任。

表 7.4　2008—2016 年各级政府农村低保资金支出

单位:%

年　份	中央(1)	省级(2)	市级(3)	县及其以下政府(4)	(2)—(4)
2008	40	27.6	6.7	25.7	1.9
2009	65.9	13.7	4.5	24.9	—11.2
2010	59.7	17.6	4.2	18.5	—0.9
2011	71.2	13.6	3.2	11.9	1.7
2012	62.5	16.1	4	17.4	—1.3
2013	69	14.4	3.3	13.2	1.2
2014	65.9	15.7	3.4	15	0.7
2015	58.2	20.1	3.7	18.1	2
2016	62.9	14	3.8	19.3	—5.3
平均	61.7	16.98	4.09	18.22	—1.24

数据来源:根据历年《中国民政统计年鉴》整理。

(二) 地方收入体系影响

目前,我国地方收入体系主要由地方税、地方政府性基金收入、债务收入以及中央对地方转移支付等部分构成。地方主体税种的缺失、中央对地方政府不合理的转移支付结构等均造成地方政府财政收入有限,在事权责任明确情况下,地方政府普遍出现财源紧张问题。

1. 财政收入缺乏保障

继我国一系列税种改革后,如 2002 年所得税分享改革、2006 年农业税取消等,地方主要税种营业税也改为增值税,地方政府丧失了主体税种;而由地方政府开征的间接税,如环境保护税,由企业自主申报缴纳,且该税种开征的环保意义大于财政意义,旨在强化地方污染防控积极性;而相比于间接税,直接税改革则更为滞后,如房地产税,目前还只在立法阶段,离真正落实开征还需较长一段时间。此外,这些税种与经济增长的相关性较弱,收入弹性较小,对于地方政府的增收潜力也较小,在财权上移、政府承担事权不断加重情况下,地方政府财政收支愈发紧张。不仅如此,中央政府对地方税种进行改革后,将税权集中在中央,地方政府无独立税收收入,也几乎没有被赋予自主调控税制的权力。虽然《宪法》第 100 条以及《地方组织法》第 7 条均对地方立法权做出了相关规定,但是在实际操作过程中却并未落实到位。《国务院关于实行分税制财政管理体制的决定》中明确规定:"中央税、共享税以及地方税的立法权都要集中在中央"。由此可见,地方政府完全没有能力对自身的税收收入按照其支出的实际需要进行调整，地方政府的财政收入缺乏有效保障。

2. 转移支付结构不合理

转移支付制度是国家为实现区域间财力均衡而实施的一种财政手段，其设立初衷是为了解决中央与地方政府之间存在的纵向财力不均衡问题。但就目前实施的转移支付制度而言，其不甚合理的支付结构反而是加剧了区域间的不均衡状况。我国中央对地方的转移支付包括以一般性转移支付为主的财力性转移支付、专项转移支付、税收返还以及体制补助四种方式。转移支付制度结构的不合理主要体现在拥有更强财力均衡能力的一般性转移支付在整体转移支付中与专项转移支付相比显得比重不足。表 7.5 显示了2008—2015 年中央对地方转移支付各项占比情况，该统计不包含税收返还部分。由表 7.5 可知，从 2008 年到 2010 年，我国一般性转移支付占比低于专项转移支付，但是从 2011 年开始，这两种转移支付占比发生了逆转，专项转移支付占比开始低于一般性转移支付比重，原因在于，财政部将原有的财力性转移支付计入一般性转移支付。例如，2012 财政部颁发的《革命老区转移支付资金管理办法》，将该部分原属于专项转移支付的资金计入一般性转移支付，导致其占比提高。但是，这些资金都是指向性十分明确的支出，是中央政府需推进特定区域或项目发展时，地方政府由于财力有限无法达成目标，中央政府实施的财力支持，并不能成为地方政府整体基本公共服务的有效收入来源。因而，在这种转移支付结构下，虽然从比例上看，一般性转移支付占比有所提高，但是一般性转移支付还是未能发挥其对区域间财力的均衡作用。

表 7.5　2008—2015 年转移支付情况表

单位:亿元

年　　份	财政转移支付	一般性转移支付	专项转移支付	一般性转移支付比重	专项转移支付比重
2008	18 708.6	8 746.21	9 962.39	46.70%	53.30%
2009	23 677.09	11 317.2	12 359.89	47.80%	52.20%
2010	27 347.72	13 235.66	14 112.06	48.40%	51.60%
2011	34 881.33	18 311.34	16 569.99	52.50%	47.50%
2012	39 912.45	22 526.19	17 386.26	56.40%	43.60%
2013	43 804.21	24 538.35	19 265.86	56.00%	44.00%
2014	46 787.09	27 217.87	19 569.22	58.20%	41.80%
2015	50 764.71	29 230.37	21 534.34	57.60%	42.40%

数据来源:根据历年《中央对地方税收返还和转移支付决算表》基础数据整理。

此外,由上述分析可知,我国专项转移支付占比较高,该资金作为超出地方政府支出范围、继而由中央政府予以拨款、专款专用的转移支付。一方面,该类资金由于针对性强,并且专款专用要求也使得中央便于对地方政府资金使用的监督和管理,在解决老少边穷地区发展问题上作用明显,成效较快。但是另一方面,也正是由于专项转移支付资金的专款专用管理,使得财政拮据的地方政府只能发展落实那些有政策资金扶持的项目,对于那些更需要发展的地方性基本公共服务,即使在专项资金结余的情况下,也无法挪用,无异于是望梅止渴。2016 年,我国专项转移支付总额达 21 534.34 亿元,如此庞大的资金量,若对于地方政府是一种只能看、不能用的状态,显然无法充分发挥专项转移支付有效促进区域间财力均衡的效用。

(三) 区域间收入水平差异影响

我国地区间经济发展水平差距问题一直以来十分突出,经济发展水平很大程度上决定了地方政府财政收入,从而对地方基本公共服务发展程度产生深远影响。虽然,政府不断出台相关政策想要缩小区域间经济发展水平的先天差距,但政策落实可谓是收效甚微。

1. 地区间原有财力基础影响

财政自给能力是指各级政府在获得上级或同级政府财力支持之前,具有满足本级财政支出的筹集财政收入能力。财政自给能力一般用财政自给率,即本级财政一般预算收入/本级财政一般预算支出值来表示。表 7.6 由31 个省区市分别按照 1994 年财政收入和 2016 年财政自给能力排名后划分的三个区域构成,第一区域是排名位于 1～12 名的省市,13～20 名为第二区域,20 名之后为第三区域。从表 7.6 中的区域分布可以看出,各省市虽然经历了多次的财税、经济体制等改革,但是这 20 多年间,地区间财力分布格局变化不大。以 1994 年财政实力较强,位于第一区域的省市为例,该区域中 12 个省市到 2016 年仍然有 8 个还在该区域,而四川、河北、河南以及湖南也仅是从第一区域退居第二区域。由此可见,2016 年各省财政自给能力基本上是由 1994 年的财政实力归属所确定,一定程度上反映出我国以往的财税体制改革维持固有利益,仅对财政增量调整,从而导致地方政府财政自己能力格局相对稳定的弊端。

表 7.6　1994 年各省财政收入和 2016 年财政自给能力归属比较

项　目	第一区域	第二区域	第三区域
1994 年财政收入	广东、上海、辽宁、江苏、山东、北京、四川、河北、浙江、河南、福建、湖南	黑龙江、湖北、云南、广西、安徽、山西、吉林、江西	天津、陕西、重庆、内蒙古、贵州、甘肃、新强、海南、宁夏、青海、西藏
2016 年财政自给能力	上海、江苏、北京、广东、浙江、天津、山东、福建、重庆、安徽、湖北、辽宁	河北、江西、海南、山西、内蒙古、湖南、四川、河南	陕西、贵州、云南、吉林、广西、新疆、宁夏、黑龙江、甘肃、青海、西藏

数据来源：根据历年《中国财政年鉴》整理。

2. 财税改革效应

地区经济水平高低对一地区发展的影响是方方面面的，不仅决定地方的财政自给能力，甚至在面临同一项财税体制改革时都会表现出不同的反应。以"营改增"为例，经济落后地区与经济发达地区相比，其第一、第二产业占比较高，第三产业占比较小；"营改增"将部分服务业划入增值税纳税范畴，从短期来看，经济发达地区税收规模受改革影响较大。但是，同样面临地方财政收入下降，经济落后地区的承受能力明显要低于发达地区。此外，发达地区经济发展后劲足，服务业等发展迅速，地方税收分享规模也会随之增长，财政收入上行空间大于欠发达地区，这无形间又拉大了地区间的发展差距。

（四）地方政府行为偏好影响

无论是财政收入增长、居民生活水平提高，还是基本公共服务供给能力的提升都是建立在经济增长的基础上。同样，中央政府对地方政府绩效考核的各项指标也都最终依托和集中于地方经济发展水平，从而导致地方官员普遍以经济总量增长为目标，追求短期经济效益高的发展项目，以期获得中央政府的认可，实现职位晋升。但是，这种地方官员的晋升激励在发达地区和欠发达地区的表现又有所不同。经济发达地区的经济基础好、经济发展的规范性较欠发达地区强，更容易获得来自中央政府的认可，这就致使有些经济落后地区的官员愈发重视经济项目支出，忽视社会公共服务提供，频频出现"大城建"和"穷学校"并存局面。因此，与经济发达地区注重经济发展的可持续性相比，反而是欠发达地区表现出更强的短期经济利益目标倾向，政府行为短期性明显。这种地方政府支出偏好的扭曲必然会导致社会基本服务供给不足。

7.1.4 政策建议

基本公共服务非均衡化会加剧我国经济发展的不均衡,也不符合全面建成社会主义现代化强国的发展要求,为实现基本公共服务均等化,从中央与地方的财政关系入手,针对上述造成公共服务非均衡化现状的影响因素,提出如下加快财政体制改革相关建议。

(一) 合理划分中央与地方的财权事权

地方政府特别是基层政府由于靠近基层群众,更了解服务需方的要求,比中央政府作为供给主体更具优势。但地方政府对于那些"外溢性"较强的公共服务,如教育等,供给激励往往不足,需要中央政府承担起事权支出责任。此外,地方官员出于晋升激励,即使在地方财力充沛的情况下,也往往更倾向于短期经济项目支出,一旦对于政府支出责任规定不明确,容易造成基本公共服务供给市场的扭曲。例如,"十三五"基本公共服务清单只笼统表述为由地方政府负责,未涉及各级政府事权划分的细则问题,在实践中缺乏可操作性。因此,中央与地方政府财权事权的明确划分就很有必要,细化各级政府所需承担的服务清单,对基层政府在自身财力范围内的事权也做出明确划分,而不仅仅是划分中央与省级政府之间的事权支出责任,防止省级政府也以中央与省级政府事权划分模式为参考,导致事权下沉,造成基层政府负担过重;同时对各级政府事权分担比例建立起相对稳定的动态调整机制,以应对收支突变等情况。最后,对中央与各级地方政府财权事权的合理划分,需要摆脱对原有体制的依赖,不再是沿用以财政收入总量为主,对利益各方进行微调和补充的老路,以财政体制改革为切入点,打破利益固化格局,重新分布各地财力格局。

(二) 稳定地方税源,扩大征税来源

鉴于我国各地方政府间事权支出责任基本相同,而地区间经济发展水平各异的情况,地方财力就成为决定基本公共服务供给的决定因素。地方财政收入来源的稳定,以及地方筹集资金能力的提高,为实现基本公共服务"底线公平"奠定基础。地方政府财政收入的保障可以从以下方面入手:首先,适度扩大地方政府的税收立法权,避免在全国经济发展水平各异情况下,实行税制"一刀切"局面,赋予地方政府可以根据税源情况确定税收要素分配的权利,并且享有一定的地方税收自主权,可以在合理范围内开征新税源,而中央政府在地方税收比例分担上,需考虑地区经济发展状况,对于欠发达地区给予比发达地区更低的税收负担比。此外,合理安排税制结构,明确地方主体税种。针对"营改增"后地方主体税缺失情况,可考虑重新设定地方主体税,如参考国际经验,开征财产税和遗产及赠与税等,以充分保障地方税收来源,为基本公共服务均等化实施提供坚实的经济基础。

(三) 调整央地转移支付比重,合理确定总规模

转移支付虽然在解决地方针对性发展问题,促进区域均衡化上具有较强优势,但我国转移支付还是存在较多问题,需要进行改革和调整。一方面,转移支付规模过大会削弱政府宏观调控能力,同时造成地方政府对中央转移支付依赖度过高,不利于地方经济自主发展能力的培养。2015 年,我国仅一般性转移支付与专项转移支付之和就达 50 764.71 亿元,超过当年财政收入总量的三分之一,规模庞大。另一方面,转移支付结构的不合理制度易造成财政资金使用效率低下。财力均衡能力较强的一般性转移支付在我国总体转移支付结构中占比并不高,虽然政府也出台了相关制度办法进行调整,一般性转移支付占比也确实有所提高,但实质上其增量较小,而占比数值变大很大程度上也是由于统计口径调整造成,与专项转移支付总额相比,一般性转移支付并无显著优势。因此,一般性转移支付占比还是有待于进一步获得实质性提高,以充分发挥其财力均衡作用。

(四) 探索横向转移支付制度

不同于中央对地方政府的纵向转移支付,横向转移支付是同级政府之间进行资金转移,以实现相互援助的制度设计和安排。基于我国各省市之间存在的经济发展水平差距,让经济发达地区对欠发达地区进行援助以获得均衡发展的路径也不失为一种良好选择。目前,我国横向转移支付体制还未形成,相关制度设计可参考德国发展经验。同级政府之间的横向转移支付首先要建立在上述央地财权事权明确划分基础上;其次,地区间财政资金的转移对资金流动的透明度和对资金管理提出了较高要求,而转移支付规模的确定则可按因素法进行合理分配,最好能以立法形式明确规定横向转移支付事项的相关细则。该制度在我国的初步探索,可考虑先实现省级政府之间的财力大致均衡,继而推广至地市级政府之间的财力转移,推进全国省市财力均衡发展,为基本公共服务均等化发展建立良好基础。

7.2 历史发展不均下的养老保障体系发展对策
——基于财政可持续视角[①]

7.2.1 背景

在可预见的未来,我国老龄化程度持续加深已成为一个公认的事实,为了应对不断加深的老龄化,政府部门不得不拿出更多的财政资源用于支持庞大老龄人口的养老保障。在财政收入增速不变的情况下,这将导致地方政府的财政负担不断加重,对地方财政可持续性产生不利影响。这种影响的来源主要是两个方面。其一,从支出性质上看,地方政府的养老属于消费性支出,支出回报率较小,具有难以转嫁的特点。政府财政支出可分为消费性支出与投资性支出,相较于消费性支出,投资性支出的收益性更强,因为投资性支出可以形成有形或无形资产,这些资产本身具有价值也可以产生现金流。而消费性支出则类似于一种收入再分配的手段,对地方政府不产生事实性的支出回报,使得具有消费性支出特点的养老保障支出会为地方财政带来更大压力。其二,养老保障水平具有棘轮效应,保障水平易于向上调整,难以向下调整。由于保障水平的棘轮效应导致地方养老保障支出具有向上增长的刚性。老龄化作为一种社会隐性成本,其持续深入发展必将对地方政府财政收支产生较大影响,而公共养老保障体系是其中最为重要冲击的传导介质。在老龄化不断加深情况下,地方财力能否支撑地方公共养老保障水平的不断提高? 在我国由诸多原因造成的公共服务历史发展不均衡情况下,对养老保障体系的发展提出了更高的挑战。为妥善应对人口老龄化所带来的公共养老保障支出对我国财政可持续性造成的影响,我们需要制定具体发展政策。

完善的公共养老保障体系至少包含养老保险与养老服务两部分。本书在第二章至第五章基于财政可持续视角对地方公共养老保障体系(养老保险和养老服务)过往历程、当前情况与未来发展三个维度的进行了分析,让我们不仅从理论层面了解二者之间关系,掌握二者之间动态演化规律,而且也可以帮助我们从政策层面寻找维持二者之间平衡即公共养老保障体系的持续健康发展与政府财政持续健康之间的平衡。我们认为政策层面应着眼

---

① 徐炜锋.我国农村社会养老保险保障水平对地方财政可持续性影响研究[D],南京审计大学,2018.

于地方公共养老保障体系的顶层设计端与政府财政端两个方面展开,前者在于改善农保制度地方公共养老保障体系的适应性与针对性,增强地方公共养老保障体系切实为地区内的老年人提供优质的养老保障服务的能力;后者在于如何在保持政府财政可持续的情况下,积极发挥财政作用,使得地方财政在建设地方养老保障体系的有所作为,引导地方公共养老服务体系健康发展。

7.2.2 财政可持续视角下养老保险发展对策[①]

(一)妥善解决养老保险的历史欠账问题

我国城镇职工养老保险基金的收入来源为企业职工缴纳与职工所在企业缴纳,政府承担城镇职工养老保险基金的管理工作,但政府财政不对城镇职工进行入口补贴和出口补贴。看上去,城职保似乎不会对地方财政可持续产生影响,然而由于城职保在管理制度转轨过程中所产生的转轨成本导致城职保基金账户出现了个人账户的"空账"问题。目前为止,我国城职保基金的个人账户"空账"问题仍未得到妥善解决,在资金的不断迭代下,空账规模将如"滚雪球"般越滚越大,如果处理不当,无疑将加重地方政府的财政兜底压力。

我们认为,解决这一问题可以从微观的基金管理角度和宏观的地区间基金资源统筹的角度着手。在基金管理上应将社会统筹账户与个人账户分开管理,加强对基金账户资金监管,并逐步做实个人账户。个人账户资金属于个人,所以应明确城职保中个人账户的产权归属,防止社会统筹账户去挪用个人账户资金。明晰个人账户产权的优势可以体现为如下两点:一是有利于扩大社会养老保险覆盖率;二是有利于优化基金投资管理,减轻财政补贴压力。相关数据显示,2018年我国财政对养老保险基金补贴超过 6 000亿元,按照目前的发展态势,政府未来对养老保险基金的财政补贴规模将不断扩大。从理论上说,如果保持一定的养老金替代率,养老保险的持续发展可以通过扩大覆盖面和增加存量养老金投资回报率来实现。在我国现行三类社会养老保险制度中,城镇职工养老保险无论从参保人数还是资金规模上看都是最大的,但近年投保增速明显下滑,缴费人数在不断减少。城职保

---

① 裴育,徐炜锋.中国农村社会养老保险对地方财政可持续性影响研究——基于 PVAR 模型的实证分析[J].河北大学学报(哲学社会科学版),2018,43(06):128 - 141;裴育,史梦昱.加快建立现代财政制度 促进基本公共服务均等化[J].财政监督,2018(03):10 - 16.

投保人数下滑的一个重要原因是,我国社会养老保险的制度吸引力和激励性严重不足,特别是个人账户的空账问题严重影响到养老保险制度的公信力。如果个人账户被做实,将大大提高城职保的吸引力,有利于扩大城职保覆盖率。另外,虽然我国城职保基金规模巨大(据统计,到 2017 年 6 月底累计结余 7.36 万亿元),但大部分养老金被存入银行,存在投资收益率过低问题。以 2018 年为例,我国社会养老基金投资收益率低于 2%,低于企业年金投资收益率(3%),与西方发达国家平均 7%的社会养老基金投资收益率对比相差甚远,只能勉强与通货膨胀持平。如果个人账户产权明晰,那么个人账户基金的投资渠道大大增加,就可以实现更为市场化的投资模式,增加基金收益率。在地区间基金资源统筹上应加快实现城职保基金的全国统筹。当前我国城职保基金还停留在省级统筹层面,由于地区间经济发展水平的差异,经济欠发达省份的基金"空账"问题较经济发达省份更加严重。如果城职保基金统筹层次可以上升到全国,无疑会增强城职保基金的使用效率,达到以空间换时间的效果,为政府逐步解决个人账户的历史欠账问题赢得时间。

(二) 拓展农保基金筹资来源

农保制度筹资方式为个人缴费、集体补助与财政补贴相结合,其中政府对农保财政补贴一般在地方政府一般公共预算中列支。从当前我国农村养老保险制度的运营情况来看,地方政府和中央政府的财政补助仍然占据农保基金收入主要份额,根据人社部的统计数据,2010 年我国农保制度正式确立当年各级政府财政补助约占农保基金收入的 48%,而这一数字在 2018年增长至 80%。农村地区老龄化的不断加剧与城镇化的持续推进导致农保缴费人数减少,而领取养老金的人数增加,基金收入增长速度慢于支出增长速度,使得基金需要更多的财政补助来维持其持续运营。实际上除了一般公共预算,地方还拥有政府性基金预算、国有资本预算、社会保险基金预算,当前政府对农保进行财政补贴可以视为使用一般公共预算支持社保基金预算。而国有资本经营收入与政府性基金预算收入则没有参与对社保基金的支持,如果仅以地方政府一般公共预算收入作为农保基金补助收入来源则很难实现不断提高农保保障水平达到"保基本"的目标的需要。当前亟待拓宽农保基金的筹资渠道。

由于我国长期以来存在巨大的农业和工业剪刀差,导致我国城市地区和农村地区呈现出二元化的发展格局,这种差距目前仍未消弭。工业部门的发展离不开农业部门提供生产要素,我国城市地区国有企业的存续和发展离不开农村部门生产出来的大量廉价的工业原料以及大量廉价的劳动力,这些廉价要素的提供实际上是农民为国有企业提供了补贴。划转部分国有资本经营预算收入充实农保基金不仅贯彻了工业反哺农业、城市支持农村方针,也是国有企业对农业部门历史欠账的偿还。

地方政府的政府性基金预算中土地出让金占有绝对比例,土地出让金是地方政府通过"招、拍、挂"的形式转让国有土地使用权所获的收入。在地方政府所转让的土地中除了国有土地外还包括集体土地,其中集体土地在以有偿或无偿方式收归国有之前,村集体全体村民享有集体土地使用权。根据我国《土地管理法》的规定,政府征用集体土地时需要妥善解决失地农民的安置与社会保障问题,应该安排一定比例的土地出让收入用于失地农民的经济补偿。但是在现实执行中,很多地方政府并未严格执行该法规,地方政府对失地农民的补偿往往是"一锤子买卖",未能充分考虑失地农民的社会保障尤其是养老保障问题。因此,在地方政府的政府性基金收入中设置农村社会保障专项支出项目,每年按照一定比例确定列支规模,既能依法承担征地补偿责任,又能让失地农民获得实际利益。

除了财政端的"开源"手段,还应增强个人缴费在农保基金中的基础性作用。从本质上说,社会养老保险属于政府主导的强制性自我养老储蓄,政府负责制度设计与运营,而基金收入主要来源于参保人缴费,待遇发放主要依据个人账户养老金储蓄额,坚持保险精算平衡。农保基金收入则主要来源于政府补贴,待遇发放依据个人账户储蓄与基础养老金标准,农保制度这种制度模式将无法发挥其作为社会保险制度功能。虽然增设基础养老金是吸取"老农保"失败教训,增强了农保的普惠性,但却无法激励参保农民缴费。农保个人缴费档次过低,财政补贴已达到基金收入的 80%,最终可能会使其演变为"低保 2.0"。目前应重新明确农保制度定位,设计合理的个人缴费规则与政府补贴规则。政府财政补贴用以解决半强制情况下引发的农民参保意愿问题,财政补贴应充分发挥引导性与杠杆性作用,激发农民参保的主动性和积极性。

(三)建立健全财政养老保险支出的转移支付制度

自 1994 年实施的分税制改革使得财政资源在中央政府和地方政府间的分配发生了巨大变化,表现为财政资源的分配向中央倾斜。使得中央政府财政收入在全国财政收入中的比重大大上升。然而财权在层层上收的同时事权的分配却没有根本性改变,导致我国央、地之间的财权和事权的不匹配。反映在社会保障领域,当前中央政府与地方政府在社会保障与就业这一财政支出项目中基本维持5：95的比例,也就是地方政府实际上承担了我国大部分社保责任。为了纾解央、地之间的收支不匹配问题,中央政府主要借助转移支付的方式进行财政再平衡。根据本书的研究,中央政府在使用转移支付时应该确立精准施策的理念。地方政府财政收入存在区域性差异,东部沿海地区由于工商业发达,税源充足,财政承受力强;但中西部内陆地区由于经济较为落后,地方财政一般较为拮据,甚至某些县市只能勉强"保基本民生、保工资、保运转",很难在社保上有所作为。为此中央政府应制订帮助中西部地区建立完善的社保体系的"一揽子"转移支付计划,包括一般转移支付和专项转移支付。其中,专项转移支付应致力于帮助特定地区(如老、少、边、穷地区)应对特定的社保事项,如针对未摘帽的贫困县的贫困人口的社保专项转移支付;一般转移支付则应致力于帮助解决各地区所共同面对的社保事项,增加地方政府应对社保事项的可用财力。

7.2.3 财政可持续视角下养老服务发展对策[①]

相对于养老保险,养老服务的概念内涵更加丰富,不仅包含满足老年人基本物质生活的需要,而且还包含了精神层面的需要和医疗救助层面的需要。根据笔者的测算,到21世纪30年代我国老年人口数量将接近4亿,这将会催生出大量的养老服务需求。在如此巨大的养老服务需求面前,地方财政既不能全权介入(这会导致地方财政不堪重负),也不能仅仅发挥辅助的资金补充作用(这会无法解决养老服务的供需矛盾)。笔者认为在财政可持续下促进养老服务体系的持续完善,满足老年人的养老服务需求,政府财政既不能缺位也不能越位,而应该发挥财政引导和调控作用,促进养老服务供给主体多元化。

(一) 支持居家养老、健全社区养老、优化机构养老

当前我国主流的养老方式包括居家养老、社区养老和机构养老,其中选择居家养老方式的老年人超过96％,居家养老是大多数老年人的养老方式。在居家养老方式中养老服务主要依靠子女和家政服务来实现。首先,政府财政应该有针对性地保障家庭照顾者的利益,激励家庭人员为老年

---

① 裴育.以"增收节支"增强财政可持续性[N].中国社会科学报,2017-11-01(004);裴育,徐炜锋.国家审计促进PPP健康运行的着力点[N].中国审计报,2017年1月11日;《南京市养老志愿服务时间储蓄实施办法》(互联网文档资源(max.book18.c))

提供养老服务。在税收上为家里有老年人的家庭成员提供个人所得税抵扣、减免政策。对于家里有卧病在床或需专人照看的老年人的家庭政府给予一定的补贴,从而增强家庭成员照料老人的信心。其次,家政服务也是居家养老的老人享受养老服务的主要形式。家政服务可为老年人提供比较专业化的养老服务。地方政府应通过财政补贴或减税的形式支持本地区家政行业发展,特别是拥有养老服务供给资质的家政公司,促进本地养老型家政服务企业提质扩容。

随着社会的不断发展,以及我国独生子女政策效应的显现,未来主动或被动选择独自居住的老年人占比会越来越高,这意味着很多老人将来会变成"空巢老人",居家养老模式将逐渐式微。社区养老将部分代替当前占主流的居家养老模式。随着独居老年人年龄的不断加大,生理功能逐步弱化,日常生活中会出现各种不便。政府财政应该积极支持社区养老服务设施建设,为社区的独居在家自我养老的老年人提供辅助性服务,助推独居老人由自我养老向"自我养老+社区养老"过渡,提升独居老人的生活质量。

在老年人群体中无人照料的失能与半失能老人也占有一部分比例,据《2017年中国养老服务人才培养情况报告》预测,2030年我国失能老人将超过6 000万。失能或半失能老人不适合进行居家养老与社区养老方式,而需要借助机构养老方式。机构养老的优点在于可以将分散的需要照料的老年人集中安置,并为这些老人提供统一的养老服务。公共养老服务机构是社会福利机构,属于纯公共物品,建立公共养老机构是政府履行社会救济职责的体现。公共养老机构应当由财政拨款兴建。但是,如果仅依靠财政投入的方式兴建养老机构将无法支持养老机构的发展要求,也会为政府带来巨大的财政负担。未来需要探索更加灵活的投资模式,促使投资主体多元化。

(二) 引入 PPP 模式,鼓励民间资本进入养老服务产业

政府与社会资本合作模式(PPP 模式)在 2015 年推广之后,得到社会各界的广泛关注,在地方政府财政压力日益加大的背景下,PPP 模式的推广具有减轻政府财政压力、提高公共服务供给效率和质量等意义。引入 PPP 模式,采用公私合作兴办公共养老服务行业,这样既可以缓解财政投入压力,同时也能发挥公共部门和私人部门在养老服务供给中的各自优势。首先,运用竞争机制引导社会资本广泛参与养老服务机构的建设与运营,社会资本凭借先进的技术、方法和运营管理经验,可以提高公共养老服务机构的数量以缓解养老服务供给压力,同时还能提高养老服务质量,满足老年人多样

化的养老服务需求。其次,使用 PPP 模式引进社会资本进入养老服务行业属于市场化运营,政府部门将建设与运营的职责全部或部分转移给私人部门,可以有效舒缓地方政府财政支出压力。

(三) 适时延迟法定退休年龄,适度开发老年人力资源

我国老龄人口存量巨大,预计 21 世纪中期将达到 5 亿人。目前,我国人均寿命为 75.8 岁,相较于我国 1978 年规定法定退休年龄时的人均寿命有了较大提高,所以,延迟退休在生物学上是可能的。退休年龄的延迟可以缓解公共机构的养老服务压力,同时也能提高养老机构的利用效率,使得公共养老服务机构可以专注于服务那些年事已高的"三无"老人(无劳动能力、无生活来源、无人赡养)。另一方面,还应适度开发老年人力资源,尤其是注重开发知识型老年人力资源。知识型老年群体在学历技能和经验上具有很大优势。无论是延迟退休还是开发老年人力资源,都可以延续我国人口红利,增加老年人收入水平,提高老年人自我养老能力,还有利于减轻政府公共养老服务的支出压力。在开发老年人力资源上,政府财政应该发挥引导作用,支持老年人再度回归社会发挥余热。老年人属于社会弱势群体,通过一般的招聘平台很难物色到合适的工作,政府应建立老年再就业咨询机构,为老年人就业提供免费咨询,同时还应牵头建立"银发招聘会",为老年人"再就业"提供平台资源。

(四) 支持建立养老志愿服务时间储蓄银行

社区是提供养老服务的重要平台,而志愿者则是社区提供养老服务的核心资源,志愿者参与是社区能否为老年人提供养老服务的必要条件。社区通过互助的方式,成员之间相互提供养老服务可有效减轻政府财政养老保障支出压力。

然而当前大多数社区志愿者为老年人提供的免费志愿服务是临时的、非经常的,常常带有公益的属性。当志愿服务完全是一种利他性行为,志愿者不能从志愿服务中获得物质或精神回报时,就很难吸引更多人加入志愿服务队伍之中。社区养老志愿服务中,由于缺乏有力的针对性志愿激励机制,所以维持一支积极且稳定的志愿者队伍是比较困难的事情。因此只有由政府牵头,财政出资建立良好的养老服务志愿者激励机制,方能建立起社区志愿养老服务的长效机制。地方财政部门应积极支持各地建立养老志愿服务时间储蓄银行。养老志愿服务时间储蓄,是指志愿者参与为老年人服务的时间,在指定的经办机构记载存档,当志愿者或志愿者的直系亲属年老

体弱时再从时间储蓄银行(即经办机构)将服务取出来,预存的时间在当地各经办机构之间通用。这是"今天我为你服务,明天他为我服务"的一种新型养老服务方式。养老志愿服务时间储蓄银行的建立将从一定程度上解决养老志愿服务激励不足的问题。

(五) 大力推动发展养老服务人才

推动养老服务行业的发展必须要有强大的人力资源做支撑,否则发展养老服务行业无异于纸上谈兵。但是,当前我国提供养老服务人员与潜在的需求还不匹配,供给远远小于需求,尤其是缺乏专业型养老服务人员。在本书的第五章我们分析了近年来我国养老服务人才的供给状况,发现当前养老服务从业人员存在学历层次较低以及年龄结构偏老等问题。针对此,财政部门必须有所作为,加大地方财政对养老服务行业人才培养的支持力度。首先,政府可以将彩票公益金收入的一部分用于设立养老服务行业人才培养基金,促进各种养老服务人才培养和培训项目的顺利开展。其次,模仿我国已经实行了十几年的免费师范生制度,在大学里建立起免费护理生制度,鼓励优秀的青年人投身于养老护理行业,培养一大批优秀的老年护理专业人员。

参考文献

[1] Aaron H. The Social Insurance Paradox[M]. Canadian journal of Economic And Political Science,1996.

[2] Akerlof, G. A.. The Market For Lemons:Quality Uncertainty and the Market Mechanism[J]. Quarterly Journal of Economics,1970,3(84):488－500.

[3] Albert Alesina, Rober Perotti. The Welfare State and Competitiveness [J]. Working Paper, No.4810,1994(7):pp:1－5.

[4] Bartlett H, Phillips D R. Ageing and aged care in the People's Republic of China: national and local issues and perspectives[J]. Health & place, 1997, 3(3): 149－159.

[5] Bendapudi N., Leone R. P.. Psychological Implications of Customer Participation in Co-production [J]. Journal of Marketing.2003, 67(1):14－28.

[6] Bergman U M, Hutchison M M, Jensen S E H. Promoting sustainable public finances in the European Union: The role of fiscal rules and government efficiency[J]. European Journal of Political Economy, 2016, 44:1－19.

[7] 边恕,孙雅娜.农村基础养老金调整与财政负担水平研究[J].北京航空航天大学学报(社会科学版),2015(1):7－12.

[8] Burkhauser, R.V.,Duncan, G.U.S. Public policy and the elderly: The disproportionate risk to the well-being of women[J]. Journal of Population Economies,1991,21:217－231.

[9] 白维军,童星."稳定省级统筹,促进全国调剂":我国养老保险统筹层次及模式的现实选择[J].社会学科,2011(05):92－96.

[10] 陈宝东,邓晓兰.中国地方债务扩张对地方财政可持续性的影响分析[J].经济学家,2018(10):47－49.

[11] 丛春霞,于洁,曹光源.基础养老金统筹困境及推进全国统筹若干思考[J].地方财政研究,2016(11):4－8.

［12］C.F.，Bastable，M.A.，LL.D. Public Fiance［M］.New York：The Macmillan Company,1903.

［13］蔡杰.基本公共服务均等化目标下的我国中央与地方财政关系研究［D］.中共中央党校,2013:37－41.

［14］CHAMES A，COOPER W，RHODES E，Measuring the Efficiency of Decision Making Units［J］. European Journal of Operational Research，1978(2).

［15］陈卫民,施美程.发达国家人口老龄化过程中的产业结构转变［J］.南开学报（哲学社会科学版）,2013(6):34.

［16］曹信邦,刘晴晴.农村社会养老保险的政府财政支持能力分析［J］.中国人口、资源与环境,2011(12):129-137.

［17］程永宏.现收现付制与人口老龄化关系定量分析［J］.经济研究,2005(3):57－68.

［18］Davey A，Patsios D. Formal and informal community care to older adults：Comparative analysis of the United States and Great Britain［J］. Journal of Family and Economic Issues，1999，20(3)：271－299.

［19］邓大松,薛惠元.新型农村社会养老保险替代率的测算与分析［J］.山西财经大学学报,2010(4):8－13.

［20］董登新,周亚娇.我国城镇职工基本养老保险统筹层次变迁研究［J］.改革与战略,2017(02):116-119.

［21］Didier Blanchet.Pension Reform in France：Where Do We Stand?［J］Intereconomics Hamburg，2005,40（5）：244－253.

［22］段家喜.养老保险制度中的政府行为研究［D］.北京：首都经贸大学劳动经济学院,2005.

［23］杜萌.养老保险省级统筹年底实现,利益平衡成最大阻力［N］.法制日报,2009－07－13.

［24］戴相龙.养老金10年年均收益率不到2％老百姓养命钱存贬值风险［N］.时代周报,2011－12－22.

［25］窦玉沛.民政部：着力加快建立健全社会养老服务体系［J］.社会福利,2010(11):811.

［26］Eskeen, L. Population Ageing and Long-Term Fiscal Sustainability in Austria.IMF Working Paper,2002.

［27］Ewijk C.，Draper N，Rele H，and Westerhout E. Ageing and the Sustainability of Dutch Public Finances［J］. CPB Netherlands Bureau for

Economic Policy Analysis.2006.

[28] 付伯颖.人口老龄化背景下公共财政政策的选择[J].地方财政研究,2008(10):25-29.

[29] Feder J, Komisar H L, Niefeld M. Long term care in the United States an overview[J].Health Poliey,2000(1):40-56.

[30] 封进.中国养老保险体系改革的福利经济学分析[J].经济研究,2004(2):55-63.

[31] 范西莹.人力资本视域中的我国民办养老机构效能与优化路径[J].深圳大学学报(人文社会科学版),2013(6):158163.

[32] 傅勇,张晏.中国式分权与财政支出结构偏向:为增长而竞争的代价[J].管理世界,2007(3):4-21.

[33] 龚锋,余锦亮.人口老龄化、税收负担与财政可持续性[J].经济研究,2015(8):16-30.

[34] 顾和军,刘云平.与收入相关的老人健康不平等及其分解——基于中国城镇和农村的经验研究[J].南方人口,2011(4):5-7.

[35] 高培勇,张斌,王宁.中国公共财政建设指标体系研究[M].社会科学文献出版社,2011年.

[36] 耿香玲,冯磊.城镇社区老年群体精神需求与精神养老服务体系的构建——以苏州龙华苑社区为例[J].常熟理工学院学报(哲学社会科学),2009(9):31-36.

[37] 耿亚男,宋言奇.苏州"一中心多站"社区养老服务体系的调查与思考[J].学理论,2011(1):132-133.

[38] Hauner D. Aging: some pleasant fiscal arithmetic [J]. International Advances in Economic Research, 2007, 13(3): 347-364.

[39] Heylen F, Hoebeeck A, Buyse T. Government efficiency, institutions, and the effects of fiscal consolidation on public debt[J]. European Journal of Political Economy, 2013, 31(3):40-59.

[40] 胡贺波.论中央与地方财政关系现状及改革的进一步构想[J].求索,2007(1):34-35.

[41] 胡宏伟,肖伊雪,郭牧琦.中国养老财政支出与负担研究述评[J].广西经济管理干部学院学报,2011(4):7-14.

[42] 黄俊辉,李放、赵光.农村社会养老服务需求意愿及其影响因素分析:江苏的数据[J].中国农业大学学报(社会科学版),2015,32(2).

[43] 何文炯,杨翠迎,刘晓婷.优化配置 加快发展——浙江省机构养老

资源配置状况调查分析[J].当代社科视野,2008(1):30-33.

[44] 黄丽,罗锋,刘红梅.城乡居民社会养老保险政府补贴问题研究——基于广东省的实证研究[J].社会保障研究,2014(3):110-116.

[45] [美]华莱士·E.奥茨.财政联邦主义[M].陆符嘉,译.南京:译林出版社,2012.

[46] 郝秋江.民办养老机构服务能力影响因素及实证研究——以成都市为例[D].成都:西南交通大学,2017:52-54.

[47] 洪源.基于风险因子和AHP的财政风险非参数预警系统构建与实证分析[J].广东商学院学报,2011(11):12-23.

[48] 韩燕,曾令波.资本市场投资回报率与我国养老金体系改革[J].证券市场导报,2007(9):23-29.

[49] 胡耀岭.六问养老保险收支缺口问题[J].探索与争鸣,,2015(12):30-32.

[50] 胡祖铨.养老服务业领域政府投资规模研究[J].宏观经济管理,2015(3):4648.

[51] Jensen R. Do private transfers displace T the benefits of public transfers?. Evidence from South Africa[J]. Journal of Public Economics. 2003,88(3):89-112.

[52] 贾洪波,李国柱.养老金适度水平分析[J].辽宁工程技术大学学报(社会科学版),2005(4):365-367.

[53] 贾康,张晓云,王敏,段学仲.关于中国养老金隐性债务的研究[J].财贸经济,2007(9):15-21.

[54] Joseph E. S.. Participation and Development: Perspectives from the Comprehensive Development Paradigm[J]. Review of Development Economics,2002(2):163-182.

[55] 姜向群,丁志宏,秦艳艳.影响我国养老机构发展的多因素分析[J].人口与经济,2011(4):5863,69.

[56] 贾彦东,刘斌.我国财政极限的测算及影响因素分析——利用含体制转换的DSGE模型对全国及主要省份的研究[J].金融研究,2015(3):101-102.

[57] Kakwani N.,Subbarao K.“Ageing and poverty in Africa and the role of social pensions”. United Nations Development Program Working Paper No.8,Brasilia: International Poverty Centre,2005.

[58] 寇铁军,苑梅.制度建设与财政支持——农村社会养老保险可持续

发展研究[J].财经问题研究,2011(1):96－100.

[59] 卢驰文.基本养老保险统筹层次对人才流动影响的经济学分析[J].桂海论丛,2007(1):52－55.

[60] 栾富凯.基本养老保险全国统筹影响因素及实现途径[J].河北科技师范学院学报(社会科学版),2017(03):112－115.

[61] 陆法明.统一计发办法替代率的灵敏性分析[J].统计与决策,1999(12):43－44.

[62] 刘国磊.农村居民基本养老保险的保障水平与财政支持可持续性研究[M].延边:延边大学出版社,2017.

[63] 李红岚.完善城乡居保筹资机制的设想[J].中国人力资源社会保障,2015(12):39－40.

[64] 林卡,朱浩.应对老龄化社会的挑战:中国养老服务政策目标定位的演化[J].山东社会科学,2014(2):67－68.

[65] 李连芬,刘德伟.我国基本养老保险全国统筹的成本—收益分析[J].社会保障研究,2015(05):4－9.

[66] 李敏,张成.中国人口老龄化与养老金支出的量化分析[J].社会保障研究,2010(1):17－23.

[67] Lnessa Love . Financial Development and Dynamic Investment Behavior: Evidence from Panel VAR [J]. The Quarterly Review of Economics and Finance,2006,46(2):190－210.

[68] Logan J R., Bain F., Bain Y..1998. Tradition and Cohabitation in the Modern Indonesia: Filial Support and Dependence [J]. Social Forces,58(3).

[69] 刘尚希.财政风险:从经济总量角度的分析[J].管理世界,2005(7):32－39.

[70] 刘学良.中国养老保险的收支缺口和可持续性研究[J].中国工业经济,2014(9):27－37.

[71] 刘晓梅.我国新型农村社会养老保险制度及试点分析[J].农业经济问题,2011(4):55－61.

[72] 林义.农村社会保障的国际化比较及启示研究[M].北京:中国社会劳动保障出版社,2006.

[73] 林义.社会保险基金管理[M].北京:中国劳动社会保障出版社,2015.

[74] 刘颖,何春玲,赵大全.成功推行"新农保"需财政可持续性支持

[J].中国财政,2010(1):24-25.

[75] 李扬,张晓晶,常欣,等.中国国家资产负债表2015——杠杆调整与风险管理[M].北京:中国社会科学出版社,2015.

[76] 林毓敏.体制改革:从养老保险省级统筹到基础养老金全国统筹[J].经济学家,2013(12):69-72.

[77] 李珍.基本养老保险制度分析与评估——基于养老金水平的视角[M].北京:人民出版社,2013.

[78] 穆光宗.我国机构养老发展的困境与对策[J].华中师范大学学报(人文社会科学版),2012(2):31-38.

[79] Mishra R. Globalization and the welfare state[J]. General Information,1999(5):213-239.

[80] 马骏,张晓蓉,李治国,等.中国国家资产负债表研究[M].北京:社会科学文献出版社,2012.

[81] 马树才,郭万山.经济多变量统计分析[M].长春:吉林人民出版社,2002:127-290.

[82] 孟向京,姜凯迪.城镇化和乡城转移对未来中国城乡人口年龄结构的影响[J].人口研究,2018(3):39-53.

[83] 缪小林,史倩茹.经济竞争下的地方财政风险:透过债务规模看财政效率[J].财政研究,2016(10):20-34.

[84] [美]纳特·西尔弗.信号与噪声[M].胡晓姣,张新,朱辰辰,译.北京:中信出版社,2013.

[85] OECD.Pension Expenditure in OECD Factbook 2013:Economic, Environmental and Social Statistics[EB/OL],OECD Publishing,http://www.oecd-ilibrary.org,2013.

[86] Pavri, Shireen, Mpnda-Amaya, Lisa , Social Support in Inclusive Schools:Student and Teacher Perspectives[J]. Exceptional Children,2001,67:391-411.

[87] 潘金洪.江苏省机构养老床位总量不足和供需结构失衡问题分析[J].南京人口管理干部学院学报,2010(1):15.

[88] Posel D.,Casale D. What has been happening to internal labor migration in South Africa, 1993—1999 [J]. South Africa Journal of Economics.2003,71(3):455-479.

[89] Puhakka M. The effects of aging population on the sustainability of fiscal policy[J]. Ssrn Electronic Journal,2005.

[90] 裴育,史梦昱.地方公共养老服务体系建设水平及其影响因素研究[J].南京审计大学学报,2018(5):1-11.

[91] 裴育,徐炜锋.中国农村社会养老保险对地方财政可持续性影响研究[J].河北大学学报,2018(06):112-126.

[92] 邱东,李向阳,张向达.养老金替代率及其影响研究[J].财经研究,1999(01):30-32.

[93] 宋宝安,杨铁光.观念与需求:社会养老制度设计的重要依据——东北老工业基地养老方式与需求意愿的调查与分析[J].吉林大学社会科学学报,2003(3):72-78.

[94] 孙德超.基本公共服务均等化与中央和地方博弈规则的完善[J].内蒙古社会科学(汉文版),2012(1):10.

[95] 孙德超.推进基本公共服务均等化的基本原则——事权与财权财力相匹配[J].教学与研究,2012(3).

[96] 孙光德,董克用.社会保障概论[M].北京:中国人民大学出版社,1999.

[97] 孙光德,董克用.社会保障概论[M].第五版.北京:中国人民大学出版社,2016.

[98] 孙颖心,王佳佳.不同养老方式老年人心理健康状况的研究[J].中国老年学杂志,2007(2):376-377.

[99] 陶璐.婚姻视角下城市老年人养老方式选择研究——以南京市为例[D].南京农业大学硕士学位论文,2011(12):57.

[100] van Ewijk C, Draper N, ter Rele H, et al. Ageing and the sustainability of dutch public finances[M]. The Hague:CPB Netherlands Bureau for Economic Policy Analysis, 2006.

[101] 吴承平.加快建立我国农村社会保障制度步伐的对策[J].经济问题,2004(3):54-55.

[102] 吴刚强,董金岗.城镇职工基本养老保险全国统筹方案的构想[J].中国市场,2015(51):147.

[103] 吴俊泽.推进城镇职工基本养老保险全国统筹的实施思路及辅助措施[J].企业改革与管理,2016(24):20.

[104] 吴连霞.1999—2008年山东省社会保障水平实证分析[J].山东工商学院学报,2010(4):79-84.

[105] 吴敏.基于需求与供给视角的机构养老服务发展现状研究[D].济南:山东大学,2011:123-134.

[106] 吴琼辉.多维视角完善我国农村居家养老服务体系的必要性分析[J].企业导报,2011(8):29-30.

[107] 王雯.城乡居民基本养老保险财政补贴机制研究[J].社会保障研究,2017(5):3-13.

[108] 王晓东.整体性治理视角下欠发达地区社会养老保险的城乡一体化[J].苏州大学学报(哲学社会科学版),2017(01):27-32.

[109] 王雍君.地方政府财政自给能力的比较分析[J].中央财经大学学报,2000(5):21-25.

[110] 王利军.养老保险基金缺口的财政负担能力初探[J].山东工商学院学报,2005(6):29-33.

[111] 王利军.中国养老金缺口财政支付能力研究[M].经济科学出版社,2008(2):3-5.

[112] 王晓军.我国基本养老保险的十个迷思[J].保险研究,2013(11):96-104.

[113] 王晓军,米海杰.澄清对养老金替代率的误解[J].统计研究,2013(11):52-59.

[114] 王晓军,任文东.我国养老保险的财务可持续性研究[J].保险研究,2013(4):118-127.

[115] 吴永求.中国养老保险发展评价及现实挑战[M].北京:科学出版社,2016.

[116] 薛惠元.新型农村社会养老保险财政保障能力可持续性评估——基于政策仿真学的视角[J].中国软科学,2012(5):68-79.

[117] 薛惠元,曹立前.农户视角下的新农保政策效果及其影响因素分析——基于湖北省605份问卷的调查分析[J].保险研究,2012(6):119-127.

[118] 项洁雯.城乡居民基本养老保险制度缴费档次研究[J].中国人力资源社会保障,2016(2):46-48.

[119] 杨翠迎,何文炯.社会保障水平和经济发展水平的适应性关系研究[J].公共管理学报,2004(1):79-96.

[120] 杨翠迎,米红.农村社会养老保险:基于有限财政责任理念的制度安排及政策构想[J].西北农林科技大学学报(社会科学版),2007(3):1-7.

[121] Yehuda Baruch, Susan Sayce, Andros Gregoriou. Retirement in a global labour market: a call for abolishing the fixed retirement age[J]. Personnel Review,2014,43(3).

[122] 杨俊.社会统筹养老保险制度的困境与出路:从分散统筹到全国

统筹的转变[J].教学与研究,2013(12):23,26 - 27.

[123] 杨俊.职工基本养老保险制度财务影响因素研究——以全国统筹背景下的社会统筹制度为对象[J].中国人民大学学报,2015(03):12 - 17.

[124] 于凌云.推进养老机构市场化的财政补贴机制研究[J].财政研究,2015(3):75 - 78.

[125] 杨胜利,高向东.人口老龄化对社会保障财政支出的影响研究[J].西北人口,2012(3):17 - 22.

[126] 严雅娜.基本公共服务均等化的财政对策研究[D].山西财经大学,2017:75 - 79.

[127] 杨玉萍.健康的收入效应——基于分位数回归的研究[J].财经科学,2014(4):113 - 117.

[128] 杨宜勇,杨亚哲.论我国居家养老服务体系的发展[J].中共中央党校学报,2011(5):97.

[129] 郑秉文.中国养老金发展报告 2011[M].经济管理出版社,2011.

[130] 左冬梅,李树苗,宋璐.中国农村老年人养老院居住意愿的影响因素研究[J].人口学刊,2011(1):24 - 31.

[131] 郑功成.中国养老保险制度的未来发展[J].劳动保障,2003(03):22.

[132] 郑成功.个人账户做实与否攸关制度创新成败[J].中国劳动保障,2005(3):49.

[133] 郑功成.中国社会保障改革与未来发展[J].中国人民大学学报,2010(05):2 - 14.

[134] 郑功成.从地区分割到全国统筹——中国职工基本养老保险制度深化改革的必由之路[J].中国人民大学学报,2015(03):5 - 6.

[135] 中国财政科学研究院课题组.养老保险统筹层次对流动人口养老保险影响研究[J].地方财政研究,2016(11):11 - 15.

[136] 赵建国,廖藏宜,李佳.我国社会保障财政负担区域公平性及影响因素研究[J].财政研究,2016(10):49 - 57.

[137] 周康,邢伟."十二五"时期加快养老服务体系建设的政策建议[J].中国人力资源开发,2010(4):66 - 70.

[138] 曾令波.投资回报率与中国养老体系的基金制改革[J].社会保障问题研究,2006(0):56.

[139] 邹丽丽.基本养老保险统筹层次提高中的收入再分配问题研究[J].人口与经济,2014(01):108 - 112.

[140] 邹丽丽,李姗姗,果婷.地区发展差异下养老保险统筹层次提升的

对策研究[J].辽宁大学学报(哲学社会科学版),2017(02):47-53.

　　[141] 朱梅,张文君.城镇职工基本养老保险政府财政责任分担研究述评——基于中央和地方政府视角[J].湖南农业大学学报(社会科学版),2017(06):88-90.

　　[142] 张庆霖,郭嘉仪.我国社会保障水平测度及其适度性评价[J].地方财政研究,2013(3):13-17.

　　[143] 张锐,刘俊霞.职工基本养老保险缴费率下调空间研究——基于省级面板数据[J].经济经纬,2018(01):139-144.

　　[144] 张士斌,杨黎源,张天龙.养老金替代率的国际比较与中国改革路径[J].浙江学刊,2012(4):170-179.

　　[145] 邹鑫,罗保林.城镇职工基本养老保险负担地区差异分析[J].农村经济与科技,2017(07):227-229.

　　[146] 张雪梅,黎万,刘先莉.中国社会转型期农村家庭养老存在的问题与对策[J].安徽农业科学,2008(6):2534-2535.

　　[147] 甄小燕,刘立峰.我国养老政策体系的问题与重构[J].宏观经济研究,2016(5):24.

　　[148] 张晓艳.城镇职工养老保险统筹层次研究[J].法制与社会,2017(04):219-220.

　　[149] 曾毅.中国人口老化、退休金缺口与农村养老保障[J].经济学(季刊),2005(3):1043-1066.

　　[150] 张晏,龚六堂.分税制改革、财政分权与中国经济增长[J].经济学(季刊),2005(4):75-108.

　　[151] 周业安,冯兴元,赵坚毅.地方政府竞争与市场秩序的重构[J].中国社会科学,2004(1):56-65.

　　[152] 周志凯,徐子唯,林梦芸.论城乡居民基本养老保险制度中的财政责任[J].财政研究,2015(1):20-23.